평화를 위한 통일교육

- 하나될 미래를 위한 출발 -

평화를 위한 통일교육

– 하나될 미래를 위한 출발 –

김창근 지음

인간사랑

머리말

평화를 위한 통일교육과 관련된 연구를 담고 있는 이 책은 필자가 그간 학술지에 발표해 온 논문을 수정 · 보완해 엮은 것이다. 이 책은 필자가 대학에서 학생들을 통해 갖게 된 질문에 대한 대답이며, 통일연구원을 떠나 학교에서 보낸 4년 남짓의 흔적이기도 하다.

북한 · 통일문제에 별 관심이 없을 것이라는 일반적인 생각과 달리 많은 학생들은 여전히 통일교육을 통해 북핵문제나 정치 · 경제 · 이념문제 등에 대한 궁금증을 해결하길 원했다. 학생들은 통일교육의 내용을 자유민주주의, 민족주의, 평화윤리, 시민성, 도덕성 등의 문제와 어떻게 연관지어 구성해야 하는지를 궁금해 했다. 흔히 '있는 그대로'의 북한의 실생활이나 사회문화적 역동성에 주목해 남북한의 동질성을 추구하자는 사회문화적 접근을 통한 통일교육은 보완적일 뿐이었다. 활동형 · 참여형 통일교육도 학생들의 관심을 끌고 흥미를 유발하는 데는 효과적이었지만 통일교육의 구조와 내용에 대한 근본적 인식이나 근거를 제공하는 데는 일정한 거리가 있었다.

이런 이유로 필자는 북한의 '수령교양', 북한의 민족 개념과 민족주의 변화, 민주적 가치와 민주시민적 자질, '도덕성 교육', 일상에서의 평화를 위한 통일문화, 남북관계 변화에서 나타나는 '사실상의 통일' (*de facto* unification) 등의 주제가 평화를 위한 통일교육과 어떠한 연관성이 있는지를 찾아보고자 했다. 이 책에는 담지 못했지만 북한 변화와 통일교육, 북핵실험과 교육적 인식 등과 같은 주제도 유용했고, 학생들의 평화와 통일 정세 인식에 의미 있는 근거가 되었다.

이 책이 나올 수 있도록 여러 모로 도움을 주신 여러분께 감사의 말씀을 드린다. 도서출판 인간사랑의 편집진 여러분, 부산에서 가르칠 수 있는 여건을 마련해 주신 부산교육대학교 윤리교육과 교수님들과 내게 '존재의 이유'가 되어준 학생들께 감사한 마음을 전한다. 오로지 필자를 위해 그간의 친숙함과 편안함을 뒤로 하고 낯설음과 새로움에 함께 해주신 부모님과 아내와 두 딸에게 가슴 깊은 곳으로부터 사랑의 말을 전한다.

2007년 4월

김창근

차례

들어가는 글

북한의 핵실험으로 국제사회의 움직임이 긴박하고 남북관계가 경색되고 있던 2006년 11월에 필자는 개성공단을 방문했다. 당시 개성공단의 모습은 북핵문제로 얼어붙던 바깥 정세와는 딴판인 별개의 세상이었다. 당시 100만 평 부지에 1단계로 개발 · 분양된 5만 평에는 20여 개 기업들이 입주해 북측 근로자 9,700여 명을 포함해 10,000여 명이 넘는 남북한 근로자들이 함께 일하고 있었다. 도로와 상하수도 시설, 폐기용수와 폐기물 처리시설은 물론 소방서, 우리은행, 패밀리마트, 병원 등이 운영되고 있었고, 종합지원센터와 기술교육센터가 신축중에 있었다.

북핵실험의 긴장 속에서도 개성공단 내에서 협력하는 남북한의 모습은 충분히 상반되었다. 명쾌한 판단은 말처럼 간단하지는 않았다. 사실 단순명료한 인식은 애초부터 타당하지 않았다고 생각한다. 긴장과 협력, 적대와 공존이 교차하는 남북관계 자체가 이중적이고 모순적이며, 북한 자체도 경계의 대상이자 동포이기 때문일 것이다.

이러한 이중성과 모순성은 우리 사회에서 벌어지고 있는 남남갈등을 부추기고 있다. 어떻게 북한을 인식할 것인가와 북한의 변화에 대한 평가 여하에 따라 가치판단이 달라진다. 핵으로 남한을 위협하는 실체로 북한을 인식하면, 북한은 적이며 그들의 적화야욕도 변하지 않았다고 볼 수 있다. 반면, 금강산관광이나 개성공단사업을 추진하는 북한을 보면, 그 의도가 실리사회주의에 있든지 생존의 궁여지책 때문인지 등의 여부에 관계없이 과거와 다른 모험적 선택이었다는 점을 평가하지 않을 수 없다.

이런 의미에서 북한의 실체나 남북관계 변화를 인식하고 평가하는 데는 복안(複眼)이 필요하다. 누군가의 지적처럼 머릿기사(head line)에 좌우되기보다는 큰 흐름(trend line)으로 보는 자세가 요구된다. 이는 평화를 위한 통일교육의 문제를 고민하면서 늘 염두에 두었던 내용이기도 하다.

북한에 3번 갈 기회가 있었다. 첫 번째는 금강산관광이었다. 1999년 1월 말이니까 관광사업이 시작된 지 2개월이 조금 지난 때였다. 금강산관광사업을 통해 남측 관광객을 맞기에는 북측도 당황되긴 마찬가지였던 듯하다. 장전항에는 낡은 군함이 관광객을 맞고 있었고, 도처에 경계와 놀라움의 눈빛을 한 어린 군인들이 깔려 있었다. 관광도 '사파리관광' 하듯 제한적이었다.

그보다 내게 인상적이었던 것은 동해지역의 전략적 요충지인 군사항을 열 수밖에 없는 북한의 처지와 군인들의 초췌함이었다. 그것은 안쓰러움에 가까웠다. 장전항을 떠나오면서 멀어지는 금강산을 보며 내내 머리 속에 '저 사람들은 또 그렇게 아침을 맞고 또 그렇게 하루가 가겠구나' 하는 안타까운 마음이 들었다.

두 번째는 청진이었다. 2002년 4월, 비료 인도요원의 자격이었다. 함께 간 일행들에게 당시 북측 단원들이나 검사원들은 그리 친절하지 않았다. 건건이 시비도 붙여왔고, 딴지도 걸어왔고, 겉과 속도 확연히 달랐다. 편의시설이나 주위 환경도 마땅치 않았다. 급수시간도 제한적이었고, 갈탄을 땐 탓인지 대기는 뿌옇었다. 유리 대신 창틀에 끼워진 비닐이 저녁 바람에 흔들거리는 소리나 회색빛 건물의 썰렁함, 철심이 다 드러나 위험하기 짝이 없는 전선들, 그것들에 조금의 정감도 들지 않았다.

북측 사람들과 나름의 친분을 만들려 노력도 했지만 기본적으로는 북한의 궁핍과 곤혹은 누구 탓도 아닌 바로 '자기들 탓'이라는 생각이 날 단순하게 만들었다. 금강산관광에서 느낀 안쓰러운 정감은 사그라졌다. 멀어지는 청진항의 모습을 갑판 위에서 보며 서글픔과 한스러움도 있었지만 그리 오래 가지는 않았다. 북한은 '저래서 안 되었던 거야' 하는 냉정함이나 '저래서 북한이 잘 될까' 하는 막막함 같은 것이 솔직한 심정이었다.

세 번째 방북해서 본 개성의 모습은 청진에서의 내 생각을 바꾸어 버렸다. 북한에게도 돌파구가 보이는 것 같았다. 북핵국면의 긴장 속에서도 남북한이 작은 통일을 이루어 공존하고 있던 현장이 개성공단이었다. 그것은 한반도 평화번영의 상징이자 남북협력의 실리적 상생(win-win) 모델이었다. 개성공단사업은 북핵문제로 얼어붙은 얼음장 밑에서도 조금씩 물 흐르게 하는 희망과 같았다.

북핵실험 이후 사업의 진로를 두고 논란이 있지만 내게 개성공단사업은 보완하면서 지속시켜야만 할 평화의 과제로 느껴졌다. 개성공단사업이 북한으로 하여금 사업 파트너로서의 책임과 의무를 알게 하고, 나아가 체제발전의 진정한 길이 무엇인지를 확신케 하는 적극적 통로로서 발전되었으면 하는 바람을 필자는 갖게 되었다.

민간교류 · 협력을 위해 북한을 여러 차례 다녀온 분들이 많아지고 있고, 일선에서 대북사업을 추진하면서 생생한 경험을 한 분들이 이제는 적지 않다. 그래서 이런 이야기를 꺼내기가 조심스럽지만 개인적인 경험을 소개해 보려는 것은 다음과 같은 이유에서이다.

첫째는 북한에 대한 인식이 개인의 경험과 환경에 따라 달라질 수 있지만, 중요한 것은 한반도 평화와 통일의 관점에서 현재와 미래를 인식하려는 자세라는 점이다. 이는 앞서 언급한 복안(複眼)이나 큰 흐름으로 남북관계를 보도록 하는 방법에 해당한다. 그것은 감정에 치우쳐 일희일비(一喜一悲)하지 않고 국익과 전 지구적 가치, 민족의 이익과 인간애적 가치 등을 조화시켜 보도록 하는 인식의 자세이기도 하다.

둘째는 통일교육의 구조와 내용이 북한과 남북관계 변화에 대한 개인의 인식에 따라 달라질 수 있지만, 그것은 한반도 평화와 통일을 위한 교육이라는 관점에서 되물어져야 한다는 점이다. 이는 통일교육의 내용을 구성할 때 유의해야 할 원칙이기도 하다. 분단시대를 평화와 통일시대로 바꾸어 가기 위해서는 통일교육에 대한 근본적 인식과 내용이 결국 평화와 통일을 위한 교육에 기반해야 하기 때문이다.

셋째는 북한과의 교류협력, 평화번영의 우선 추구가 중요하며, 우리 체제의 건강한 성장과 굳건한 역량이 그 추진 기반이 된다는 점이다. 금강산관광과 개성공단사업은 우리 사회의 자신감에 기초하지 않고는 엄두도 못 낼 일이다. 또한 우리 체제의 성숙한 발전은 북한 체제와 주민을 변화시킬 수 있는 동력이기도 하다. 우리에게 뿐만 아니라 북측 사람들에게도 우리와의 접촉을 통해 '함께 살 수 있을지' 하는 판단과 믿음이 생겨야 평화통일이 수월해질 것이다. 나아가 '발전을 통한 변화'를 통해 북한의 체질이 개선되어야 저들의 의구심도 풀어질 수 있을 것이다. 때문에 우리의 건강한 성장과 굳건한 역량의 중요성을 인식하고 실천하는 것은 평화와 통일을 위한 교육의 핵심적 기반이 된다. 이 점을 일상에서부터 추구하는 것이야말로 진정한 통일역량이다.

이 책은 6개 장으로 구성되어 있다.

1장은 북한의 '수령교양'이 추구하고 있는 가치와 내용을 분석하고, 그 범주들이 김정일의 후계수령에게 어떠한 가능성과 한계가 될지를 추론해 보았다. 이는 대북정책을 인식하는 데 나름의 기초가 될 수 있을 것이다.

2장은 북한의 민족 개념과 민족주의의 변화를 분석하고 그에 기초한 통일교육의 과제를 모색해 보았다. 민족 · 민족주의 인식이 한반도 통일을 추진하는 데 필요한 이념적 동력이라는 점과 그 한계가 동시에 지적되었다. 따라서 그에 기초한 교육의 방향을 찾는 데 의미가 있을 것이다.

3장은 통일교육에서 민주적 가치와 민주시민의 자질에 관한 내용을 정리했다. 통일교육에서 근본적으로 지향하는 것은 건강한 민주시민의 육성이라는 점에서 이는 통일교육이 추구할 근거와 방향을 구체화하는 의미가 있을 것이다.

4장은 통일교육에서 '도덕성 교육'의 역할과 과제를 제시했다. 민주시민은 건강한 도덕성을 기반으로 해야 한다. 따라서 통일교육에서 도덕성의 문제를 어떻게 인식하고 어떤 역할을 모색해야 하는지를 제시한 것은 시사하는 바가 있을 것이다.

5장은 평화를 위한 통일교육의 기본 방향과 실천과제를 통일문화적 관점에서 제시했다. 통일교육이 일상에서 실천되는 것이 필요하고 그 우선적 목표는 평화라는 점에서 생활에서부터 긍정적인 '통일학적 상상력'을 갖는 과제들이 모색되었다. 이는 일상에서부터의 평화문화적 인식과 실천의 필요성을 구체화하고 있다는 점에서 의미가 있을 것이다.

6장은 '사실상의 통일'(*de facto* unification)의 의미와 필요를 강조하고 평화윤리의 과제를 제시했다. 통일지상주의에 입각한 통일이나 법 · 제도적 통일(*de jure* unification)의 수사(修辭)보다 우선 평화번영에 기초한 사실상의 통일을 추진하는 접근이 현실적이라는 점을 강조했다. 이는 한반도 평화에 관한 인식적 문제와 맞닿아 있다는 점에서 통일교육에 시사하는 바가 있을 것이다.

평화를 위한 통일교육의 또다른 쟁점은 북한의 변화 여부에 관한 인식이다. 이를 위해서는 북한 변화의 추세를 일반화해 그 동인을 찾아 전망하고, 그에 기초한 대북정책과 교육의 방향을 제시하는 연구가 필요할 것이다. 관련 연구가 이 책에 구성되지 못한 점은 아쉽다. 이는 추후 연구과제로 남겨두고자 한다.

Chapter 1

북한의 '수령교양'의 가치덕목과 내용

1. '수령교양'의 의미

북한의 수령론은 북한을 이해하는 핵심 키워드이다. 수령론은 북한의 통치 이데올로기인 주체사상의 중심 명제이자 '우리식 사회주의'가 작동하는 근간이며, 수령의 지위와 역할에 관한 혁명이론이다. 북한에서 수령은 단순히 최고지도자로서의 의미를 넘어 북한식 사회주의 혁명을 수행하는 제도이며,[1] 인민대중의 최고뇌수로서 역할하는 생명체이다.

이 장에서 '수령교양'은 북한이 수령의 지위와 역할을 주민들에게 학습시키는 것을 의미한다. 주민들에게 수령을 올바르게 교양하는 문제는 수령체제의 사회 내면화를 통한 체제 안정과 지속에 중

1_ 스즈키 마사유키는 제도로서의 수령제에 주목해 북한을 수령제 국가로 파악한다. 그는 수령제란 수령의 영도를 대를 이어 계속 실현하는 것을 목적으로 하는 체제라고 정의한다. 스즈키 마사유키, 유영구 옮김, 『金正日과 수령제 사회주의』(서울 : 中央日報社, 1994), pp. 20, 82-93.

요한 의미를 갖는다. 수령교양이 지닌 가치덕목과 내용은 정치사상 교양의 지침이 되며, 나아가 공산주의 도덕의 범주가 된다. 그것은 정치사상 교양이나 공산주의 도덕이 '수령을 중심으로 하는 관계'를 최고의 가치덕목으로 설정하고 있기 때문이다. 북한에서 정치사상 교양은 혁명적 세계관을 세우고 공산주의적 인간의 사상도덕적 풍모를 갖춘 혁명인재를 기르는 것이며, 공산주의 도덕은 사회생활에서 양심적으로 지켜야 할 행동규범을 의미한다. 하지만 그것들은 기본적으로 수령을 중심으로 하는 관계를 인간관, 사회관, 세계관으로 확장시킨 내용에 불과하다.

이 장은 북한의 수령교양에서 지침이 되는 가치덕목과 그 내용을 분석하고 김정일 이후의 후계수령 교양문제와 연관지어 시사점을 찾아보고자 한다. 수령교양의 가치덕목과 내용에 대한 분석은 정치사상 교양이나 공산주의 도덕과 관련한 기초 연구로서 의미가 있다. 이는 정치사상 교양과 공산주의 도덕의 본질에 대한 재인식을 가능하게 할 것이다. 아울러 김정일의 후계자에 대한 관심이 증폭되고 있는 가운데 선대수령의 교양과 관련된 가치덕목과 내용에 대한 분석은 김정일 후계수령의 교양사업에 주는 시사점을 제한적이나마 도출해 볼 수 있을 것이다.

물론 김정일은 자신의 후계수령에 대한 일정을 공식적으로 언급한 적이 아직 없으며, 특정 인물을 후계수령으로 공식화한 후에 수령교양을 본격화할 수도 있다. 그러나 북한에서 수령의 역할과 의미가 갖는 절대적 비중과 '수령 리더십'의 연속성이 체제 안정과 유지에 중요한 변수인 만큼 기존의 수령교양의 논리와 완전히 단절될 수는 없을 것이다. 특히 김정일의 문건에서 북한주민들에게 수령을 교양하기 위해 강조해 온 가치덕목과 내용은 김정일의 후계수령 교양을 위한 기초가 될 것이다.

수령교양의 가치덕목과 내용을 추려내기 위해 본장은 우선 이교덕 박사가 『김정일선집』에서 '수령에 대한 충성이나 우상화' 등에 관한 주제로 분류한 문헌목록을 참고해[2] 이 글의 목적과 관련되는 15개의 문건을 선정했다.[3] 다음으로 이 문건들에서 수령을 이미지화

2_ 이교덕, 『「김정일선집」 분석』(서울 : 통일연구원, 2001), pp. 22–23, 110–111.

3_ 15개 문건은 다음과 같다. 김정일, "수령님의 위대성을 남조선인민들에게 널리 선전할데 대하여(조선로동당 중앙위원회 일군들과 한 담화 1965년 4월 27일)," 『김정일선집 1』, 평양 : 조선로동당출판사, 1992 ; _____, "혁명가유자녀들은 수령님을 정치사상적으로 옹호보위하는 친위전사가 되여야 한다(만경대혁명학원을 졸업한 혁명가유자녀들과 한 담화 1967년 10월 12일)," 『김정일선집 1』, 평양 : 조선로동당출판사, 1992 ; _____, "수령님의 탄생 60돐을 민족최대의 명절로 맞이하기 위하여(조선로동당 중앙위원회 선전선동부 일군들과 한 담화 1971년 10월 29일)," 『김정일선집 2』, 평양 : 조선로동당출판사, 1993 ; _____, "위대한 수령님을 잘 받들어 모시는 것은 우리의 숭고한 임무(조선로동당 중앙위원회 책임일군들과 한 담화 1980년 1월 1일)," 『김정일선집 6』, 평양 : 조선로동당출판사, 1995 ; _____, "주체사상에 대하여(위대한 수령 김일성동지 탄생 70돐기념 전국주체사상토론회에 보낸 론문 1982년 3월 31일)," 『김정일선집 7』, 평양 : 조선로동당출판사, 1996 ; _____, "혁명적동지애의 전통적미풍을 높이 발양시키자(당중앙위원회, 정무원 책임일군들과 한 담화 1982년 4월 10일)," 『김정일선집 7』, 평양 : 조선로동당출판사, 1996 ; _____, "우리 시대의 영웅은 당과 수령에게 끝없이 충실한 참된 인간의 전형이다(조선로동당 중앙위원회 책임일군들과 한 담화 1985년 6월 15일)," 『김정일선집 8』, 평양 : 조선로동당출판사, 1998 ; _____, "조국과 인민을 사랑하는 참다운 애국자가 되자(조선로동당 중앙위원회 책임일군들과 한 담화 1985년 8월 15일)," 『김정일선집 8』, 평양 : 조선로동당출판사, 1998 ; _____, "사람은 한생을 빛나게 살아야 한다(조선로동당 중앙위원회 책임일군들과 한 담화 1986년 5월 31일)." 『김정일선집 8』, 평양 : 조선로동당출판사, 1998 ; _____, "주체사상교양에서 제기되는 몇가지 문제에 대하여(조선로동당 중앙위원회 책임일군들과 한 담화 1986년 7월 15일)," 『김정일선집 8』, 평양 : 조선로동당출판사, 1998 ; _____, "경애하는 수령 김일성동지의 위대한 업적을 빛내여나가자(조선로동당 중앙위원회 책임일군들과 한 담화 1992

하고 있는 가치덕목을 중심, 뿌리, 핵, 위대, 은혜, 영생 등으로 추출했으며, 이를 중심으로 수령교양을 위해 김정일이 제시하고 있는 내용을 분석했다.

2. 중심, 뿌리, 핵

김정일의 문건에서 나타나는 수령교양의 가치덕목은 '중심, 뿌리, 핵'[4]과 '위대, 은혜, 영생' 등으로 구분해 볼 수 있다. 이에 따른 수령교양의 내용은 다음과 같은 근거를 중심으로 논리화되어 있다.

년 4월 17일)," 『김정일선집 13』, 평양 : 조선로동당출판사, 1998 ; _____, "위대한 수령님을 영원히 높이 모시고 수령님의 위업을 끝까지 완성하자(조선로동당 중앙위원회 책임일군들과 한 담화 1994년 10월 16일)," 『김정일선집 13』, 평양 : 조선로동당출판사, 1998 ; _____, "감사문 : 위대한 수령 김일성동지의 서거에 심심한 애도의 뜻을 표시하여준 전체 인민들에게(1994년 10월 28일)," 『김정일선집 13』, 평양 : 조선로동당출판사, 1998 ; _____, "혁명선배를 존대하는것은 혁명가들의 숭고한 도덕의리이다(조선로동당 중앙위원회 기관지 《로동신문》에 발표한 담화 1995년 12월 25일)," 『김정일선집 14』, 평양 : 조선로동당출판사, 2000 ; _____, "위대한 수령 김일성동지는 영원히 우리 인민과 함께 계신다(조선로동당 중앙위원회 책임일군들과 한 담화 1996년 2월 11일)," 『김정일선집 14』, 평양 : 조선로동당출판사, 2000.

4_ 스즈키 마사유키도 "수령은 모든 중심, 뿌리, 핵이고 동시에 그것을 상징한다"며 북한의 수령제를 특징화하고 있다. 스즈키 마사유키, 유영구 옮김, 『金正日과 수령제 사회주의』, p. 273.

1) 중심

(1) 사회정치적 생명체의 중심

무엇보다 수령은 인민대중을 통일적으로 지휘하는 중심으로서 당과 인민대중의 운명과 동일시된다. 다음의 글은 이러한 전제를 잘 드러내고 있다.

> 수령은 인민대중의 자주적인 요구와 리해관계를 분석종합하여 하나로 통일시키는 중심인 동시에 그것을 실현하기 위한 인민대중의 창조적 활동을 통일적으로 지휘하는 중심입니다. … 수령은 단결과 령도의 중심으로서 인민대중의 운명을 개척하는데서 결정적역할을 합니다.[5]

수령이 인민대중의 중심이 되는 것은 수령, 당, 인민대중이 하나의 사회정치적 생명체로 간주되기 때문이다. 김정일은 사람은 육체적 생명과 함께 사회정치적 생명을 가진다고 전제하고 "육체적 생명이 생물 유기체로서의 사람의 생명이라면 사회정치적생명은 사회적존재로서의 사람의 생명"이라고 한다.[6] 그는 수령, 당, 대중이 하나로 결합되어서 영생하는 사회정치적 생명체를 이루는 것인 만큼 그

5_ 김정일, "주체사상교양에서 제기되는 몇가지 문제에 대하여," pp. 448-451. 이 문구는 북한에서 '수령'의 사전적 의미로 인용된다. 사회과학출판사 편, 『조선말대사전 1』(평양 : 사회과학출판사, 1992), p. 1831.

6_ 김정일, "주체사상에 대하여," p. 16.

것을 서로 분리시키거나 대치시켜서는 안 된다고 전제한다.

자연히 이러한 전제는 수령이 당과 인민대중의 생명의 중심인 만큼 당과 인민에 대한 충실성은 수령에 대한 충실성으로 표현되어야 한다는 교양논리로 연결된다.[7] 수령, 당, 대중은 하나의 생명을 가진 유기체적 통일체이며, 개별적 사람의 생명의 중심이 뇌수인 것처럼 사회정치적 생명의 중심은 이 통일체의 최고뇌수인 수령이라는 것이다.

이러한 맥락에서 보면 사회정치적 생명체의 중심으로서 간주되는 수령이 북한 사회주의의 운명이나 장래와 동일시되는 것은 자연스러운 논리 귀결이다. 김정일에 의하면 수령은 "당과 인민의 행복이시며 영광이시며 운명"[8]이다. 그는 수령, 당, 대중의 일심단결을 그 어떤 풍파에도 끄떡하지 않고 북한 사회주의가 승승장구할 수 있게 하는 기본 요인이라고 강조한다.[9]

(2) 생명의 근원으로서 태양, 어버이, 최고뇌수

김정일이 수령을 호칭하면서 사용하고 있는 태양, 어버이, 최고뇌수 등은 김정일 문헌에서 '생명의 근원 혹은 원천'의 의미를 담고 있다.

7_ 김정일, "주체사상교양에서 제기되는 몇가지 문제에 대하여," pp. 451–452.
8_ 김정일, "위대한 수령님을 잘 받들어 모시는 것은 우리의 숭고한 임무," p. 365.
9_ 김정일, "경애하는 수령 김일성동지의 위대한 업적을 빛내여나가자," p. 46.

> 우리는 오직 위대한 수령님 한분만을 높이 우러러모시고 잘 받들어 나가야 합니다. 태양이 있어 별이 빛나는것처럼 수령님께서 계시여 우리도 있는것입니다.[10]

위의 인용에서 전제하고 있는 것은 태양은 별을 빛나게 하는 생명의 근원이듯이 수령은 생명의 근원이라는 점이다. 어버이라는 호칭 역시 수령은 주민들에게 사회정치적 생명을 준 근원이라는 의미이다. 따라서 내가 태어난 것은 어버이가 있기 때문이고 육체가 움직이는 것은 뇌수가 존재해야 하듯이 수령은 어버이로서, 최고뇌수로서 생명의 근원 혹은 원천의 의미를 내포하는 것으로 교양된다.

(3) 혁명적 동지애의 중심

사회정치적 생명체의 중심이자 생명의 근원으로서 수령은 혁명적 동지애의 중심으로 간주된다. 김정일은 혁명적 동지애란 사상과 뜻을 같이하는 동지들 사이에 맺어지는 사랑으로 육친에 대한 애정이나 친구들 사이의 우정보다 귀중하며, 동지에 대한 변함 없는 믿음으로 동지를 위해 자기를 희생하는 정신이자 헌신이라고 전제하고[11] 수령을 혁명적 동지애의 중심에 놓고 있다.

10_ 김정일, "위대한 수령님을 잘 받들어 모시는 것은 우리의 숭고한 임무," p. 366.
11_ 위의 글, pp. 217–219.

> 혁명적동지애의 중심은 수령입니다. 혁명적동지애에서 가장 귀중한 것은 수령과 전사들사이에 맺어지는 사랑입니다. 경애하는 수령 김일성동지는 참다운 동지애의 시원을 열어 놓으시고 간고하고 준엄한 혁명투쟁의 실천속에서 그 빛나는 본보기를 창조하신 혁명적동지애의 화신이십니다.[12]

이를 근거로 김정일은 수령을 중심에 놓은 혁명적 동지애는 당과 혁명대오 단결의 기초가 될 수 있으며, 또한 당과 혁명대오 단결은 반드시 혁명적 동지애에 기반해 이루어져야 한다고 교양한다. 이러한 점에서 혁명전사들 사이에 맺어지는 사랑과 우정도 수령에 대한 충실성에 의거해 맺어질 때에만 진정한 동지애가 될 수 있다고 강조한다.

2) 뿌리

(1) 사회주의 조선의 시조

김정일은 "민족의 건국시조는 단군이지만 사회주의조선의 시조는 위대한 수령 김일성동지"라고 전제하고 조선민족을 곧 "김일성 민족"이라고 규정한다.[13]

12_ 김정일, "혁명적동지애의 전통적미풍을 높이 발양시키자," p. 220.

그가 수령을 사회주의 조선의 시조로 간주하는 근거는 김일성이 조국과 인민과 노동계급의 혁명위업을 위해 '평생을 바쳤고, 항일혁명투쟁에서 승리하고 조국광복을 실현했으며, 3년간의 조국 해방전쟁에서 미제 침략자를 상대해 조국을 수호했고 사회주의 혁명과 건설을 영도해 자주, 자립, 자위의 사회주의 나라를 세웠기 때문이다.[14] 이를 바탕으로 김정일은 김일성 수령을 조국, 민족 등과 동일시해 교양한다.

> 위대한 수령님은 우리 조국의 상징이시고 우리 민족의 최고뇌수이시며 오늘의 우리나라는 위대한 수령님의 나라입니다. 조국은 곧 수령님이십니다. 우리 조선은 경애하는 수령님을 모시고있기에 그처럼 뒤떨어졌던 나라로부터 오늘처럼 존엄하고 위대한 나라로 되였습니다.[15]

(2) 혁명의 시원

김정일은 김일성 수령이 혁명의 시원이기에 그의 사상과 업적을 대를 이어 계승발전하는 것이 혁명에 중요할 뿐만 아니라 도리라고 규정한다.

> 혁명의 시원을 열어 놓은 수령의 혁명사상과 혁명업적을 옹호고수하

13_ 김정일, "위대한 수령님을 영원히 높이 모시고 수령님의 위업을 끝까지 완성하자," pp. 427–428.
14_ 김정일, "수령님의 탄생 60돐을 민족최대의 명절로 맞이하기 위하여," p. 364.
15_ 김정일, "조국과 인민을 사랑하는 참다운 애국자가 되자," p. 264.

> 고 대를 이어 계승발전시켜나가는 것은 혁명승리의 근본담보이며 혁명하는 사람들의 숭고한 도리입니다.[16]

여기서 김정일이 교양하고자 하는 혁명의 시원이란 김일성이 마르크스 · 레닌주의를 조선혁명에 창조적으로 적용하는 과정에서 주체사상을 창시하고 혁명의 자주적 발전의 길을 개척한 것을 말한다.[17] 그는 이를 근거로 수령이 "인류력사에서 처음으로 자주시대의 새 기원을 열어 놓으신 세계정치의 원로"[18]가 되었으며 "혁명선배의 최고대표자"[19]가 되었다고 강조한다. 아울러 그는 "혁명선배를 존대하는 것은 혁명의 요구이며 혁명가들이 지녀야 할 숭고한 도덕의리"[20]가 되어야 한다고 교양한다.

3) 핵

(1) 위대한 인민이 되게 하는 핵

김정일은 다음의 인용에서 나타나듯이 수령을 인민으로 하여금 위대한 인민이 되도록 하는 기본핵으로 규정한다.

16_ 김정일, "감사문," p. 455.
17_ 김정일, "혁명선배를 존대하는것은 혁명가들의 숭고한 도덕의리이다," p. 124.
18_ 김정일, "위대한 수령 김일성동지는 영원히 우리 인민과 함께 계신다," p. 146.
19_ 김정일, "혁명선배를 존대하는것은 혁명가들의 숭고한 도덕의리이다," p. 114.
20_ 위의 글, p. 111.

> 인민의 위대성은 곧 수령의 위대성입니다. 인민의 위대성은 령토의 크기나 인구수에 있는것이 아니라 어떤 수령을 모시고있는가에 하는데 있습니다. … 위대한 수령이 없이는 위대한 인민이 될수 없습니다. 인민은 위대한 수령을 모셔야 위대한 인민으로 될수 있습니다.[21]

김정일이 그 근거로 교양하는 것은 수령이 인민으로 하여금 자기 운명의 주인과 역사의 주체가 되도록 해주었다는 점이다.[22] 그는 인민대중이 자신의 힘으로 자기 운명을 개척해 나가는 자기 운명의 주인이며 역사의 주체이지만, 현명한 수령을 모실 때에만 자기 운명의 주인, 역사의 주체로서의 지위를 차지하고 주인으로서의 역할을 다할 수 있다고 한다. 그는 사회주의 사회에서도 옳은 영도가 보장되지 못하면 인민대중이 주인으로서의 지위를 지킬 수 없으며, 인민대중의 영도계급으로서의 노동계급 역시 정치적 수령의 옳은 영도 없이는 사명을 수행할 수 없다고 본다. 김정일은 인민대중이 오랜 세월 동안 자기 운명의 주인이 되지 못한 것은 그들이 자기의 자주적인 요구와 힘을 깨닫지 못하고 하나의 정치적 역량으로 결속되지 못했기 때문이며, 나라와 민족을 이끌 만한 영도자가 없었던 탓에 식민지 노예의 처지에서 갖은 멸시와 천대를 받아왔던 것이라고 한다.

21_ 김정일, "경애하는 수령 김일성동지의 위대한 업적을 빛내여나가자," p. 29.
22_ 김정일, "혁명선배를 존대하는것은 혁명가들의 숭고한 도덕의리이다," pp. 114–115.

(2) 인민의 위대성이 대를 이어 계승되게 하는 핵

김정일은 인민의 위대성이 대를 이어 빛나는 것은 수령의 영도가 대를 이어 계승되는 조건에서만 이루어질 수 있다며 수령 영도의 후계를 정당화한다.

> 인민의 위대성이 대를 이어 빛나는것도 위대한 수령의 령도가 대를 이어 계승되는 조건에서만 이루어질수 있습니다.[23]

김정일이 수령을 인민의 위대성이 대를 이어 계승되게 하는 핵이라고 전제하는 논리는 마치 기본핵이 핵분열하여 생명이 계승되는 것과 같다. 그는 인민대중의 자주성을 실현하기 위한 혁명위업은 한 세대에 끝나는 것이 아니라 대를 이어 계속된다고 강조한다. 역사적 경험은 영도의 계승성이 옳게 보장될 때에는 인민대중의 혁명위업이 지속되지만 그렇지 못할 때에는 혁명이 우여곡절을 겪게 되며, 나아가 이미 쟁취한 사회주의 전취물도 잃어버리게 된다는 것을 보여주고 있다고 주장한다.[24]

이러한 점에서 김정일은 김일성의 가장 빛나는 선견지명은 일찍부터 혁명위업 계승의 역사적 필연성을 통찰하고 그것을 착실히 준비했으며 혁명위업을 대를 이어 계승완성해 나갈 수 있는 조직사

23_ 김정일, "경애하는 수령 김일성동지의 위대한 업적을 빛내여나가자," p. 29.
24_ 위의 글, pp. 29, 50.

상적 기초와 영도체계를 세우도록 한 것이라고 교양한다.[25]

나아가 그는 "인민대중의 자주위업, 사회주의위업의 계승은 곧 수령의 위업의 계승이며 혁명선배들의 사상과 업적의 계승은 수령의 혁명사상과 령도업적의 계승"이라고 전제하고 수령에게 대를 이어 충성을 다하는 것은 혁명가들의 본분이며 최고의 혁명적 의리라고 강조한다.[26]

(3) 수령에 대한 충실성은 공산주의 도덕의 기본핵

김정일은 수령의 서거나 생존에 관계없이 수령에게 충실하는 것이 공산주의 도덕의 기본핵이라고 강조한다. 특히 그는 1956년 소련공산당 제20차 당대회에서 스탈린에 대한 흐루시초프의 비난 연설이 국제공산주의 운동에 미친 파장을 상기시키고 있다. 이는 전임수령에 대한 후계수령의 비판이 북한에 미칠 영향을 우려한 것이다.

> 우리는 수령님께서 생존해계실 때 한 맹세와 서거하신 다음에 하는 맹세가 달라서는 안되며 수령님의 혁명전사로서의 숭고한 도덕의리를 지켜야 합니다. … 우리가 수령님을 영원히 높이 받들어모시기 위한 사업을 잘하면 국제공산주의운동안에 참다운 공산주의도덕관을 세우는 데도 커다란 영향을 줄수 있습니다. … 공산주의도덕에서 기본핵은 수령에 대한 충실성입니다. … 흐루쑈브는 쓰딸린을 헐뜯음으로써 세상사람들에

25_ 위의 글, p. 50.
26_ 김정일, "혁명선배를 존대하는것은 혁명가들의 숭고한 도덕의리이다," p. 115.

게 공산주의자들은 혁명선배도 모르고 서로 물고뜯는 사람들인 것 같은 나쁜 인상을 주었습니다.[27]

김정일은 이를 바탕으로 국제공산주의 운동 안에서 흐루시초프와 같은 수정주의자들이 공산주의 도덕을 훼손시켰지만 북한 인민들은 수령이 개척한 사회주의 위업, 주체혁명 위업을 계승해 나감으로써 조선공산주의자들의 숭고한 공산주의 도덕관을 보여주어야 한다고 강조한다.

3. 위대, 은혜, 영생

1) 위대

(1) 사상과 영도, 덕성과 업적의 위대성

김정일은 수령이 사상과 영도, 덕성과 업적에서 위대하다고 강조하며, 사람들로 하여금 그것을 체득시키는 것이 당사상교양사업의 본질이라고 한다.

27_ 김정일, "위대한 수령님을 영원히 높이 모시고 수령님의 위업을 끝까지 완성하자," pp. 430–431.

> 당사상교양사업은 본질에 있어서 사람들을 수령님의 참된 혁명전사로 교양개조하는 사업입니다. 당원들과 근로자들에게 수령님의 사상의 위대성, 령도의 위대성, 덕성의 위대성을 깊이 체득시켜 그들을 모두 수령님께 끝없이 충직한 혁명전사로 키워야 합니다.[28]

그는 김일성 수령을 "인민의 수천년 력사에서 처음으로 맞이하고 높이 모신 위대한 령도자"이며 "온 세계가 공인하는 인류의 태양", 그리고 "당과 국가의 수반으로서 당과 국가, 인민을 이끄시어 그처럼 빛나는 업적을 이룩하신 위대한 령도자"이자 "위대한 철학가, 위대한 정치가, 위대한 군사전략가, 위대한 령도예술가, 위대한 혁명가, 위대한 인간, 인민의 자애로운 어버이"라고 표현한다.[29] 그는 수령으로 인해 일본 제국주의를 이겨낼 수 있었고, 조국광복의 역사적 위업을 이룩할 수 있었으며, 미제의 무력침공을 막아낼 수 있었다고 한다. 수령은 사회주의 조국을 일으켜 세워 '사회주의 모범의 나라'로 만들었으며 조선혁명뿐만 아니라 반제자주, 민족적 독립과 사회주의를 위한 세계인민들의 혁명운동 발전에 공헌함으로써 국제적 권위와 높은 존경을 받고 있다고 한다.[30]

김정일은 수령이 "사상리론적례지와 령도력과 덕성에 있어서 그 누구도 따를수 없는 뛰여난 천품을 지니고" 있으며, 그의 "사상

28_ 김정일, "수령님의 탄생 60돐을 민족최대의 명절로 맞이하기 위하여," p. 372.
29_ 김정일, "위대한 수령님을 영원히 높이 모시고 수령님의 위업을 끝까지 완성하자," pp. 420–421.
30_ 김정일, "수령님의 위대성을 남조선인민들에게 널리 선전할데 대하여, pp. 83–84.

리론은 백과전서적일뿐만아니라 독창성으로 일관"되어 있고 "자주시대의 요구에 맞게" 되어 있다고 한다. 그의 사상이론 활동은 철저히 인민에게 맞추어져 인민을 절대적인 존재로 내세우고 근로 인민대중을 위해 모든 것을 다바쳤다고 한다. 김정일은 수령을 인민에 대한 사랑을 가장 숭고한 높이에서 체현하고 있는 인민의 위대한 어버이라고 강조한다.[31]

김정일이 수령의 업적으로 특히 강조하는 것은 인민대중의 자주위업과 사회주의 위업에서의 승리, 그리고 국제공산주의 운동 역사에서의 공헌 등이다.[32] 그에게 수령은 공산주의 혁명가로서의 빛나는 생을 가장 깨끗하게 마무리하신 위인 중의 위인이다.[33] 김정일은 수령의 위대성을 인민대중의 자주적 지향과 요구에 위훈을 세운 인류역사에서 최고의 위대한 영웅에 비유하기도 한다.[34]

김정일은 김일성의 탄생 80돌 경축행사 후에 당중앙위원회 책임 일꾼들과 한 담화에서 수령의 중요한 업적을 다음과 같이 교양하기도 했다.[35] 그것은 첫째, 인민대중에게 자기 운명을 개척해 나갈 수 있게 하는 지도사상으로 주체사상을 창시한 것, 둘째, 인민대중의 운명을 책임지고 보살펴 주는 독창적인 당 건설노선으로 주체형의 정치조직을 마련한 것, 셋째, 인민의 자유와 행복을 보위하는 인민군

31_ 김정일, "경애하는 수령 김일성동지의 위대한 업적을 빛내여나가자," pp. 29-37.

32_ 김정일, "위대한 수령님을 영원히 높이 모시고 수령님의 위업을 끝까지 완성하자," p. 421.

33_ 김정일, "위대한 수령 김일성동지는 영원히 우리 인민과 함께 계신다," p. 146.

34_ 김정일, "우리 시대의 영웅은 당과 수령에게 끝없이 충실한 참된 인간의 전형이다," pp. 236-238.

35_ 김정일, "경애하는 수령 김일성동지의 위대한 업적을 빛내여나가자," pp. 37-50.

과 주체의 군사사상, 전략전술, 주체전법 등을 건설한 것, 넷째, 인민을 혁명적 인민으로 키우고 수령, 당, 대중의 일심단결을 통해 사회주의제도의 위력과 불패성의 원천으로 만든 것, 다섯째, 인민대중 중심의 우리식 사회주의를 건설한 것, 여섯째, 주체혁명위업을 대를 이어 빛나게 계승완성할 수 있는 담보를 마련한 것 등이다.

(2) 수령의 위대성은 곧 민족의 위대성

김정일은 수령의 위대성과 민족의 위대성을 다음과 같이 등치시키고 있다.

> 수령님의 위대성은 곧 우리 민족의 위대성입니다. 민족적 영웅이시며 절세의 위인이신 위대한 수령님을 민족의 령도자로 모신 것은 전체 조선민족의 크나큰 영광이며 자랑입니다. 남조선인민들이 조선민족으로서의 높은 긍지와 자부심을 가지도록 하려면 그들에게 수령님의 위대성을 똑바로 인식시켜야 합니다.[36]

이는 김정일에 의해 '주체의 민족관'으로 정식화되면서 '민족의 품이 곧 수령의 품'이라는 논리로 발전되고 있다.[37] 유사하게 김정일은 수령이 위대한 영웅이면, 당도 영웅의 당으로 되고 나라도 영웅의 나라로 되며 민족도 영웅의 민족으로 되고 인민도 영웅의 인민

36_ 김정일, "수령님의 위대성을 남조선인민들에게 널리 선전할데 대하여," p. 85.
37_ 김창근, "민족관," 『김정일연구 : 리더쉽과 사상(I)』(서울 : 통일연구원, 2001), p. 151.

으로 된다고 강조한다.[38]

특징적인 것은 수령의 위대성 선전이 남조선 인민들을 혁명적으로 각성하고 결속시켜 조국통일을 위한 투쟁을 벌려나가도록 하는 결정적 고리라며 수령의 위대성 선전을 조국통일을 위한 투쟁과 연결짓고 있는 점이다.

김정일은 남조선 인민들이 항일혁명투쟁 시기부터 해방직후까지만 하더라도 수령을 전설적 영웅과 해방의 구성으로 흠모했으나 남조선을 강점한 미국 제국주의자들에 의해서 그 마음이 억눌리게 되었다고 한다. 그는 수령의 사상과 풍모, 혁명업적 등을 제대로 인식할 수 있도록 전기의 편찬출판을 통해 그것이 백과사전적인 혁명의 교과서가 되도록 해야 한다고 교양의 방법을 강조한다.[39]

2) 은혜

(1) 은혜롭고 자애로운 인민의 어버이

김정일은 수령을 은혜롭고 자애로운 인민의 어버이로 표현한다. 그는 또한 사회주의 조국과 인민이 누리고 있는 크나큰 영예와 행복은 모두 수령이 한평생 바쳐온 노고의 결과라며 크신 은혜를 강

38_ 김정일, "우리 시대의 영웅은 당과 수령에게 끝없이 충실한 참된 인간의 전형이다," p. 238.
39_ 김정일, "수령님의 위대성을 남조선인민들에게 널리 선전할데 대하여," pp. 85-90.

조한다.[40]

> 우리 일군들은 누구나 다 위대한 수령님의 은혜로운 손길아래서 자라났습니다. 수령님께서는 그처럼 준엄하였던 항일대전과 조국해방전쟁의 불길속에서 그리고 그처럼 어려웠던 해방후 새 민주조선 건설과 조국해방전쟁의 불길속에서 그리고 그처럼 어려웠던 해방후 새 민주조선 건설과 전후복구건설의 나날에 우리 혁명전사 한사람한사람을 사랑의 한품에 안아 혁명가로 키워주시였습니다. 수령님의 자애로운 품속에서 자라난 우리 일군들이 … 어버이수령님을 높이 우러러모시고 진심으로 잘 받들어나가는 것은 도덕의리상으로 보아도 응당한 일입니다.[41]

여기서 수령의 자애로움은 곧잘 인간적인 모습으로 부각된다. 김정일은 김일성이 혁명적 동지애의 화신으로서 혁명과 건설을 영도해 오면서 전사들을 한품에 안고 그들에게 믿음과 사랑을 다 주었다고 한다. 그는 이어 수령은 원수 앞에서는 멸적의 기상으로 위엄 떨치는 명장이지만 동지들 앞에서는 정도 많고 눈물도 많은 위대한 인간이며 위대한 동지라고 표현한다.[42]

수령의 자애로움은 김일성 사후 100일이 되는 김정일의 담화에서 보다 잘 나타나고 있다.[43] 그는 수령이 인민을 하늘처럼 여기

40_ 김정일, "수령님의 탄생 60돐을 민족최대의 명절로 맞이하기 위하여," pp. 364-365.
41_ 김정일, "위대한 수령님을 잘 받들어 모시는 것은 우리의 숭고한 임무," pp. 365-366.
42_ 김정일, "혁명적동지애의 전통적미풍을 높이 발양시키자," p. 220.
43_ 김정일, "위대한 수령님을 영원히 높이 모시고 수령님의 위업을 끝까지 완성하자," pp. 421-424.

고 끝없이 사랑했으며 고귀한 모든 것을 인민이라는 이름과 결부시켰다고 한다. 예컨대 수령은 국호에도 인민이라는 말을 넣고 군대의 이름에도 인민이라는 말을 넣었으며 대학습당과 문화궁전도 인민대학습당, 인민문화궁전이라고 부르고 병원도 인민병원이라고 부르도록 했다는 것이다.

그는 김일성이 사망하기 2일 전인 7월 6일 자신에게 전화를 걸어 남북관계에서 제기되는 문제에 대한 당의 의견을 물었던 일화를 소개한다. 당시 김정일은 수령이 결심하면 당은 그대로 할 것이라고 했더니 수령은 그제서야 당에서 승인한 것으로 보고 활동하겠다고 답했다고 한다. 그것이 수령과 자신의 마지막 전화였고 수령은 앞날의 일을 미리 예견한 것처럼 모든 사업을 깨끗이 마무리하고 생을 마쳤다고 전한다.

또한 김정일은 수령이 심장병을 앓은 지 여러 해 되었으면서도 인민들이 걱정할까봐 알리지 않았고, 신년사를 할 때 잘 보이지 않을 만큼 눈병을 앓아 눈수술을 하고서도 며칠 되지 않아 여러 일을 시작했다고 회고한다. 김정일은 수령의 죽음이야말로 당과 혁명, 조국과 인민을 위해 정력적으로 일하다가 집무실에서 돌아간 순직이라며 수령을 고매한 덕성과 뛰어난 인품, 소탈한 품성과 검소한 생활의 사람으로 교양한다.

(2) 수령에 대한 충실성은 은혜에 대한 보답이자 의리이며 도덕

수령의 업적을 은혜로 설정하면 그에 대한 보답과 도리가 강조되는 것은 자연스러운 수순이다. 김정일은 수령이 인민에게 "크나큰 은정과 배려"를 베푼 만큼 수령에게 충실하는 것은 혁명적 의리이자 전사의 양심이고 도덕이라고 본다.[44]

김정일은 혁명가 유자녀들은 자기를 한품에 안아 애지중지 키워준 자애로운 어버이인 수령의 은덕을 가슴깊이 새기고 수령께 충성을 다해 보답해야 한다고 강조한다.[45] 그에 의하면 인민 모두는 위대한 수령의 전사이고 제자이며 아들딸들로서 수령의 품속에서 자라났고 수령의 손길 아래 삶을 누려온 것이다.[46] 따라서 수령에게 충실하는 것은 도덕의리상으로 응당한 일이 된다.[47] 나아가 그는 수령이 생존해 있을 때 한 맹세와 서거한 다음에 하는 맹세가 달라서는 안 되며 수령의 혁명전사로서의 도덕의리를 지켜야 한다고 요구한다.[48] 김정일은 수령의 서거 이후 자신이 바로 당과 국가 지도기관을 새로 구성하지 않은 것은 수령의 영구앞에서 인민들이 목놓아 울던 비분이 가슴 속에 남아 있는 상태에서 선거하고 만세를 부르는 것이 전사의 도리가 아니었기 때문이라고 밝힌다.[49]

김정일은 수령에 대한 충실성이 도덕이기 때문에 삶의 가치

44_ 김정일, "혁명가유자녀들은 수령님을 정치사상적으로 옹호보위하는 친위전사가 되여야 한다," p. 315 ; ______, "위대한 수령님을 잘 받들어 모시는 것은 우리의 숭고한 임무," pp. 365, 368.

45_ 김정일, "혁명가유자녀들은 수령님을 정치사상적으로 옹호보위하는 친위전사가 되여야 한다," pp. 314-316.

46_ 김정일, "혁명선배를 존대하는것은 혁명가들의 숭고한 도덕의리이다," p. 118.

47_ 김정일, "위대한 수령님을 잘 받들어 모시는 것은 우리의 숭고한 임무," pp. 365-366.

48_ 김정일, "위대한 수령님을 영원히 높이 모시고 수령님의 위업을 끝까지 완성하자," p. 430.

49_ 위의 글, pp. 428-429.

도 규정한다고 본다.[50] 그는 참된 삶의 가치는 당과 수령의 사상과 뜻을 받들고 성스러운 주체혁명위업에 헌신하는 보람찬 투쟁 속에 있다며 당과 운명을 같이하는 길에서 일생을 빛나게 살도록 하라고 교양한다. 김정일에 의하면 김구나 김규식은 지난날의 인생행로가 복잡했지만 수령의 자애로운 손길 아래 인생의 새 출발을 했으며 애국의 길, 조국통일의 길에서 생을 마쳤다고 지적한다.

(3) 수령에 대한 충성은 최고의 애국

인민과 민족과 수령의 위대성을 등치시키고 수령의 은혜와 그에 대한 보답을 연결시키고 있는 김정일은 수령에 대한 충성이야말로 '주체의 조국과 수령의 은혜' 에 대한 최고의 애국이라고 주장한다.

> 우리의 애국심은 우리나라를 주체의 조국으로 빛내여주신 위대한 수령님에 대한 충성의 마음과 잇닿아있습니다. 우리 시대의 애국심은 본질에 있어서 당과 수령에 대한 충성심입니다. … 당과 수령에 대한 충성심은 조국과 인민을 사랑하는 애국심이며 충성심의 높이는 애국심의 높이입니다. 당과 수령에 대한 충성이야말로 최고의 애국입니다.[51]

아울러 그는 주체사상이야말로 사람을 제일 귀중히 여기는

50_ 김정일, "사람은 한생을 빛나게 살아야 한다," pp. 425-428.
51_ 김정일, "조국과 인민을 사랑하는 참다운 애국자가 되자," p. 263.

최고의 인도주의이며 조국과 인민을 사랑하는 최고의 애국주의라고 전제하면서 수령에 대한 충성과 사상에의 결속을 강조한다.[52]

3) 영생

(1) 인민들 속에 영생하는 수령

김정일은 인민들 속에 영생하는 수령을 강조한다. 다음의 인용에서 주목해 볼 것은 영생의 근거와 의미에 관한 점이다. 영생을 강조하면서 초점을 두고 있는 것은 수령 중심의 혼연일체와 사회주의 조선의 지속성, 그리고 유훈의 계속성 등이다.

> 위대한 수령 김일성동지의 심장은 비록 고동을 멈추었으나 수령님께서는 오늘도 우리 인민들과 함께 계십니다. 위대한 수령님께서는 수령, 당, 대중의 혼연일체의 최고뇌수로서, 수령님이 모습을 닮아 가는 사회주의조선의 시조로서 영생하고 계십니다. 수령님의 유훈의 뜻이 꽃 피는 우리조국의 부강번영속에서 수령님의 력사는 계속 흐르고 있다고 말할 수 있습니다.[53]

52_ 위의 글, p. 265.
53_ 김정일, "위대한 수령 김일성동지는 영원히 우리 인민과 함께 계신다," pp. 146-147.

(2) 영원히 높이 모셔야 할 수령

김정일은 수령의 영생을 강조하면서 동시에 인민들 스스로가 수령의 은덕을 잊지 않고 영원히 모시며 수령식의 사업을 해나갈 것을 강조한다.

> 우리는 수령님의 은덕을 영원히 잊지 말아야 하며 훌륭한 인민을 가지고있는 것을 크나큰 긍지와 명예로 간직하고 인민을 위하여 더 충실히 복무하여야 합니다. … 우리는 백년이고 천년이고 대대손손 위대한 수령님을 영원히 높이 모셔야 하며 모든 사업을 수령님식대로 해나가야 합니다.[54]

이렇게 인민의 역할을 강조한 김정일은 한 걸음 더 나아가 인민들은 수령의 품을 떠나서는 한순간도 살 수 없는 '영원한 한식솔'이라면서 김일성이 사망한 1994년 7월 8일을 민족 최대의 추모의 날로 영원히 전통화할 것을 제기한다. 그는 그렇게 하는 것이 인민들 속에 영생하는 김일성을 주체혁명위업의 위대한 수령으로, 만민의 어버이로 영원히 높이 모시려는 조선인민과 진보적 인류의 가장 숭고한 도덕의리이며 확고부동한 의지라고 못박는다.[55]

54_ 김정일, "위대한 수령님을 영원히 높이 모시고 수령님의 위업을 끝까지 완성하자," p. 427.

55_ 김정일, "위대한 수령 김일성동지는 영원히 우리 인민과 함께 계신다," pp. 147-148.

4. 김정일 후계의 '수령교양'

김정일의 문헌을 중심으로 분석한 수령교양의 가치덕목과 내용은 〈표-1〉로 정리할 수 있다.

〈표-1〉 수령교양의 가치덕목과 내용

가치덕목	내 용
중 심	• 사회정치적 생명체의 중심 • 생명의 근원으로서 태양, 어버이, 최고뇌수 • 혁명적 동지애의 중심
뿌 리	• 사회주의 조선의 시조 • 혁명의 시원
핵	• 위대한 인민이 되게 하는 핵 • 인민의 위대성이 대를 이어 계승되게 하는 핵 • 수령에 대한 충실성은 공산주의 도덕의 기본핵
위 대	• 사상과 영도, 덕성과 업적의 위대성 • 수령의 위대성은 곧 민족의 위대성
은 혜	• 은혜롭고 자애로운 인민의 어버이 • 수령에 대한 충실성은 은혜에 대한 보답이자 의리이며 도덕 • 수령에 대한 충성은 최고의 애국
영 생	• 인민들 속에 영생하는 수령 • 영원히 높이 모셔야 할 수령

수령교양을 위해 북한이 중시하는 가치덕목은 '중심, 뿌리, 핵, 위대, 은혜, 영생' 등이다. 이에 따라 수령은 사회정치적 생명체의 중심이자 생명의 근원으로서 태양, 어버이, 최고뇌수이며 혁명적 동

지애의 중심이 된다. 수령은 사회주의 조선의 시조이며 혁명의 시원으로서 사회주의와 혁명의 뿌리로 간주된다. 이러한 의미에서 조선민족은 김일성 민족과 동일시되며, 수령으로 인해 사회주의 혁명의 '자주적' 길이 개척된 것이다. 수령은 인민으로 하여금 자기 운명의 주인과 역사의 주체가 되게 하는 기본핵이며, 인민의 위대성이 대를 이어 빛나는 것도 위대한 수령의 영도가 대를 이어 계승되는 조건에서만 이루어진다. 수령에 대한 충실성은 공산주의 도덕의 기본핵이 된다.

수령은 사상과 영도, 덕성과 업적에서 위대하며, 그 위대성은 곧 민족의 위대성이 된다. 수령은 은혜롭고 자애로운 인민의 어버이로 강조된다. 수령의 은혜에 대한 보답은 수령에게 충실하는 것인데, 그것은 혁명적 의리이며 전사의 양심이자 도덕이 된다. 수령에 대한 충실성은 또한 최고의 애국이 된다. 나아가 김일성 수령은 심장의 고동은 멎었지만 인민들에게 영생하는 존재이다. 인민에게 수령은 영원히 높이 모셔야 할 존재가 된다.

여기서 제기해 볼 것은 이러한 가치덕목과 내용이 김정일을 뒤이을 후계수령을 위한 교양사업시 어느 정도 지속될 수 있을 것인지, 혹은 어떤 논점에서의 변화 가능성이 있는지에 관한 문제이다. 이를 위해 먼저 선대수령 김일성과 후대수령 김정일 간의 역할에 관한 내용을 살펴보자. 그 일단은 김정일의 공식출범에 앞서 개정된 1998년 헌법 서문에 집약되어 있다.

김정일이 국방위원회 위원장으로 재추대되기 3일 전 1998년 9월 5일에 열린 최고인민회의 제10기 1차 회의는 김정일 체제를 법적 · 제도적으로 정비한 자리였다. 이 회의에서 개정된 『조선민주주의인민공화국 사회주의헌법』에 신설된 서문은 북한을 수령 김일성의 사상과 영도를 구현한 '주체의 사회주의조국'으로, 헌법을 김일성의 국가건설사상과 업적을 법화한 '김일성헌법'으로 못박았다. 김일성은 북한의 부강번영과 혁명의 계승완성을 위한 토대를 만들어 주었으며 '영원한 주석'으로서 향후 북한의 융성번영을 위한 기본담보로 규정되었다. 선대수령의 "사상과 업적을 옹호고수하고 계승발전시켜 주체혁명위업을 끝까지 완성"해 나가는 것은 후대수령이 따라야 할 순례자의 길처럼 제시되었다. 이는 김정일이 후계수령으로서 선대수령의 권위를 절대적으로 필요로 했다는 것을 의미한다. 이러한 점은 앞에 언급한 내용에서도 충분히 가늠해 볼 수 있는 것이기도 하다.

북한은 금년 7월 8일이면 김일성 사망 13주기와 김정일 체제 13년을 동시에 맞게 된다. 선대수령 김일성은 13년 전에 사망했지만 그 권위와 영향력은 후대수령 김정일이 보낸 '고난의 13년' 동안 여전히 살아 있었다. 김정일이 아버지의 권위를 필요로 하면서 특히 강조했던 것은 '수령의 영생' 논리였다. 영생의 가치덕목을 통해 수령중심의 혼연일체, 사회주의 조선의 지속성, 유훈의 계속성, 그리고 인민들에게 수령을 영원히 높이 모실 것 등이 강조되었다.

김일성 사후 13년을 맞게 되는 김정일은 수령문제와 관련하여 13년 전과는 또다른 기로에 서 있다. 이제 그는 수령으로서의 자신의 이미지를 확고히 하는 차원을 넘어 동시에 자신의 후계수령에 대한 일정을 구체화해야 한다. 그러나 북한이 처한 대내외 정세를 보면 김정일은 쉽지 않은 정책선택의 갈림길에 놓여 있다. 물론 2001년 신사고 발언, 2002년의 경제관리방식 개선 조치 등과 함께 금강산 · 나선 · 개성 · 신의주 특구 재정비, 남한과의 적극적 교류협력과 주변외교 등 그의 행보는 실리사회주의[56]의 추구라는 점에서 관심을 끌고 있지만 핵문제를 둘러싼 북한의 대내외적 요인은 매우 유동적이다.

그렇다면 김정일은 실리사회주의 또는 유동적인 대내외 정세를 돌파해 가는 데서 어떤 점에 초점을 두어 자신의 수령 이미지를 부각할 것이며 자신의 후계수령에 관한 교양사업은 또 어떤 점에 중점을 두어 조성해 나갈 수 있을 것인가?

수령의 영생 논리는 김정일의 정책선택에 가장 결정적인 변수가 될 것이다. 김정일이 정책선택 속에서 선대수령의 노선을 비판하거나 이탈하는 것은 불가능해 보인다. 김정일이 선대수령과 자신을 차별화할 수 있는 중요한 근거는 1998년의 사회주의 헌법이다. 이에 따라 선대수령은 우리식 사회주의 건설의 영원한 토대로서 강조되는 것이고, 후대수령으로서 김정일은 사회주의 북한을 강국과 부국으로 발전시키는 실체로서의 이미지를 부각할 수 있는 것이다. 김일성과 김정일 수령의 이미지는 사회주의 혁명의 '중심 · 토대'와 '계승발전 · 도약'의 이미지로 구별된 것이다.

김정일의 후계수령 문제를 앞두고 주민들에 대한 수령교양사업은 체제의 영속성을 위해 중요하게 부각될 것이다. 그러나 '중심, 뿌리, 핵'에 기초한 가치덕목과 내용은 '수령=민족=사회주의 북한=개인'의 동일시 속에서 지속될 수 있겠지만 '위대, 은혜, 영생' 등의 가치덕목과 근거는 자칫 김정일의 후계수령을 교양하기에는 부담스러운 잣대가 될 수 있다. '계승발전 · 도약'의 이미지로 설정된 김정일이 경제와 대외관계 부문에서 가시적인 성과를 거두지 못한다면

56_ 김근식, "김정일 시대 북한의 新발전전략 : 실리사회주의를 중심으로," 韓國國際政治學會, 『國際政治論叢』, 제43집 4호(2003), pp. 197-218.

주민들에게 후계수령의 교양을 위한 가치덕목과 근거내용을 제시하기란 쉽지 않을 것이기 때문이다. 따라서 후계수령 교양은 이제 혁명론이나 위기론에 기초하기에는 일정한 한계가 있으며, 김정일이 갖는 사회주의 '발전도약'을 승계하는 이미지에서 가치덕목과 내용이 찾아질 가능성이 커 보인다.

5. 통일교육에 주는 시사점

북한에서 수령이 갖는 절대적인 의미로 볼 때 수령교양은 체제 안정과 지속에 중요한 역할을 한다. 수령교양을 위해 북한이 중시하고 있는 가치덕목은 '중심, 뿌리, 핵, 위대, 은혜, 영생' 등이다. 그 내용의 초점은 '수령, 민족, 인민, 사회주의 체제, 북한, 개인' 간의 혁명론적 운명공동체 형성에 두어졌다. 이에 기초해 수령에 대한 충실성이 은혜에 대한 보답이자 공산주의 도덕이며 최고의 애국으로 가치 등식화되었으며, 이는 수령 영도의 지속성으로 확장되었다. '수령의 영생' 논리로 볼 때 김정일이 선대수령의 논리와 노선을 비판하거나 이탈하는 것은 어려워 보인다. 김정일은 선대수령의 역할을 사회주의 혁명의 '중심과 토대'로 교양하고 있고, 자신은 이의 '계승발전과 도약'으로 설정하고 있다.

문제는 이러한 가치덕목이 향후 김정일의 후계수령 교양사업에서는 오히려 부담스러운 잣대가 될 수 있다는 점이다. 기존의 수령교양의 논리보다는 체제발전과 도약의 논리가 김정일 후계수령 교양의 덕목이 될 가능성이 크며, 경제와 대외관계 부문에서 김정일 정권의 성과가 후계수령 교양사업에 중요한 변수가 될 것이다.

이러한 추론은 김정일 정권이 경제와 대외관계 부분에서의 성과를 후계구도와 연결짓는다 하더라도 혁명론적 운명공동체 내용이 변화할 수밖에 없음을 시사한다. 그것은 경제와 대외관계 부문에서 파생되는 외부 사조 유입의 축적과 상호 의존성의 진전 때문과도 관련된다. 이러한 점은 북한에게는 체제이념적 변화의 불가피성을 촉구하는 대목이며, 우리에게는 점진적으로 북한이 변화하도록 환경과 여건을 조성할 필요를 제기하는 측면이기도 하다.

참고문헌

김근식. "김정일 시대 북한의 新발전전략 : 실리사회주의를 중심으로." 韓國國際政治學會. 『國際政治論叢』. 제43집 4호(2003).

김정일. "수령님의 위대성을 남조선인민들에게 널리 선전할데 대하여(조선로동당 중앙위원회 일군들과 한 담화 1965년 4월 27일)." 『김정일선집 1』. 평양 : 조선로동당출판사, 1992.

______. "혁명가유자녀들은 수령님을 정치사상적으로 옹호보위하는 친위전사가 되여야 한다(만경대혁명학원을 졸업한 혁명가유자녀들과 한 담화 1967년 10월 12일)." 『김정일선집 1』. 평양 : 조선로동당출판사, 1992.

______. "수령님의 탄생 60돐을 민족최대의 명절로 맞이하기 위하여(조선로동당 중앙위원회 선전선동부 일군들과 한 담화 1971년 10월 29일)." 『김정일선집 2』. 평양 : 조선로동당출판사, 1993.

______. "위대한 수령님을 잘 받들어 모시는 것은 우리의 숭고한 임무(조선로동당 중앙위원회 책임일군들과 한 담화 1980년 1월 1일)." 『김정일선집 6』. 평양 : 조선로동당출판사, 1995.

______. "주체사상에 대하여(위대한 수령 김일성동지 탄생 70돐기념 전국주체사상토론회에 보낸 론문 1982년 3월 31일)." 『김정일선집 7』. 평양 : 조선로동당출판사, 1996.

______. "혁명적동지애의 전통적미풍을 높이 발양시키자(당중앙위원회, 정무원 책임일군들과 한 담화 1982년 4월 10일)," 『김정일선집 7』. 평양 : 조선로동당출판사, 1996.

______. "우리 시대의 영웅은 당과 수령에게 끝없이 충실한 참된 인간의 전

형이다(조선로동당 중앙위원회 책임일군들과 한 담화 1985년 6월 15일).” 『김정일선집 8』. 평양 : 조선로동당출판사, 1998.

______. “조국과 인민을 사랑하는 참다운 애국자가 되자(조선로동당 중앙위원회 책임일군들과 한 담화 1985년 8월 15일).” 『김정일선집 8』. 평양 : 조선로동당출판사, 1998.

______. “사람은 한생을 빛나게 살아야 한다(조선로동당 중앙위원회 책임일군들과 한 담화 1986년 5월 31일).” 『김정일선집 8』. 평양 : 조선로동당출판사, 1998.

______. “주체사상교양에서 제기되는 몇가지 문제에 대하여(조선로동당 중앙위원회 책임일군들과 한 담화 1986년 7월 15일).” 『김정일선집 8』. 평양 : 조선로동당출판사, 1998.

______. “경애하는 수령 김일성동지의 위대한 업적을 빛내여나가자(조선로동당 중앙위원회 책임일군들과 한 담화 1992년 4월 17일).” 『김정일선집 13』. 평양 : 조선로동당출판사, 1998.

______. “위대한 수령님을 영원히 높이 모시고 수령님의 위업을 끝까지 완성하자(조선로동당 중앙위원회 책임일군들과 한 담화 1994년 10월 16일).” 『김정일선집 13』. 평양 : 조선로동당출판사, 1998.

______. “감사문 : 위대한 수령 김일성동지의 서거에 심심한 애도의 뜻을 표시하여준 전체 인민들에게(1994년 10월 28일).” 『김정일선집 13』. 평양 : 조선로동당출판사, 1998.

______. “혁명선배를 존대하는것은 혁명가들의 숭고한 도덕의리이다(조선로동당 중앙위원회 기관지 《로동신문》에 발표한 담화 1995년 12월 25일).” 『김정일선집 14』. 평양 : 조선로동당출판사, 2000.

______. “위대한 수령 김일성동지는 영원히 우리 인민과 함께 계신다(조선로동당 중앙위원회 책임일군들과 한 담화 1996년 2월 11일).” 『김정일선집 14』. 평양 : 조선로동당출판사, 2000.

김창근. “민족관.” 『김정일연구 : 리더쉽과 사상(Ⅰ)』. 서울 : 통일연구원, 2001.

사회과학출판사 편. 『조선말대사전 1』. 평양 : 사회과학출판사, 1992.

스즈키 마사유키. 유영구 옮김.『金正日과 수령제 사회주의』. 서울 : 中央日報社, 1994.
이교덕.『「김정일선집」 분석』. 서울 : 통일연구원, 2001.

Chapter 2

북한의 민족 · 민족주의 담론과 통일교육

1. '민족공조'와 '우리민족끼리'

2000년 6월 남북정상회담 이후 한반도 평화구축의 당사자로서 남북한의 역할은 민족공조와 우리민족끼리로 압축되어 표현되고 있다. 우리 사회에서 민족공조는 한반도 평화번영과 통일 추진의 필요조건으로서 중시되고 있으며, 북한에서 우리민족끼리는 남북관계 개선과 조국통일을 위한 대명제이자 6 · 15 공동선언 이행의 기본 정신으로서 강조되고 있다. 우리민족끼리라는 표현은 우리 사회에서도 자주 등장하고 있다.

이러한 논의에서 유의할 것은 민족 개념이 남북한 공조를 담아내기 위한 그릇이자 동일한 내용물처럼 간주되는 경향이 짙다는 점이다. 북한의 민족 개념은 민족공조라는 이름으로 일반화할 수 없을 만큼 우리와 달라 있다. 단일민족으로서의 정체성은 살아 있지만, 향후 남북한 간 민족통합의 노력을 복잡하게 만들 수 있을 만큼 논리적 기반은 자기식화되어 있다. 남북한 교류가 진전될수록 민족문제를 둘러싼 인식적 이질감은 확연해질 것이다.

민족주의는 통일 추진의 중요한 이념적 원동력이다. 유의할 것은 우리에게 통일은 당연한 민족문제이지만, 주변국들은 남북한의 통일을 민족적 아픔의 해결과 결합의 문제로만 보지는 않을 것이라는 점이다. 주변국들은 한반도 통일을 동북아의 커다란 현상변화이자 강대국의 출현으로 받아들일 수 있다. 때문에 통일은 한반도적 가치에만 국한되지 않고 동북아와 세계의 보편적 · 인류애적 가치와 결합되어야 한다.

이 장은 북한의 민족 개념과 민족주의 변화에 나타난 담론의 의미를 살펴보고 통일교육의 과제를 제시하고자 한다. 북한의 민족 · 민족주의 담론은 김정일의 민족관으로 알려져 있는 '주체의 민족이론'을 중심으로 민족과 민족주의의 개념과 내용, 민족과 계급문제, 민족주의와 사회주의의 연관성, 민족주의와 프롤레타리아 국제주의 및 애국주의의 관계 등의 네 가지 측면에서 분석하고자 한다.

국민 다수가 통일의 당위성을 여전히 민족에서 찾고 있다는 점[1]에서 북한의 민족 · 민족주의가 얼마나, 어떻게, 왜 우리와 달라왔는지를 살펴보는 것은 민족공동체 형성을 추진하는 데 있어 인식적

1_ 통일연구원의 1994년 여론조사에는 통일이 필요한 이유가 민족의 재결합(59.0%), 전쟁발생 방지(14.6%), 선진국 진입(14.2%), 이산가족 고통해소(11.0%), 북한 주민생활 향상(1.2%) 등으로 나타났다. 통일연구원의 1995년, 1998년, 1999년 여론조사에서는 이 항목이 제외되었지만, 2005년 여론조사에는 "통일이 반드시 달성해야 할 민족적 과업이라는 주장"에 대한 의견을 묻는 질문에 83.9%가 찬성한다고 응답했다. 民族統一硏究院, 『1994年度 統一問題 國民輿論調査 結果』(서울 : 民族統一硏究院, 1994. 12), p. 87 ; 통일연구원, 『2005년도 통일문제 국민여론조사』(서울 : 통일연구원, 2005), pp. 95-96.

기초가 될 것이다.

2. 민족 · 민족주의에 관한 이론적 논의

1) 민족과 민족주의

민족(nation)은 혈연과 지연, 그리고 지리적 공동체 형성을 계기로 나타난 운명의 공동체로서 역사적 과정을 통해 자발적으로 만들어진 가장 넓은 의미의 사회적 기초단위이다. 민족주의(nationalism)는 민족을 사회공동체적 생활의 기본단위로 설정하는 이념이다.

민족주의는 18세기 프랑스혁명 이후 근대 국민국가 건설과정에서 자기 민족의 통일과 독립을 추구하면서 나타난 근대적 정치이념이다. 당시 봉건적 계급을 상실해 가고 있던 특권계급, 부와 교육을 통해 부상하고 있던 부르주아지, 농노제를 거의 벗어나고 있던 농민층, 도시의 인민대중 등이 기존의 봉건적 질서에 대항하고 주권재민을 천명하기 위해 서로 다른 정치적 열망과 이상을 녹여낸 산물이 민족주의이다. 당시 민족주의는 국민을 하나의 민족으로 자각케 하고 하나의 테두리로 묶는 역할을 했다.

그러나 이후 역사에서 민족주의는 상황에 따라 극단적인 모습으로 나타났다. 19세기 말 제국주의 시대에 민족주의는 자기 민족만을 생각하고 다른 민족에 대해서는 배타적인 자세를 취하게 하는 명분이 되었다. 제2차 세계대전 당시에 민족주의는 파시즘(Fascism)과 나치즘(Nazism)과 같은 파괴적인 모습으로 등장했다. 전후 아시아와 남미의 여러 나라가 독립을 추구하는 과정에서 민족주의는 저항과 동원의 이념이 되었다. 자본주의 발달에 따른 계급과의 관계, 제국주의와 사회주의 등장, 제3세계의 대두, 자본주의의 세계체계화 추세 등의 역사적 경험에 따라 민족주의는 정반대의 내용을 갖게 되었다. 민족주의는 정치적 필요와 주체에 따라 다르게 결합되는 '2차적 이데올로기'[2]이자 '야누스적 이데올로기'가 된 것이다. 따라서 민족주의 인식에서 중요한 것은 민족이 언제, 왜, 어떻게 민족주의와 결합되었는가 하는 점이다. 민족주의의 부정적인 역사가 말해주듯이 건강한 민족주의는 자유민주주의에 기반하지 않으면 안 된다는 점 또한 주목해야 한다.

최근 민족 · 민족주의는 탈국가화 · 탈민족주의화라는 환경변화에 직면해 그 이념적 기능과 역할이 쇠퇴과정에 접어든 것으로 평가되기도 한다.[3] 국제적으로는 세계화 추세 속에 자본주의가 초국가적인 성격을 띠면서 생산 및 시장관계의 국제화, 경제단위의 블록화, 다국적 기업 및 국제 경제기구의 역할증대 등이 가속화되고 있다. 국내적으로는 환경, 평화, 여성, 반핵, 반문화 등 각 부문에서 성장하고 있는 시민사회가 국제적 연대를 확대하면서 국가영역의 비중을 위협하고 있다.

2_ Robert Eccleshall, ed., *Political Ideologies*(London : Routledge, 1994), p. 30.

3_ Eric J. Hobsbawm, *Nations and Nationalism since 1780 : Programme, Myth, Reality*(Cambridge : Cambridge University Press, 1990), pp. 182−183.

국경 없는 세계가 강조되는 21세기에 민족주의는 세계화와 서로 긴장관계에 있는 것처럼 보인다. 하지만 세계화는 민족주의를 동반하고 필요로 하는 모순적 양상을 보이고 있는 것도 현실이다. 여전히 민족은 계급과 지역의식을 극복하고 공동번영하기 위한 기초 단위이며, 민족국가는 정치 · 경제적 행위의 주체로서 역할하고 있다. 국민국가에게 민족주의는 정치통합력을 제공하는 근간이자 실천 이데올로기로서 중요하다. 오히려 민족주의는 세계화 속에 퇴조하기보다는 자유민주주의와 결합해 세계화와 상호 보완하고 견제하는 관계로 자리매김해야 할 과제를 안고 있다. EU, NAFTA, 동북 · 동남아 등에서의 지역공동체는 탈국가 · 탈민족주의의 징후라기보다는 민족국가가 지역통합의 실질적인 단위이자 당사자로서 역할하고 있음을 보여준다.

민족 · 민족주의 인식과 관련해 함께 지적할 것은 스미드(Anthony D. Smith)가 민족주의 형성의 중요한 기준으로 제시한 전근대사회의 종속적 유대나 집단적 의식[4]이 민족주의의 원초적 재질로서 민족주의 태동의 조건과 기반이 되었다는 점이다. 그러나 이러한 요소들은 민족국가 건설과정에서 적극 활용된 것에 불과하다. 민족주의 태동에 있어 그보다 중요했던 역사적 사실은 정치 · 경제적 형식의 국민적 통합이었다.[5] 따라서 선(先)민족 혹은 원(原)민족성을 근거로 특정 전근대사회에서 민족주의가 이미 존재했었다는 주장은 민족주

4_ Anthony D. Smith, *Theories of Nationalism*, 2nd ed.(New York : Holmes & Meier, 1983) ; _____, *The Ethnic Origins of Nations*(Oxford : Blackwell, 1986) 참조.

5_ 全相仁,『北韓 民族主義 硏究』(서울 : 民族統一硏究院, 1994), pp. 13-23.

의 인식의 비약에 해당한다. 민족 인식에서 중요한 것은 언제, 왜, 어떻게 민족주의와 결합되었는지 하는 점이다.

2) 민족과 계급문제

마르크스와 레닌은 계급의 관점에서 역사와 정치 · 사회현상을 해석하고 실천의 문제를 중시했다. 자연히 민족문제는 계급에 비해 부차적인 의미를 지녔으며 계급투쟁에 종속되었다. 마르크스와 엥겔스는 민족을 근대 부르주아가 국가권력을 장악하고 사회를 자본주의적으로 생산양식화시키면서 나타난 사회역사 발전의 산물로 인식했다. 따라서 자본주의의 성립으로 형성된 민족의 운명은 자본주의의 운명과 동일시되었다. 그들은 민족 상호 간의 착취를 규정하고 있는 자본주의적인 소유관계의 제거 없이는 민족 간의 결속은 불가능하며, '본성상 특별한 민족적 이해와 편견'을 가지고 있지 않은 프롤레타리아만이 민족적 차이와 적대감을 제거할 수 있다고 보았다.[6] 그러나 그들은 자본주의가 발전하지 못한 동구 소수민족의 식민지 해방운동에 대해서는 부정적이었으며, 사회의 경제적 토대변혁에 사회가 어느 정도 공헌해 왔는가에 따라 민족을 역사민족과 무역사민족으로 구분했다.[7] 이는 유럽의 사회주의 혁명에 기여하는가의 여부에 따라 민족문

6_ 박호성, 『사회주의와 민족문제』(서울 : 까치, 1989), pp. 30-31.

7_ 박호성, "마르크스주의와 민족주의," 역사문제연구소, 『역사비평』, 제1집(1988), pp. 258-259.

제를 파악하는 도구주의적 관점을 드러낸 것이다.[8]

레닌은 러시아 사회주의 혁명을 성공시킨 현실주의자이며 실천가로서 민족문제가 지닌 전략적 가치에 주목했다. 그는 사회주의가 '계급적 억압 없이' 행동함으로써 민족 간의 융합을 가져다 줄 것이며, 모든 나라에서의 사회주의가 승리하게 되면 민족 간의 갈등은 국가소멸과 함께 없어질 것이고 필연적으로 민족의 통합에 이를 수 있다고 보았다.[9] 레닌이 주목한 민족문제의 전략적 가치는 민족자결권 획득을 위해 프롤레타리아 국제주의를 중심으로 민족 간 노동자들이 단결 · 연대해야 한다는 주장에서 잘 나타난다.[10] 그것은 그가 주장하는 민족자결권의 본질이 민족의 진정한 자결에 있지 않고 '승리한 사회주의'를 위한 종속 개념으로 간주되었기 때문이다.

민족문제가 사회주의와의 연관성 속에서 이론적으로 체계화된 것은 스탈린에 의해서였다. 그는 제국주의 열강에 맞서면서 소련 사회주의를 완성해야 하는 대내외의 필요에 의해 슬라브 민족주의에 호소하고 중앙집권적 사회주의 정책을 폈으며, 프롤레타리아를 견지하기보다는 역설적으로 '대(大)러시아 민족주의'를 고양시켰다. 그의 일국사회주의론은 이를 정당화하는 논리가 되었다. 이로 인해 그는 부르주아 민족주의를 배격하면서도 민족국가나 국가주의를 통해

8_ 앤터니 D. 스미드, "민족주의와 고전사회학 이론," 임지현 엮음, 『민족문제와 마르크스주의자들』(서울 : 한겨레, 1986), pp. 32-33.

9_ 레닌, "사회주의혁명과 민족자결권," Karl Mark 외, 편집부 편역, 『마르크스-레닌주의 민족이론 : 민족해방이론의 주체적 정립을 위하여』(서울 : 나라사랑, 1989), p. 203 ; _____, "민족자결에 관한 토론 총괄," 위의 책, pp. 218-220 ; _____, "마르크스주의의 희화화와 제국주의적 경제주의," 위의 책, pp. 300-307.

10_ 레닌, "사회주의혁명과 민족자결권," 위의 책, pp. 200, 204.

계급문제 해결을 모색했다는 비판을 받기도 했다.[11] 그러나 그는 결과적으로 민족주의를 통해 소련이라는 국가를 강화시키는 기틀을 마련하게 되었다.

스탈린은 "민족이란 공통의 문화에 나타나는 심리적 성격 및 언어, 지역, 경제적 생활의 공통성에 기초하여 이루어진 역사적으로 형성된 사람들의 안정된 공동체"라고 정의했다.[12] 그는 언어, 영토, 경제생활, 공통의 문화 중에서 어느 하나라도 결여되면 민족이 아니라고 엄격히 규정했다. 이로 인해 소연방 내 소수민족의 독자성과 자치성은 제한될 수밖에 없었다. 그는 자본주의 발전과정에서 형성된 민족을 '부르주아 민족'이라 부르고, 이는 자본주의 사회가 멸망하고 사회주의 사회가 도래하면 소멸된다고 보았다. 그는 부르주아 민족의 운명이 자본주의의 운명과 일치한다고 해서 민족 그 자체가 소멸하는 것은 아니라고 보았으며, 부르주아 민족 이외에 사회주의 민족이 존재한다고 보았다. 사회주의 민족은 바로 새로운 소비에트 민족이며, 자본주의가 청산된 후 낡은 부르주아 민족들을 사회주의 정신으로 개조하기 위해 발생 · 발전된 것이라고 했다.[13]

중요한 것은 사회주의 국가 건설과정에서 계급의 범주가 민족의 범주를 넘어서지 못했다는 점이다. 사회주의는 부르주아 민족주의를 배격하고 프롤레타리아 국제주의를 추구하면서도 국가주의를

11_ 존 카우츠키, "공산주의의 민족주의화," 차기벽 편, 『민족주의』(서울 : 종로서적, 1989), pp. 252–285.

12_ 스딸린, "마르크스주의와 민족문제," Karl Mark 외, 편집부 편역, 『마르크스–레닌주의 민족이론』, pp. 320, 324.

13_ 스딸린, "민족문제와 레닌주의," 위의 책, pp. 371–373.

통해 계급문제 해결을 모색했다. 프롤레타리아 국제주의는 내용에서 일국사회주의 국가와 다름없었고 국가소멸론은커녕 국가가 강화되었으며, 프롤레타리아 계급의 정치적 참여는 정치적 동원으로 변질되고 말았다. 1980년대 말 이후 소련과 동구 사회주의권이 해체되면서 소수민족이 제기하고 있는 인종주의나 분리주의도 계급이 민족을 넘지 못함을 보여준다.

3) 민족주의와 사회주의

민족주의와 사회주의는 근본적으로 긴장관계이다. 사회주의가 추구하는 프롤레타리아 국제주의 역시 민족주의와 대립할 수밖에 없다. 이는 만국의 노동자에게 단결을 호소했던 마르크스와 엥겔스의 『공산당선언』에서 단호하게 나타난다. 국제적 차원에서의 프롤레타리아 혁명을 성공시키기 위해 노동자계급의 국제적 단합이 필수적이어야 한다는 이들의 신념은 논리적으로 민족주의를 배격할 수밖에 없다.

그러나 민족주의는 사회주의의 실천과정에서 결코 포기할 수 없는 제휴대상이 되었다. 마르크스주의의 정통파로 알려진 카우츠키(Karl Kautsky)도 민족의 결정요소를 언어와 물질적 조건과 토대에서 찾음으로써 민족감정이나 민족적 유대의식이 계급연대 못지 않게 강력하다는 사실을 인정했다.[14] 레닌 역시 식민지 종속국에서의 프롤

14_ 박호성, 『남북한 민족주의 비교연구 : '한반도 민족주의'를 위하여』(서울 : 당대,

레타리아 혁명운동은 저항적 민족주의 운동에 어떻게 잘 편승하느냐에 달려 있다고 보는 현실적인 관점에 역점을 두었다.[15] 스탈린은 부르주아 민족주의를 배격하면서도 민족국가나 국가주의를 통해 계급문제 해결을 모색했다. 이들에게서 나타나는 공통점은 사회주의적 내용을 담는 그릇으로서 민족주의적 형식을 취했다는 점이다.

그것은 사회주의적 민족주의의 양상으로 나타났는데, 사회주의가 민족주의와 결합되는 현상은 제2차 세계대전 이후 신생 사회주의 국가나 제국주의를 경험한 국가에서 두드러졌다. 소련 및 동구 사회주의권 국가와 달리 중국, 베트남, 쿠바, 북한 등이 체제 내구력을 갖는 또다른 바탕은 국민들이 경험한 반제국주의 정서가 민족주의와 결합된 사회주의로 구현되었기 때문이라고 할 수 있다.[16] 이들 국가에서는 특히 저항적 민족주의가 사회주의와 실천적으로 융합되면서 정치 · 경제에서의 자주 · 자립, 자본주의 세계체제와의 단절 등이 시대적 과제로 추구되었다. 이에 따라 역사적으로 중요한 민족과 그렇지 않은 무역사민족으로 구분했던 마르크스의 주장과 달리 제2차 세계대전 이후 사회주의 혁명의 진원지는 오히려 이들 국가로 옮아가는 경향이 나타났던 것이다.

1997), pp. 95–102.

15_ 박용수, “마르크스주의와 민족문제,” 『민족이론』(서울 : 문학과 지성사, 1985), p. 60.

16_ 박호성, 『남북한 민족주의 비교연구』, pp. 118–122.

4) 프롤레타리아 국제주의와 애국주의

프롤레타리아 국제주의와 애국주의는 논리적으로 모순관계이면서도 독특하게 연관되어 있다. 『공산당선언』에 나타나듯이 프롤레타리아 국제주의는 노동자계급의 단결을 위한 무(無)조국성과 국제주의를 사회주의적 원리의 하나로 간주한다. 자연히 국제주의 속에 애국은 논리적으로 상충된다. 프롤레타리아 애국주의는 바로 프롤레타리아 국제주의와 민족주의 사이의 모순을 해소하기 위해 제시되었다. 노동자계급의 애국애족적 경향이 프롤레타리아 애국주의로 포장된 것이다.

카우츠키의 논리를 예로 들면,[17] 노동자계급도 자본가와 마찬가지로 민족의 통일과 독립에 관심을 가지고 있다. 오히려 프롤레타리아는 민족의 독립과 통일을 부르주아지와는 반대로 혁명적 수단을 통해 달성하고자 하기에 더욱 '민족적'이다. 그러나 프롤레타리아는 부르주아지처럼 민족의 분리와 민족 이기주의를 추구하지 않으며, 자본의 지배로부터 해방되기 위해 국제적 연대를 지향한다. 결국 국제적 연대는 모든 민족의 평화적인 세계경제적 협력을 통해서 최고의 노동생산성을 추구하려는 프롤레타리아의 노력을 통해서만 가능하며, 따라서 국제적 단합은 프롤레타리아 애국주의의 한 구성요소가 된다는 것이다.

또한 자본가 역시 노동생산성 향상을 추구하지만, 그것은 모

17_ 위의 책, pp. 130-133.

든 민족의 자본가들로 하여금 세계 시장에서의 치열한 국제적 경쟁을 위해 상호 적대적인 애국주의에 호소하도록 만든다. 따라서 자본주의적 애국주의의 본질은 조국이 외국에서 자기 나라 자본가의 이윤을 보호하기 위해 민중의 생명과 재산을 걸어야 한다는 점에서 조국에 대한 착취를 의미한다. 반면 프롤레타리아 애국주의는 모든 민족들의 문화적 번영과 복지의 증진을 목표로 국제 간의 평화적 연대를 추구한다. 이러한 의미에서 카우츠키는 프롤레타리아 애국주의의 본질은 '무(無)민족성'이 아니며 '민족들의 자유와 평등'에 있다고 주장한다. 이처럼 프롤레타리아 애국주의는 민족과 조국에 대한 노동자계급의 현실적인 의식과 감정을 프롤레타리아 국제주의의 논리 속에 결합시킨 것이다.

3. 북한의 민족 개념과 민족주의 변화

1) 민족과 민족주의

김정일에 의하면 민족은 나라와 함께 가장 포괄적인 사회적 집단으로서 사회역사적으로 형성된 사람들의 공고한 결합체이며 운명의 공동체이다.[18] 그는 민족을 이루는 기본 징표로 핏줄, 언어, 지역

18_ 김정일, "인민대중중심의 우리 식 사회주의는 필승불패이다(1991년 5월 5일),"

의 공통성을 들며, 핏줄과 언어의 공통성을 민족을 특징짓는 가장 중요한 징표로 간주한다. 그는 자본주의 발생과 결부시켜 민족의 형성과 소멸을 논한 마르크스 · 레닌주의가 북한 실정에 맞지 않다고 전제하고 핏줄, 언어, 지역의 공통성과 유구한 역사와 문화를 근거로 조선민족을 설명한다.[19] 자연히 해외에서 살고 있는 동포들은 한 핏줄을 이어받고 고유한 언어를 쓰며 조선의 미풍양속을 존중하고 조선사람의 넋을 간직하고 있는 조선민족이 된다.

대체로 1960년대까지 북한은 외형적으로는 스탈린의 민족 개념을 따랐으며, 민족주의의 인식도 마르크스주의적 입장을 견지했다. 그러나 내부적으로는 정권이 개인화되고 주체사상이 정식화되면서 외부적으로는 중소분쟁의 틈바구니에서 자주가 강조되면서 북한의 민족 개념과 민족주의는 1970년대부터 변화의 조짐을 보이기 시작했다.[20] 민족의 개념에 혈연과 핏줄이 포함되었고, 민족주의는 사회주의 속에 용해되기 시작했다. 그러한 흐름은 1980년대 중반까지 지속되었다.

1970년에 발간된 『철학사전』의 경우 민족은 "언어, 지역, 경제생활, 문화와 심리 등에서 공통성을 가진 역사적으로 형성된 사람들의 공고한 집단"이었다.[21] 그러나 1973년에 발간된 『정치사전』에서는 북한의 민족 개념에 '혈통'이 구성요소로서 추가되었다. 민족의

『김정일선집 11』(평양 : 조선로동당출판사, 1997), p. 47.

19_ 조성박, 『김정일민족관』(평양 : 평양출판사, 1999), pp. 17–18, 21, 23.

20_ 이종석, "주체사상과 민족주의 : 그 연관성에 관한 연구," 『統一問題硏究』, 第6卷 1號(1994 여름), pp. 72–75.

21_ 국가안전기획부, 『북한의 「민족주의」 선전자료집』(1995. 12), p. 25.

구성요소는 언어, 지역, 경제생활, 혈통과 문화, 심리 등에서의 공통성으로 규정되었으며, 언어의 공통성은 민족을 특징짓는 가장 중요한 표징의 하나로 차별화되었다.[22]

이어 1985년에 발간된 『철학사전』에서는 스탈린식 개념에서 핵심적인 의미를 지니는 '경제생활의 공통성'이 삭제되고 대신 '핏줄'이 강조되었다. 북한의 민족 개념은 "피줄과 언어, 영토와 문화의 공통성에 기초하여 역사적으로 형성된 생활단위이며 사람들의 공고한 집단"으로 규정되기에 이르렀고, 언어의 공통성이 민족의 가장 중요한 징표로 간주되었다.[23] 경제생활의 공통성을 삭제하고 혈연의 공통성을 내세운 이러한 변화는 마르크스주의적인 관점과는 완전히 다른 것이다. 북한의 설명에 의하면,[24] 경제적 관계를 위주로 한 마르크스주의 철학의 방법론은 비정상적인 민족형성의 길을 걸어온 유럽의 역사적 노정을 일반화한 것에 지나지 않으며, 반면 북한은 자주적인 민족의식에 기반해 하나의 민족임을 자각하고 단결하는 특수성을 지닌 민족이라고 한다.

경제생활 등 물질적인 요인을 뒤로 하고 혈연, 언어, 지역 등의 문화적이고 정신적 요소를 앞세운 북한의 민족 인식은 오토 바우어(Otto Bauer)를 비롯한 오스트리아-마르크스주의자들의 견해와 유사하다. 이들은 복합 민족국가인 오스트로-헝가리제국 내의 상이한 민족들의 민족적·문화적 전통을 존중하자는 입장에서 민족의 비영

22_ 사회과학출판사, 『정치사전』(평양 : 사회과학출판사, 1973), p. 423.
23_ 사회과학원 철학연구소, 『철학사전』(평양 : 사회과학출판사, 1985), pp. 246-247.
24_ 위의 책.

토적 · 문화적 자치를 주장했다. 이들에 의하면 자본주의가 붕괴하더라도 민족문화는 존속될 수 있으며, 사회주의 운동은 민족문화를 반대하는 것이 아니다.[25] 이러한 측면에서 보면 남북한은 민족공동체 건설과정에서 혈연, 언어, 지역 등에 기초한 문화공동체적 의식과 정서를 확대해 갈 수 있는 접점을 찾아볼 수 있을 것이다.

북한의 민족 개념이 변화하게 된 데는 자주성을 강조하는 주체사상의 대두와 함께 1980년대 1민족, 1국가, 2사상, 2제도를 표방한 고려민주연방공화국 통일방안을 뒷받침하기 위한 의도와도 연관된다. 이는 서로를 갈라놓을 수 있는 경제적 토대를 민족형성의 공통성으로 하기보다는 언어와 혈통 등의 전통적인 기준을 내세워 하나의 민족으로 포괄하고 자주성을 강조하기 위한 명분이기도 했던 것이다.

이러한 의미는 김정일의 인식에서도 지속되고 있다. 김정일에게 민족은 자주성을 추구해 가는 사회생활 및 혁명과 건설의 기본단위인 것이다. 그는 이러한 의미의 민족을 기본 단위로 하는 민족주의의 핵심이 바로 자주성, 주체성, 민족성의 고수에 있다고 본다. 그에게 자주성은 민족의 존재와 번영을 담보하는 민족의 생명으로 간주된다.[26] 민족들의 발전과정은 민족이 자기의 고유한 생활과 역사를 창조해 나가면서 평등과 자원성의 원칙에서 민족들 사이의 협조와 연계를 확대 · 발전시켜 나가는 과정이 된다. 그에 의하면 "주체성을 견

25_ 로날도 뭉크 저, 이원태 옮김, 『사회주의 혁명과 민족주의』(서울 : 민 · 글, 1993), pp. 76–82.

26_ 김정일, "다부작예술영화 《민족과 운명》의 창작성과에 토대하여 문학예술건설에서 새로운 전환을 일으키자(1992년 5월 23일)," 『김정일선집 13』(평양 : 조선로동당출판사, 1998), p. 63.

지한다는것은 자기 나라, 자기 민족의 운명과 인민대중의 운명을 인민대중자신이 주인이 되여 자주적으로, 창조적으로 개척해 나간다는 것"이고 "민족성을 살린다는것은 자기 민족의 고유하고 우수한 특성을 보존발전시키고 그것을 사회생활의 모든 분야에 구현"해 나가는 것이라고 한다.[27]

이러한 맥락에서 '우리 식대로 살자'는 슬로건은 민족자주성의 이념을 구현한 민족의 생존과 투쟁방식을 명시한 것으로 간주되며, 민족자주정신이나 민족문화 전통은 사회주의 건설의 중요한 밑천으로 거론된다. 따라서 자주성을 옹호하는 것은 애국애족이 되지만 자주성을 외세에 맡기는 것은 매국배족으로 간주되고, 이의 청산이 역사적 과제로 제기된다.[28] 자연히 남한의 민족문제는 '반미민족해방혁명'을 통해서 해결될 수 있다고 주장되며, 미군철수와 미국의 식민지적 지배의 해결이 우선 과제로 강조된다.

김정일에게 자주성은 민족 간 관계발전의 기초로 간주된다. 그는 모든 민족이 자주성을 지키고 자주성을 서로 존중할 때 공정한 국제관계를 발전시킬 수 있으며, 자주적이고 평화적이고 친선적인 새 세계를 건설할 수 있다고 본다.[29] 그에게 '온 세계의 자주화'는 침략과 전쟁, 지배와 예속이 없고 모든 나라와 민족들이 자유롭고 평등하

27_ 김정일, "혁명과 건설에서 주체성과 민족성을 고수할데 대하여(1997년 6월 19일)," 『김정일선집 14』(평양 : 조선로동당출판사, 2000), pp. 307, 312–317.

28_ 김정일, "다부작예술영화《민족과 운명》의 창작성과에 토대하여 문학예술건설에서 새로운 전환을 일으키자," p. 72.

29_ 김정일, "조선로동당은 위대한 수령 김일성동지의 당이다(1995년 10월 2일)," 『김정일선집 14』, p. 102 ; _____, "주체사상교양에서 제기되는 몇가지 문제에 대하여(1986년 7월 15일)," 『김정일선집 8』(평양 : 조선로동당출판사, 1998), pp. 443–444.

고 평화롭게 사는 세계를 뜻한다. 이를 위해 그는 제국주의, 지배주의를 반대하고 온 세계의 자주화 위업을 실현하기 위한 "쁠럭불가담운동"의 역할을 높이고 반제자주를 지향하는 모든 "반제자주력량"의 단결과 협조를 강화해야 한다고 강조한다.

민족대단결은 이러한 자주성의 논리가 통일원칙에 연결된 것이다. 김정일은 조국통일의 본질이 민족의 자주성 회복과 민족적 화합 · 단합의 실현에 있다고 강조하며, 조국통일은 계급적 성격의 문제가 아니라 전국적 범위에서 민족적 자주권을 확립하기 위한 민족적 성격의 문제라고 주장한다.[30] 이러한 맥락에서 그는 하나의 조선과 민족대단결을 강조하고 있는 것이다. 물론 민족대단결이 북한에서 공식적으로 거론된 것은 1972년이다. 당시 김일성은 7 · 4 남북공동성명에서 조국통일 3대원칙으로 자주 및 평화와 함께 민족대단결의 원칙을 밝혔으며, 1980년 10월 개최된 제6차 조선로동당 대회에서 고려민주연방공화국창립방안을 제시하면서 통일의 3대원칙으로서 자주, 평화, 민족대단결을 재확인했었다.

주목할 것은 민족대단결의 논리가 1990년대 들어서 당시의 대내외 정세를 반영하면서 민족주의적 정서에 적극 호소되었다는 점이다. 사회주의권의 대변혁을 목격한 북한은 1991년 신년사에서부터 '먹고 먹히우는' 방식의 통일을 지양하고 남북한의 사상과 제도의 차이를 인정한 바탕 위에서 연방제적 통일을 모색해야 한다고 강조하고 나섰다.[31] 이어 김일성은 1991년 8월 1일 "우리민족의 대단결을 이룩

30_ 조성박, 『김정일민족관』, pp. 272-279.

31_ 『로동신문』, 1991년 1월 1일, 신년사 ; 김일성, "조국통일을 위한 전민족대단결 10

하자"라는 담화에서 "조국통일위업을 실현하는데서 첫째도 둘째도 셋째도 중요한것은 우리 민족의 대단결을 이룩하는것"이라고 거듭 강조했다.[32] 이후 민족대단결의 논리는 전민족대단결 10대강령을 통해 체계화되어 나타났다. 전민족대단결의 목표는 "자주적이고 평화적이며 중립적인 통일국가를 창립"하는 데 있으며, 구체적인 내용은 "북과 남은 현존하는 두 제도, 두 정부를 그대로 두고 각 당, 각 파, 각계각층의 모든 민족성원들을 대표할수 있는 범민족 통일국가를 창립"하는 것이라고 밝혔다.[33] 자주성에 기초한 공세적 민족대단결의 논리가 본질에서는 민족주의에 호소하면서 수세적 공존에 치중하고 있는 모습이 역력히 나타났던 것이다.

김정일은 민족의 통일문제에 관한 김일성의 관점을 그대로 계승하고 있다. 그는 7·4 남북공동성명에서의 자주, 평화, 민족대단결의 3대원칙과 조국통일을 위한 전민족대단결 10대강령, 그리고 고려연방제통일방안을 조국통일 3대헌장으로 규정했으며, 1998년 4월 남북연석회의 50주년 기념 중앙연구토론회에 보낸 서한 "온민족이 대단결하여 조국의 자주적 평화통일을 이룩하자"에서 민족대단결 5대방침을 제시했다. 이 방침은 김정일이 통일과 관련해 처음 밝힌 원칙으로 주목받았지만 그것은 김일성이 언급했던 것을 재정리한 것에 불과했다.

대강령(1993년 4월 6일)," 『김일성저작집 44』(평양 : 조선로동당출판사, 1996), pp. 161-164.

32_ 김일성, "우리 민족의 대단결을 이룩하자(1991년 8월 1일)," 『김일성저작집 43』(평양 : 조선로동당출판사, 1996), p. 430.

33_ 김일성, "조국통일을 위한 전민족대단결 10대강령," pp. 161-162.

김정일은 민족대단결 사상이야말로 "민족의 자주성을 옹호하고 실현하기 위하여 사상과 리념, 정견과 신앙의 차이, 재산의 유무와 사회적지위에 관계없이 모든 계급, 계층이 민족공동의 요구와 리익을 첫자리에 놓고 하나로 굳게 단합할데 대한 사상"이라고 강조했다. 그가 제시한 5대원칙은 첫째, 민족자주의 원칙에 기초, 둘째, 애국애족의 기치와 조국통일의 기치밑에 단결, 셋째, 서로 다른 사상과 제도의 존재를 인정하는 기초 위에서 남북관계 개선, 넷째, 외세의 지배와 간섭에 반대하고 외세와 결탁한 민족반역자들 및 반통일세력을 반대하여 투쟁, 다섯째, 남북 및 해외의 온 민족이 서로 왕래 · 접촉 · 대화하여 연대연합 강화 등이다.[34]

김정일이 민족대단결에서 우선 강조하고자 했던 것은 '자주적인 민족통일이 곧 조국통일이며 그것이 바로 애국애족'이라는 점이다. 김정일은 민족의 자주성 실현을 조국통일의 관건으로 연결짓고 이를 애국주의에 호소하고 있는 것이다. 특징적인 것은 1990년대 이후의 수세적 환경변화 속에서 통일과 관련해 민족주의적 정서를 활성화시킴으로써 북한의 지배 이데올로기와 대남공세의 축을 민족 중심으로 설정하고 있다는 점이다. 김정일은 자주권 확립문제를 민족통일 혹은 조국통일의 관점 속에 녹여내고 있으며, 사회주의 애국심을 민족주의로 포장하여 통일의 도구적 논리로 전개시키고 있는 것이다.

주목할 것은 민족과 국가의 운명을 수령의 운명과 동일시하

34_ 김정일, "온 민족이 대단결하여 조국의 자주적평화통일을 이룩하자(1998년 4월 18일)," 『김정일선집 14』, pp. 413, 419-427.

고 있는 수령론에 근거해 볼 때, 김정일의 민족대단결은 수령 영도의 지속성과 사상투쟁의 편향성을 고스란히 드러내 주는 것에 불과하다는 점이다. 이러한 점에서 그의 자주성은 그의 주장과 달리 남북한 통일에 '반민족적'이 되고 만다. 김정일은 또한 민족통일 혹은 조국통일의 문제가 외세배격을 통한 자주권 확립과 동일한 것으로 간주하고 있지만 그의 민족해방은 상대 체제에 대한 증오나 배타성으로 연결될 수밖에 없다. 그의 민족대단결은 결코 민족구성원 전체를 지칭하지 않는다.

2) 민족과 계급문제

마르크스 · 레닌주의에서 민족은 정치 · 계급발전의 한 부분으로 간주되었으나 김정일에게 민족은 전체이며 계급은 민족의 부분이다. 김정일은 민족과 계급은 모두 사회적 집단이지만 민족은 계급보다 포괄적인 사회적 집단이라고 보며, 민족이 있고서야 계급이 있을 수 있고 민족의 이익이 보장되어야 계급의 이익도 보장될 수 있다고 한다. 그에게 민족은 영원하지만 계급은 영원하지 않다. 계급은 민족의 한 구성부분이고 개인의 생명은 민족의 생명 속에 있는 것이다. 나라와 민족의 운명과 뗄 수 없이 결합되어 있는 인민대중은 "사회적 인간"으로서 "계급과 계층의 성원인 동시에 민족의 성원이며 계급성과 함께 민족성"을 갖게 된다. 민족의 자주성과 계급해방 문제, 그리고 개인의 자주성은 불가분의 관계이다.[35]

그러나 김정일의 민족 인식이 여전히 사회주의에 의한 부르주아 민족의 개조라는 논지를 담고 있다는 점에서는 스탈린이 제기한 사회주의 민족과 유사한 맥락이 있다. 김정일에게 "사회주의는 계급적 위업인 동시에 민족의 발전과 번영을 위한 위업"이 된다.[36] 따라서 자본주의 사회에서는 계급적 착취와 민족적 불평등으로 인해 사회적 재부가 사회의 이익과 민족공동의 발전에 제대로 쓰일 수 없고 민족적 단합을 이룰 수 없기 때문에 부르주아 정신을 개조하기 위한 사회주의의 역할이 민족발전을 위해 중요하게 간주되는 것이다.

전체로서의 민족과 부르주아 민족 개조의 논지를 강조하고 이를 계급, 계층, 개인의 자주성과 동일시하는 김정일의 인식은 대외적으로 저항하고 대내적으로 전체주의적 단결을 추구하려는 저항적 민족주의의 경향과 유사해 보인다. 하지만 실제는 개인에게는 반자유주의적이며 배타적인 사회주의 민족에 국한되는 반민족적 성격으로 나타나는 것이다.

3) 민족주의와 사회주의

1980년대 중반 이후 북한 사회주의가 시련과 위기를 맞게 되면서 북한은 민족주의를 전면화하기 시작했다. 당시 북한은 내부적으로 경제성장의 한계에 부딪쳤으며, 외부적으로 사회주의권의 요동 앞에서 내부단속과 체제유지라는 과제를 안게 되었다. 대내외적 환경변

35_ 김정일, "혁명과 건설에서 주체성과 민족성을 고수할데 대하여," p. 308.
36_ 위의 글, pp. 310-311.

화 속에 북한은 민족주의적 동기를 강조하고 나선 것이다.

1986년 7월 김정일이 제창한 조선민족제일주의는 민족주의 정향이 전면화되는 계기가 되었으며, 1991년 5월의 우리식 사회주의는 그 완결편이 되었다. 이어 1991년 8월 참다운 민족주의라는 용어가 북한식 민족주의 개념으로 등장하기에 이르렀다. 김일성은 자기 민족을 위해 유익한 일을 하는 사람이 참다운 민족주의이며 곧 애국주의라며, 자신이 공산주의자인 동시에 민족주의자이고 국제주의자라고 단언했다.[37]

정권 초기 김일성은 부르주아 계급이 자신의 이익을 민족이라는 구실로 정당화한다며 민족주의를 부정적으로 인식했다. 그에게 민족주의는 부르주아 사상이었으며, 인민들 간의 친선관계를 파괴할 뿐만 아니라 자기 나라 자체의 민족적 이익과 근로대중의 계급적 이익에도 배치되는 것이었다. 그는 민족주의가 민족이기주의에 빠지기 때문에 사회주의권 단결을 해친다고 보았다.[38] 외형적으로는 마르크스주의적 민족주의 인식과 스탈린의 민족 개념을 따르고 있는 듯 보였다. 그러나 실제에 있어서는 정권 초기부터 사회주의적 애국주의 강조와 같은 민족주의적 동기가 필요했다.

1970년 발간된 『철학사전』에 민족주의는 "계급적 이익을 전 민족적 이익으로 가장하여 내세우는 자본가계급의 사상"으로 규정되었다. 이 역시 외형적으로 전통적인 마르크스주의적 입장을 따른 것

37_ 김일성, "우리민족의 대단결을 이룩하자," pp. 431-432.

38_ 김일성, "사회주의진영의 통일과 국제공산주의운동의 새로운 단계(1957년 12월 5일)," 『김일성저작집 11』(평양 : 조선로동당출판사, 1985), p. 410.

이었다. 그러나 사전은 '어떤 조건 하에' 노동자계급이 반제국주의적 민족주의와 결합될 수 있다는 점을 동시에 명시했다. 『철학사전』은 자본주의 사회에서의 민족주의를 대국배타주의적 민족주의와 지배받는 나라 자본가계급의 민족주의라는 두 유형으로 구분하고, 후자의 민족주의는 "제국주의 침략세력을 반대하고 민족적 독립을 이룩하기 위한 투쟁과 결합될 때 일정하게 진보적 역할"을 맡는 것으로 평가했다.[39] 여기서 노동자계급이 반제국주의적 민족주의와 결합될 수 있는 조건은 '민족적 독립을 이룩하기 위한 투쟁과 결합될 때'인 것이다. 다시 말해 '민족적 독립을 이룩하기 위한 투쟁과 결합될 때' 노동자계급은 반제국주의적 민족주의와 결합될 수 있다는 내용이었다.

이는 1985년에 발간된 『철학사전』에도 반복되었다. 사전은 민족주의가 진정한 계급적 이익과 민족적 이익을 자각할 수 없게 한다며 민족주의적 경향에 반대했지만, 압박받는 민족자본가 계급의 반제적 측면이 인민대중의 반제민족해방투쟁과 결합될 때는 일정한 진보적 역할이 있다는 점을 강조했다. 유의할 것은 '민족주의자들의 계급적 제한성과 동요성을 고려'해야 한다고 못박았다는 점이다.[40] 그것은 당시까지의 민족주의가 여전히 계급편향적 민족주의를 유지했던 때문이다. 이는 민족주의가 전면화되기 이전까지 지속되었다. 계급편향적인 민족주의를 유지하는 한편, 북한이 민족주의와 사회주의의 논리적 긴장으로 일상에서 해소해 왔던 개념은 사회주의적 애국주의였다. 민족주의라는 직접적인 표현보다는 사회주의에서의 민족

39_ 국가안전기획부, 『북한의 「민족주의」 선전자료집』, pp. 31-33.
40_ 사회과학원 철학연구소, 『철학사전』, p. 253.

주의적 담론인 사회주의적 애국주의라는 말을 사용했던 것이다.

민족주의 복원에 직접적인 계기가 된 조선민족제일주의는 "조선민족의 위대성에 대한 긍지와 자부심, 조선민족의 위대성을 더욱 빛내여나가려는 높은 자각과 의지로 발현되는 숭고한 사상감정"이라고 설명된다.[41] 김정일에 의하면 조선민족이 제일인 근거는 "위대한 수령, 위대한 당의 령도가 있고 위대한 주체사상이 있으며 가장 우월한 사회주의제도가 있기 때문"이며, "예로부터 한피줄을 잇고 하나의 언어와 문화를 가지고 한강토에서 살아온 단일민족이며 반만년의 유구한 력사와 우수한 문화와 전통을 가지고있는 슬기로운 민족"이기 때문이다.[42] 민족의 우수성에 관한 김정일의 설명은 후에 "수령을 모신 김일성 민족"이라는 표현으로 규정되고,[43] 이는 김정일 민족관에서 "핵을 이루는 사상"이라고 강조된다.[44]

조선민족제일주의의 본질은 혈연적 유대 중심의 민족적 동기를 강조한 것이었다. 그것은 요동치는 여타 사회주의 국가와 북한 사회주의를 차별화하려는 논리적 전략이었다. 당시 김정일은 조선민족제일주의를 내세우는 목적을 "단순히 우리 민족에 대한 긍지와 자부심을 가지도록 하자는데만 있는 것이 아니라 자체의 힘으로 사회주의건설을 더 잘하여 민족의 존엄과 영예를 더욱 높이 떨치도록 하

41_ 김정일, "조선민족제일주의정신을 높이 발양시키자(1989년 12월 28일)," 『김정일선집 9』(평양 : 조선로동당출판사, 1997), p. 444.

42_ 위의 글, pp. 447-449.

43_ 위의 글, pp. 446-448 ; 김정일, "위대한 수령님을 영원히 높이 모시고 수령님의 위업을 끝까지 완성하자(1994년 10월 16일)," 『김정일선집 13』, p. 428.

44_ 조성박, 『김정일민족관』, p. 197.

자는데 있다"고 밝혔다.[45] 이는 사회주의권의 지각변동이 현실화된 상황에서 나온 1991년 5월의 "인민대중 중심의 우리식 사회주의는 필승불패"라는 기치와 연관지어 보면 뚜렷해진다. 김정일은 당시 사회주의권의 대변혁을 사회주의가 전진도상에서 겪는 일시적인 우여곡절로 설명하고 사회주의의 길은 그 어떤 힘으로도 막을 수 없는 역사발전의 법칙이며 그 힘의 원천은 인민대중의 지지와 신뢰에 있다고 역설했다.[46] 그는 같은 연설에서 우리식 사회주의의 차별성을 내세우기 위해 수령과 당, 주체사상과 민족적 긍지에 재차 호소했다. 이러한 호소는 1990년대 초 단군릉 발굴을 비롯한 민족문화유산 복원으로 정책화되기에 이르렀다.

이로써 북한의 민족주의는 전통적인 사회주의 이론과 완전히 결별하고 계급적 관점도 퇴조하며, 대신 혈연적 유대 중심의 배타적인 민족주의 담론을 취하게 되었다. 여기서 배타적이라는 의미는 북한이 주장하는 조선민족이 수령, 당, 주체사상, 사회주의 제도 등에 기반하고 있다는 점에서 북한인민에 국한되는 사회주의 민족이라는 뜻이다.

한편, 2002년 북한의 신년『공동사설』에서 제시된 4대제일주의는 조선민족제일주의와 맥락을 같이 한다. 사설에서 4대제일주의는 "우리 수령, 우리 사상, 우리 군대, 우리 제도 제일주의를 철저히 구현"해 "김일성민족의 존엄을 빛내기 위한 투쟁"이라고 표현되었으며, "21세기 강성대국 건설의 영원한 구호"라고 규정되었다.[47] 조선민

45_ 김정일, "조선민족제일주의정신을 높이 발양시키자," p. 452.

46_ 김정일, "인민대중중심의 우리 식 사회주의는 필승불패이다," p. 40.

47_『로동신문』, 2002년 1월 1일. 로동신문 · 조선인민군 · 청년전위 공동사설 "위대한 수령님 탄생 90돐을 맞는 올해를 강성대국 건설의 새로운 비약의 해로 빛내이자"

족제일주의와 비교해 보면, 조선민족의 우월성의 근거로 제시되었던 요소 중에서 당이 군사로 바뀐 것 외에는 차이가 없다. 당이 군사로 바뀐 것은 선군정치에 기인한 때문이다. 뒤이은『로동신문』사설에서 "우리사상 제일주의는 김정일사상 제일주의"로[48] 강조되고 있는 것을 보면, 4대제일주의는 조선민족제일주의에서의 민족주의적 정서를 재삼 강조해 '조선민족=우리식 사회주의=김정일식 사회주의'라는 등식화를 확인하려는 것이다.

이러한 점에서 김정일의 민족주의는 사회주의라는 외형에 민족주의 내용을 결합한 사회주의적 민족주의에 해당한다. 김정일은 대내외적인 환경변화 속에서 민족 · 민족주의 정서를 체제유지 논리와 직접적으로 결합시켜 통치이념으로 활용하고 있는 것이다.

유념할 것은 사회주의적 민족주의의 토대가 수령과 주체사상에 있다는 점이다. 이의 통치이념화는 외부로부터의 영향력을 배제하는 반제운동의 의미를 지니는 것이며, 개인의 자유를 또다른 명분으로 제약하는 것이다. 결국 북한의 민족주의는 개인과 집단의 이질적인 정치적 열망을 녹여낸 용광로가 아닌 김정일과 정권의 필요를 담아낸 것에 불과하다. 이렇게 볼 때, 6 · 15 남북공동선언 이후 북한이 제기하고 있는 우리민족끼리는 혈연적 유대 중심의 배타적인 사회주의적 민족주의를 기반으로 하는 정치언술로서, '조선민족=우리식 사회주의=김정일식 사회주의'라는 의미가 전제된 것이다.

48_『로동신문』, 2002년 4월 29일.

4) 프롤레타리아 국제주의와 애국주의

프롤레타리아 애국주의가 사회주의의 본질적 경향인 국제주의 속에 노동자계급의 애국애족적 정서를 현실적으로 담아냈듯이 북한도 사회주의적 애국주의를 통해 주민들의 민족주의적 지향을 사회주의의 계급적 관점 속에 녹여냈다. 이는 스탈린이 그랬던 것처럼 북한에서도 사회주의 국가 건설이 급선무였기 때문일 것이다. 김일성은 일제시대를 '식민지 반봉건사회'로 규정했으며, 해방 이후의 '반제반봉건민주주의혁명'을 위해 애국적 · 민족적 단결을 강조했다.[49] 북한이 1960년대까지 외형적으로는 소련 사회주의의 민족주의 개념을 준수하고 있었지만, 정권 초기 사회주의 국가 건설을 추진해야 하는 김일성의 입장에서는 조국이나 애국심, 민족애 등을 바탕으로 한 민족의 범주를 현실적으로 강조할 수밖에 없었던 것이다.[50] 이러한 의미에서 김일성에게도 프롤레타리아 국제주의와 민족주의적 노선은 보완적인 공생관계였다.[51]

이후 사회주의적 개조가 본격화되면서 사회주의적 애국주의는 계급투쟁이나 교양의 문제와 본격적으로 결합되기 시작했다. 김일성은 사회주의적 애국주의를 통해 민족주의 정서와 계급주의의 문제

49_ 김일성, "새조선 건설과 공산주의자들과의 당면과업(1945. 9. 20)," 『김일성저작집 1』(평양 : 조선로동당출판사, 1979), pp. 269-279 ; ______, "진보적민주주의에 대하여(1945. 10. 3)," 위의 책, pp. 280-303.

50_ 김일성, "민족운동가들과 한 담화(1945. 11. 5)," 위의 책, pp. 388-393.

51_ 全相仁, 『北韓 民族主義 硏究』, p. 47.

를 동시에 해결해 갔던 것이다. 전쟁 이전 사실상 민족공산주의를 표방하던 김일성이 과거의 민족주의 언술을 그대로 사용하는 것은 정치적으로 부담이었을 것이다. 이는 김일성이 한국전쟁을 치열한 계급투쟁의 표현이었다고 규정하고 계급투쟁의 환경 속에 향후 사회주의 건설을 추진해 나갈 것임을 밝힌 대목에서 이미 드러나기도 했다.[52] 이에 따라 그는 "자기 조국에 대한 애국적복무는 곧 프로레타리아국제주의와 일치"한다며 사회주의적 애국주의가 프롤레타리아 국제주의와 공존할 수 있음을 역설했다.[53]

북한은 사회주의적 애국주의를 "사회주의, 공산주의를 지향하는 로동계급과 근로인민의 애국주의이며, 그것은 계급의식과 민족적자주의식을 결합시키고 자기 계급과 제도에 대한 사랑을 자기 민족과 조국에 대한 사랑과 결합"시키는 것이라고 정의했다.[54] 이러한 설명에서 보듯이 사회주의적 애국주의는 이념적으로 지향하고 있는 계급성을 근거로 본격화되는 계급투쟁과 계급교양의 문제를 반영한 민족주의적 담론으로서 일반화되어 사용될 수 있었던 것이다.

이후 주체사상이 김일성주의화되면서 사회주의적 애국주의는 '수령=조국=민족'을 동일시하는 의미를 함축하게 되었다. 거기에는 수령에 대한 충성심을 기본으로 하는 혁명적 수령관, 수령과 후

52_ 김일성, "사회주의혁명의 현단계에 있어서 당 및 국가사업의 몇가지 문제들에 대하여(조선로동당 중앙위원회 전원회의에서 한 결론 1955년 4월 4일)," 『김일성저작집 9』(평양 : 조선로동당출판사, 1980), pp. 284-315.

53_ 김일성, "공산주의교양에 대하여(1958. 11. 20)," 『김일성저작집 12』(평양 : 조선로동당출판사, 1981), pp. 580-606.

54_ 사회과학출판사, 『정치사전』, pp. 600-603.

계자에 대한 충성을 동일시하는 후계자론, 그리고 수령, 당, 대중의 유기체적 통일체를 의미하는 사회정치적 생명체론[55] 등이 결정적인 역할을 했다. 1985년 발간된 『철학사전』의 경우, "사회주의적 애국주의는 수령의 권위와 위신을 백방으로 강화하며 수령이 내놓은 모든 로선과 정책을 견결히 옹호하고 그것을 관철하기 위하여 적극 투쟁하는데서 나타난다"고 설명되고 있다.[56] 이는 사회정치적 생명체론이 사회주의적 애국주의의 논리를 공고히하고 있음을 잘 나타내는 내용이다.

지적할 것은 '수령=조국=민족'의 등식화가 주체사상이 강조해 왔던 역사의 주체로서의 인간, 자주성을 생명으로 간주한다는 민족, 그리고 사회정치적 생명체의 최고뇌수로서의 수령 사이에 나타나는 논리적 괴리를 심화시킨다는 점이다. 그것은 결국 민족의 생명이 자주성에 있다기보다는 '민족의 생명이 곧 수령의 영도'라는 등식만 남게 되기 때문이다. 자주성이 강조되는 현실적 이유는 김정일 사회주의의 공고화를 위한 수단이 되고 마는 것이다.

1990년대 이후 혈연적 유대에 기초한 민족적 정서가 부각되고 계급적 의미가 퇴색되면서 사회주의적 애국주의도 상대적으로 덜 언급되고 있다. 반면 애국애족이라는 표현이 자주 거론된다. 가령, 김정일은 애국애족을 공산주의와 민족주의의 공통된 요구라고 간주하며, 중요한 것은 김일성이 지적한 참다운 민족주의라는 점을 강조했

55_ 김정일, "주체사상교양에서 제기되는 몇가지 문제에 대하여(1986년 7월 15일)," 『김정일선집 8』(평양 : 조선로동당출판사, 1998), pp. 448-449.

56_ 사회과학원 철학연구소, 『철학사전』, p. 351.

다. 그는 민족적 단합을 위해 민족주의가 지닌 진보적 측면을 무시하거나 배척해서는 안 된다며 민족주의가 공산주의와 대립되는 것은 아니라고 전제했다. 나아가 그는 민족이기주의, 민족배타주의, 부르주아 민족주의, 인종론, 지정학, 사대주의, 교조주의, 민족허무주의, 일체화, 국제화, 세계화 등과 같은 사이비 민족주의를 경계해야 한다고 강조했다.[57] 이렇게 보면 1990년대 중반 이후 등장한 붉은기 사상, 강성대국, 선군정치 등은 수령과 국가 중심의 사회주의적 애국주의 혹은 애국애족에 호소하여 궁극적으로 김정일식 사회주의를 지켜가려는 이념적 정향이라고 할 수 있다.

4. 통일교육의 과제

김정일에게 민족은 자주성을 추구해 가는 사회생활 및 혁명과 건설의 기본 단위이다. 그의 민족주의 인식에서 핵심은 자주성 · 주체성 · 민족성의 고수이며, 특히 자주성은 민족의 생명으로 간주된다. 그러나 그의 자주성은 '민족=국가=수령=개인' 의 운명을 동일시하고 있고, '수령 · 사상 · 군대 · 제도' 를 중심으로 하는 사회주의 민족을 추구하고 있다는 점에서 수령 영도의 지속과 사상투쟁의 편향성을 고스란히 드러내 주는 것에 불과하다. 그의 자주성은 그의 주

57_ 김정일, "혁명과 건설에서 주체성과 민족성을 고수할데 대하여," pp. 316, 331.

장과 달리 남북한 통일에 '반민족적' 이 되고 만다.

김정일에게 민족은 전체이며 계급은 민족의 부분으로 간주되지만 이는 배타적인 민족주의의 성격을 내포한 것이다. 그것은 그가 규정하는 조선민족이 수령과 당, 그리고 주체사상과 사회주의 제도에 기반해 남한주민은 배타되는 '주체형의 사회주의' 이기 때문이다.

북한의 민족주의는 사회주의라는 외형에 민족주의 내용을 결합한 사회주의적 민족주의에 해당한다. 북한은 수세적인 대내외 환경변화 속에서 혈연적 유대 중심의 민족주의 정서와 체제유지의 논리를 결합시켜 통치이념화하고 있다. 그러나 사회주의적 민족주의의 토대가 여전히 수령과 주체사상에 기반에 있다는 점에서 북한의 민족주의는 개인과 집단의 이질적 열망을 녹여낸 용광로가 아닌 김정일 정권의 필요를 담아낸 것에 불과하다.

6 · 15 남북공동선언 이후 북한이 제기하고 있는 우리민족끼리는 혈연적 유대 중심의 배타적인 사회주의적 민족주의를 기반으로 하는 정치언술로서 '조선민족=우리식 사회주의=김정일식 사회주의' 라는 의미가 전제되어 있다. 이는 결국 민족의 생명이 자주성에 있다기보다는 '민족의 생명이 곧 수령의 영도' 라는 등식만 남게 하며, 자주성이 강조되는 현실적 이유는 김정일 사회주의를 공고화하기 위한 수단이 되고 만다.

사회주의적 민족주의가 체제유지 논리와 결합되어 있다는 점에서 북한의 위기가 심화될수록 사회주의적 민족주의의 경향은 강화될 것이며, 그것은 체제유지를 위한 군사주의의 기반이 될 것이다. 김정일은 사회주의적 민족주의를 남북관계에서 체제공존과 교류 · 협력의 논리로 적극 활용할 것이며, 남북 화해협력이 진전될수록 민족의 범주나 정통성 문제가 통일문제의 또다른 쟁점이 될 수 있다. 이러한 점은 통일교육에 다음과 같은 과제를 제기해 준다.

첫째, 북한의 우리민족끼리에는 수령 중심의 주체형 사회주의 추구라는 의미가 내포되어 있다는 점이 분별되어야 한다. 이러한 의미의 우리민족끼리가 한반도 평화구축을 위한 남북한의 건설적 역할을 중시한 민족공조와 혼용되어 인식 · 구사된다면 한반도 평화와 통일을 위한 남북한의 역할과 한미동맹의 필요 사이의 갈등적 인식구조가 왜곡 · 확대될 수 있다. 우리민족끼리의 본질을 분명히하는 것은 한반도 평화구축을 위한 협력적인 두 축으로서 민족공조와 한미동맹을 균형 인식하는 데 도움이 된다.

둘째, 자유민주주의의 발전이 남북통합의 기반이 된다는 점이 인식되어야 한다. 민족주의가 프랑스혁명에서 내포했던 이상은 민주주의 · 민중주의 원리였다. 자기식화되어 있는 북한의 민족 · 민족주의 개념을 궁극적으로 포괄할 수 있는 원리는 민족주의의 기본 이상이었던 민주주의와 민중주의에 입각한 자유민주주의이다. 우리 사회가 건강한 자유민주주의를 키워나가는 일은 이러한 의미에서도 중요한 과제가 된다.

셋째, 통일교육은 우선 남북한 문화공동체적인 정체성을 추구하는 한편, 공존공영을 매개로 한 운명공동체적 연대성을 확대해 갈 수 있도록 평화번영의 경제공동체적인 민족주의에 대한 논의를 활성화해야 한다. 이를 위해 한반도 평화와 남북관계를 안정적으로 관리해 가는 접근이 현실적이며 실용적이라는 점이 인식되어야 할 것이다.

넷째, 통일교육은 북한을 '어떻게' 볼 것이냐의 관점을 넘어 우리가 '어떤' 북한을 원하느냐의 관점에서 북한의 미래를 상정하고 자유민주주의에 입각한 민족공동체 형성의 중요성을 인식시킬 수 있어야 한다. 이를 위해 사실(fact)에 기초한 북한 변화의 역사적 이해와 접근은 오늘의 북한을 평가하고 내일의 북한을 전망하는 중요한 근거가 되어야 할 것이다.

참고문헌

국가안전기획부. 『북한의 「민족주의」 선전자료집』(1995. 12).

김일성. "공산주의교양에 대하여(1958. 11. 20)." 『김일성저작집 12』. 평양 : 조선로동당출판사, 1981.

_____. "민족운동가들과 한 담화(1945. 11. 5)." 『김일성저작집 1』. 평양 : 조선로동당출판사, 1979.

_____. "사회주의진영의 통일과 국제공산주의운동의 새로운 단계(1957년 12월 5일)." 『김일성저작집 11』. 평양 : 조선로동당출판사, 1985.

_____. "사회주의혁명의 현단계에 있어서 당 및 국가사업의 몇가지 문제들에 대하여(조선로동당 중앙위원회 전원회의에서 한 결론 1955년 4월 4일)." 『김일성저작집 9』. 평양 : 조선로동당출판사, 1980.

_____. "새조선 건설과 공산주의자들과의 당면과업(1945. 9. 20)." 『김일성저작집 1』. 평양 : 조선로동당출판사, 1979.

_____. "우리 민족의 대단결을 이룩하자(1991년 8월 1일)." 『김일성저작집 43』. 평양 : 조선로동당출판사, 1996.

_____. "조국통일을 위한 전민족대단결 10대강령(1993년 4월 6일)," 『김일성저작집 44』. 평양 : 조선로동당출판사, 1996.

_____. "진보적민주주의에 대하여(1945. 10. 3)." 『김일성저작집 1』. 평양 : 조선로동당출판사, 1979.

김정일. "다부작예술영화《민족과 운명》의 창작성과에 토대하여 문학예술건설에서 새로운 전환을 일으키자(1992년 5월 23일)." 『김정일선집 13』. 평양 : 조선로동당출판사, 1998.

______. "온 민족이 대단결하여 조국의 자주적평화통일을 이룩하자(1998년 4월 18일)." 『김정일선집 14』. 평양 : 조선로동당출판사, 2000.

______. "위대한 수령님을 영원히 높이 모시고 수령님의 위업을 끝까지 완성하자(1994년 10월 16일)." 『김정일선집 13』. 평양 : 조선로동당출판사, 1998.

______. "인민대중중심의 우리 식 사회주의는 필승불패이다(1991년 5월 5일)." 『김정일선집 11』. 평양 : 조선로동당출판사, 1997.

______. "조선로동당은 위대한 수령 김일성동지의 당이다(1995년 10월 2일)." 『김정일선집 14』. 평양 : 조선로동당출판사, 2000.

______. "조선민족제일주의정신을 높이 발양시키자(1989년 12월 28일)." 『김정일선집 9』. 평양 : 조선로동당출판사, 1997.

______. "주체사상교양에서 제기되는 몇가지 문제에 대하여(1986년 7월 15일)." 『김정일선집 8』. 평양 : 조선로동당출판사, 1998.

______. "혁명과 건설에서 주체성과 민족성을 고수할데 대하여(1997년 6월 19일)." 『김정일선집 14』. 평양 : 조선로동당출판사, 2000.

로날도 뭉크 저. 이원태 옮김. 『사회주의 혁명과 민족주의』. 서울 : 민 · 글, 1993.

『로동신문』. 1991년 1월 1일. 신년사.

『로동신문』. 2002년 1월 1일. 로동신문 · 조선인민군 · 청년전위 공동사설 "위대한 수령님 탄생 90돐을 맞는 올해를 강성대국 건설의 새로운 비약의 해로 빛내이자"

『로동신문』. 2002년 4월 29일.

레닌. "마르크스주의의 희화화와 제국주의적 경제주의." Karl Mark 외. 편집부 편역. 『마르크스-레닌주의 민족이론 : 민족해방이론의 주체적 정립을 위하여』. 서울 : 나라사랑, 1989.

______. "민족자결에 관한 토론 총괄." Karl Mark 외. 편집부 편역. 『마르크스-레닌주의 민족이론 : 민족해방이론의 주체적 정립을 위하여』. 서울 : 나라사랑, 1989.

______. "사회주의혁명과 민족자결권." Karl Mark 외. 편집부 편역. 『마르크

스-레닌주의 민족이론 : 민족해방이론의 주체적 정립을 위하여』. 서울 : 나라사랑, 1989.

民族統一硏究院. 『1994年度 統一問題 國民輿論調査 結果』. 서울 : 民族統一硏究院, 1994. 12.

박용수. "마르크스주의와 민족문제." 『민족이론』. 서울 : 문학과 지성사, 1985.

박호성. 『남북한 민족주의 비교연구 : '한반도 민족주의'를 위하여』. 서울 : 당대, 1997.

______. "마르크스주의와 민족주의." 역사문제연구소. 『역사비평』. 제1집 (1988).

______. 『사회주의와 민족문제』. 서울 : 까치, 1989.

사회과학원 철학연구소. 『철학사전』. 평양 : 사회과학출판사, 1985.

사회과학출판사. 『정치사전』. 평양 : 사회과학출판사, 1973.

스딸린. "마르크스주의와 민족문제." Karl Mark 외. 편집부 편역. 『마르크스-레닌주의 민족이론 : 민족해방이론의 주체적 정립을 위하여』. 서울 : 나라사랑, 1989.

______. "민족문제와 레닌주의." Karl Mark 외 편집부 편역. 『마르크스-레닌주의 민족이론 : 민족해방이론의 주체적 정립을 위하여』. 서울 : 나라사랑, 1989.

이종석. "주체사상과 민족주의 : 그 연관성에 관한 연구." 『統一問題硏究』. 第6卷 1號(1994 여름).

앤터니 D. 스미드. "민족주의와 고전사회학 이론." 임지현 엮음. 『민족문제와 마르크스주의자들』. 서울 : 한겨레, 1986.

全相仁. 『北韓 民族主義 硏究』. 서울 : 民族統一硏究院, 1994.

조성박. 『김정일민족관』. 평양 : 평양출판사, 1999.

존 카우츠키. "공산주의의 민족주의화." 차기벽 편. 『민족주의』. 서울 : 종로서적, 1989.

최장집. 『한국민주주의의 조건과 전망』. 서울 : 나남출판, 1998.

톰 네언. "민족주의의 양면성." 백낙청 엮음. 『민족주의란 무엇인가』. 서울 :

창작과 비평사, 1981.

통일부.『2003 통일교육기본지침서』(2002. 12).

Eccleshall, Robert. ed., *Political Ideologies*. London : Routledge, 1994.

Hobsbawm, Eric J. *Nation and Nationalism since 1780 : Programme, Myth, Reality*. Cambridge : Cambridge University Press, 1990.

Smith, Anthony D. *The Ethnic Origins of Nations*. Oxford : Blackwell, 1986.

______. *Theories of Nationalism*, 2nd ed. New York : Holmes & Meier, 1983.

Chapter 3

통일교육에서 민주적 가치와 민주시민의 자질

1. 통일교육과 민주시민교육

이 장은 통일교육과 민주시민교육을 접목할 논점을 민주적 가치와 민주시민의 자질이라는 관점에서 구체화하고 통일교육의 과제를 제시하고자 한다. 민주시민교육이 곧 통일교육은 아니지만 민주시민교육이 추구하는 민주적 가치와 민주시민의 자질은 통일교육에도 근간이 되기 때문에 통일교육 과제를 설정하는 데 의미 있는 시사점을 줄 수 있다.

강의시간에 만나는 학생들은 대부분 민주주의 이념과 원리는 잘 알면서도 민주적 가치를 내면화하고 행동화하는 데는 취약하다. 그것은 학교에서만 볼 수 있는 현상은 아니다. 기본적으로는 우리 사회에서 민주주의가 제도나 형태의 원리로 수용되었지 개인과 사회의 공동체 운영이나 갈등 조정의 원리로 뿌리내리지 못한 때문이다. 존 듀이(John Dewey)의 지적처럼 민주주의가 실제에 적용되면서 자기의 것으로 재구성되도록 교육되어야 하는데[1] 그에 미흡했던 탓이다.

이런 의미에서 게임이나 활동을 통한 참여형의 민주시민교육 방법은 학교 현장에서 유용할 것이다.[2]

이 장의 초점은 그러한 교육방법에 관한 고민에 있지 않으며, 민주적 가치와 민주시민의 자질에 관한 내용적 측면에 주목하고자 한다. 첫째 이유는, 변화하는 민주주의는 국내외 환경변화 속에 새로운 도전과 교육적 과제를 안고 있는 데 반해, 우리는 민주주의의 가치와 원리를 고정한 채 규범적 · 당위론적으로 교육하는 데 익숙해 있다는 점 때문이다. 그것은 민주주의가 역사성과 보편성을 지닌 인류적 가치라는 인식이 자리하고 있기 때문이기도 하겠지만, 다른 한편으로는 전후 냉전 대립에서 빨리 민주체제를 확산하여 좋은 사회를 만들어 가야 했던 시대적 필요나 근대화론적 사조의 영향과 무관하지 않다.[3] 민주주의는 고정된 최고의 가치라기보다는 변화하는 최선

1_ John Dewey, *Democracy and Education : an introduction to the philosophy of education* (New York : Macmillan Co., 1916), 李烘雨 註譯, 『民主主義와 敎育 : 敎育哲學 概論』(서울 : 교육과학사, 1996).

2_ 신두철, 『참여자 중심의 민주시민 교육방법 : 이론과 실제』(서울 : 중앙선거관리위원회 선거연수원, 2003) ; 송창석, 『새로운 민주시민 교육방법 : Metaplan을 이용한 토론 · 토의 · 회의진행법』(서울 : 백산서당, 2001).

3_ 전후 현대 정치운영의 원리로서 제시된 민주모델 역시 그러한 영향과 무관하다고 할 수 없다. David Held, *Models of Democracy*(Cambridge : Polity Press, 1987), 이정식 역, 『민주주의의 모델』(서울 : 인간사랑, 1989). 무질서한 자본주의의 결함, 대중의 불만 야기, 민주주의적 사회주의화 제기 등과 같은 슘페터의 문제의식도 기본적으로는 개인주의에 기반한 정치방식의 폐해로서의 민주주의에 대한 경종을 울리는 것이었다. 그것은 큰 틀에서는 여전히 민주주의의 규범적 · 당위론적 가치의 전제 아래 이루어졌다. Joseph A. Schumpeter, *Capitalism, Socialism, and Democracy*(1942), 이영재 譯, 『자본주의, 사회주의, 민주주의』(서울 : 한서출판사, 1985). 이에 반해 냉전 이후 본격적으로 제기되고 있는 탈개인주의나 타자의 정치 등을 통한 민주공동체모델은 기존의 규범적 · 당위론적 차원을 넘어 새로운 정치질서에 따른 민주주의 도

의 가치이다. 민주주의는 '21세기' 나 '평화번영시대' 혹은 '이라크전쟁' 등과 같은 시대적 요구나 쟁점과 결합되면서 그에 걸맞는 민주적 가치와 민주시민의 자질에 관한 교육적 과제가 찾아져야 한다.[4]

둘째 이유는, 민주주의가 통일, 노동, 유권자, 환경 등 현대 사회의 현안 분야와 접합되어 그 가치와 시민적 자질에 관한 교육적 과제가 제시되어야 한다는 점 때문이다. 사회구성원은 교육을 통해 사회규범과 가치체계를 수용하면서 사회체제의 발전에 기여한다. 동시에 교육은 사회구성원에게 새로운 가치나 지식 등을 보급하면서 사회체제의 발전을 추구하기 마련이다. 민주주의 역시 현대 사회에서 제기되고 있는 현안 분야와 결부되어 교육되면서 사회발전에 기여해

전과 과제를 제시하려는 시도라고 할 수 있다. Hannah Arendt, *Between Past and Future* (New York : Penguin Book Ltd., 1987) ; Chantal Mouffe, *The Return of the Political*(London and New York : Verso, 1993) ; ______, ed, *Dimensions of Radical Democracy : Pluralism, Citizenship, Community*(London and New York : Verso, 1992) ; Fred D. Dallmayr, *Twilight of Subjectivity : Contributions to a Post-Individualists Theory of Politics*(Amherst : The University of Massachusetts Press, 1981).

4_ 이라크전쟁의 경우를 예로 들면, 이라크전쟁과 같은 힘의 현실주의 모습은 민주주의에 대해 냉소적인 반응을 불러 일으키곤 한다. 그로 인해 민주주의 가치나 민주시민교육 자체가 무기력하게 치부되기도 한다. 그러나 민주주의는 '가치와 자질' 의 문제를 중심으로 전쟁 현안에 비추어져서 해설되면서 더욱 강조되어야 한다. 그 논점은 다음처럼 생각해 볼 수 있다. 미국 민주주의는 자신의 역사 속에서 고귀하게 추구해 왔던 가치와 정신을 스스로가 퇴보시켰다. 그러나 민주주의 가치는 끝이 난 것이 아니라 국제평화의 조건으로서 여전히 유효하다. 왜냐하면 대화, 차이의 수용, 국가에 국한되지 않는 책임성 등은 국제평화 구축을 위해 필수불가결하게 지적되는 가치인데, 그 가치를 발전시켜 가는 것이 민주주의가 추구하는 생활의 기본 원리이기 때문이다. 또한 민주주의 가치는 '나' 의 범주가 지역과 국가에 머물지 않고 세계와 인류에로 확장되는데 있기 때문에 전쟁 현상을 보면서 민주시민교육의 필요가 더욱 절실하다고 강조할 수 있다. 김창근, "이라크전쟁과 민주주의, 그리고 한반도 평화공존," 『부산교대신문』, 2003. 5. 12.

야 하는 것이다. 통일교육의 경우, 민주시민이 지닌 자유민주주의 체제에 대한 믿음과 평화통일의 가치관이 곧 통일역량이 되며, 통일 이후 민주사회 건설을 위한 자원이 된다. 민주주의는 통일교육과 접목되어 어떠한 민주적 가치와 민주시민의 자질이 요구되는지를 고민해야 하는 것이다.

이러한 이유에서 이 장은 민주적 가치와 민주시민의 자질이라는 관점에서 통일교육이 추구해야 할 논점을 제시하고자 한다. 이를 위해 이 장은 통일교육과 민주시민교육의 상호 보완적 측면을 살펴보고, 통일교육에서 민주적 가치의 의미와 통일교육이 추구할 민주시민의 자질을 언급하고자 한다.

1) 통일교육의 변천과 과제

통일교육은 "국민으로 하여금 자유민주주의에 대한 신념과 민족공동체 의식 및 건전한 안보관을 바탕으로 통일을 이룩하는 데 필요한 가치관과 태도의 함양을 목적으로 하는 제반 교육"을 말한다.[5] 기본 원칙은 "자유민주적 기본질서를 수호하고 평화적 통일을 지향하는 방향으로 실시"할 것과 "개인적 · 파당적 목적으로 이용되어서는 아니된다"이다.[6]

이는 통일교육이 자유민주주의 체제를 안정시키면서 평화통

5_『통일교육지원법』(제정 1999. 2. 5 법률 제5752호), 제2조.
6_ 위의 법, 제3조.

일을 지향하는 사회체제의 발전에 기여해야 한다는 의미이다. 자연히 통일교육의 기초는 자유민주주의 체제를 신뢰하는 가치관과 태도가 되고, 통일교육의 핵심은 결국 자유민주주의 체제를 신뢰하는 가치관과 자질문제로 압축된다.

통일교육은 반공교육, 승공통일교육, 안보교육, 통일안보교육, 통일교육 등으로 변천했다. 반공교육기(1945–1962)는 이데올로기 성격이 강한 반공교육을 강조했다. 미군정기의 「일반명령 제4호」에 따른 「신교육을 위한 교육방침」은 남한정부 수립 이후 미수복지구를 통일한다는 명분으로 반공을 강조했다. 반공은 당시 교육차원에 반영되지는 않았지만 6 · 25 전쟁 이후에는 교육과정에 규정되고, 1980년대 말까지 통일교육의 기본 골격이 되었다. 제1차 교육과정기(1954–1963)는 4 · 19와 5 · 16을 겪으면서 반공교육과 도의교육을 일원화했다.

승공통일교육기(1963–1980)는 공세적이고 적극적인 체제경쟁을 목표로 승공통일교육을 추진했다. 제2차 교육과정기(1963–1973)는 반공교육과 도의교육을 사회생활 교과목에서 「반공 · 도덕」으로 분리해 비정규교과로 운영했으며, 1969년에 고등학교 도덕과목은 「반공 및 국민윤리」로 바뀌고 이수단위도 확대되었다. 제3차 교육과정기(1973–1981)는 국민학교와 중학교에 반공 · 도덕교육을 위해 「도덕과」라는 독립교과를 설치했다. 고등학교 도덕은 「국민윤리」로 개칭되고 사회과 교과로 편성되었다.

안보교육기(1981–1987)는 기존의 승공교육에서 벗어나 안보교육을 중시했으며, 안보교육은 공산주의 · 사회주의 이론의 허실과 이데올로기 비판교육에 초점을 두었다. 제4차 교육과정기(1981–

1987)는 국민정신교육을 강화하기 위해 반공교육 영역을 대폭 확대했다.

통일 · 안보교육기(1988-1991)는 반공 · 안보 위주 교육에 대한 반성으로 통일교육을 병행하기 시작했다. 제5차 교육과정기(1988-1991)는 통일과 안보를 함께 강조하는 통일 · 안보교육을 부각했다.

통일교육기(1992-현재)는 미래지향적이고 적극적인 의미의 통일교육을 추구하면서 통일과정과 이후를 위한 시민교육 영역을 확대하고 있다. 제6차 교육과정기(1992-1997)는 통일교육이라는 표현을 쓰기 시작했고, 안보교육을 통일교육의 일환으로 간주했다. 제7차 교육과정기(1997-현재)는 교육과정 총론에 통일교육에 관한 직접적인 언급을 생략하는 대신 통일교육이 민주시민 의식을 기초로 공동체 발전에 기여하도록 하기 위해 통일교육을 각 교과특성에 맞게 전체 교과로 확대해 적용하고 있다.

통일교육은 대립과 대결 논리에서 미래지향적이고 적극적인 의미의 통일추구 논리로 변모해 왔다. 반공, 승공, 통일안보 등의 교육은 평화통일을 지향했지만 통일 미래상과 민족공동체 형성에 기여하는 시민을 기르는 데는 미흡했다. 반면 통일교육은 통일과정과 이후를 위한 적극적인 민주시민 양성을 추구한다. 특히 제7차 교육과정은 범교과적으로 민주시민 의식을 기초로 한 민족공동체 발전을 목표로 하고 있다. 따라서 통일교육은 과거, 현재, 미래의 변화 맥락에서 민주주의 가치 신장과 민주시민 육성을 통해 건강한 민족공동체 건설에 기여해야 할 과제를 안고 있는 것이다.[7] 통일교육과 민주시민교육의

7_ 고정식 외, 『통일지향 교육 패러다임 정립과 추진방안』(서울 : 통일연구원, 2004), pp.

연관성은 그만큼 부각되고 있다.

2) 민주시민교육의 의미와 역할

민주시민교육은 "시민의 민주적 태도 함양과 사회질서 및 준법정신의 고양을 위한 토대를 마련하여 민주주의와 법치주의의 기반을 확립하기 위한 구체적 대안"을 의미한다.[8] 내용은 정치 · 사회현상에 대한 객관적 지식과 비판적 의식을 가지고 정치과정에 참여할 수 있도록 가정, 학교, 사회에서 습득하는 전반적인 교육을 포함한다.[9]

중요한 것은 민주시민교육이 민주주의에서 필요하게 되는 맥락이다. 민주주의의 의의가 주권재민(popular sovereignty)과 다수결주의(majoritarianism)에 기반한 민치의 원칙(rule of the people)에 있다고 할 때,[10] 민주시민교육은 민주시민으로서의 자질 향상을 위한 교육에 초점을 두기에 민주주의 발전과 직결된다. 민주주의의 지속적인 안정을

135-145.

8_ 심익섭, "한국 민주시민교육의 기본논리," 심익섭 외, 『한국민주시민 교육론』(서울 : 엠-애드, 2004), p. 15.

9_ 전득주, "민주화, 국제화 그리고 통일을 위한 민주시민교육의 발전방향 모색," 한국정치학회, 『한국정치학회보』, 29집 1호(1995), pp. 32-34. 명칭은 나라마다 달라 독일은 정치교육(Politische Bildung)을, 영국 · 미국은 시민교육(Citizenship Education, Civic Education)을, 일본은 공민교육(公民敎育)을 사용하고 있다. 우리나라는 민주시민교육(Democratic Citizenship Education or Democratic Civic Education)을 학술적 차원에서 보편화하고 있다. 심익섭, "한국 민주시민교육의 기본논리," p. 13.

10_ 김성호, "미덕(美德)과 자질(資質) 그리고 시민교육(市民敎育)," 심익섭 외, 『한국민주시민 교육론』, p. 44.

위해서는 민주주의 가치체계를 이해하고 존중하는 민주시민이 있어야 하기 때문이다.

민주시민교육에서 무엇보다 주안점을 둘 것은 사회적 책임성(Social Responsibility)을 기르는 일이다.[11] 사회적 책임성은 공동체에서의 권리나 의무감, 참여나 유대감 등의 각성 만을 범위로 하지는 않는다. 그것은 자아존중감, 내적 평화, 타인에 대한 배려, 그리고 사회가 얼마나 상호 연관되고 의존되어 있는지를 일깨우는 주제를 포괄해야 한다. 이런 점에서 민주시민교육은 시민성과 도덕성의 함양을 모두 필요로 한다.[12]

우리의 민주시민교육은 한국 민주주의가 처한 정치 · 사회적 맥락과 연관되어야 한다. 먼저, 우리 정치 · 사회에서 거론되고 있는 생활민주주의 실천과 참여민주주의 성숙을 위한 추진 과제는 1차적으로 시민참여의 질적 제고에 모아진다.[13] 이는 의회와 대중민주주의

11_ Benjamin R. Barber, "Foreword," Grant Reeher and Joseph Cammarano, *Education for Citizenship*(Maryland : Rowman & Littlefield, 1997), pp. x–xiii ; Richard M. Battistoni and William E. Hudson, "Introduction," Richard M. Battistoni and William E. Hudson, eds., *Experiencing Citizenship*(Washington, D.C. : American Association for Higher Education, 1997), p. 5.

12_ 여기서 시민성은 개인과 국가 사이에 존재하는 일련의 관계로서, 시민이 민주주의 사회와 시장경제체제를 위한 합리적이고 건전한 판단과 행위의 주체가 된다는 의미이다. Shirly H. Engle & Anna S. Ochoa, *Education for Democratic Citizenship*(N.Y. : Teacher's College Press, Columbia University, 1988), 鄭世九 譯, 『民主市民敎育』(서울 : 敎育科學社, 1989), p. 31. 반면 도덕성은 도덕원리 · 규칙 · 규범 등을 알고 내면화하며, 그 가치를 바탕으로 사고 · 판단 · 행동할 수 있는 능력과 품성을 의미한다. 이러한 개념적 구분에도 불구하고 시민성과 도덕성은 모두 특정한 공동체에서의 관계를 전제하고 있다는 점에서 일정 부분 상호 조화를 내재한 개념이라고 볼 수 있다.

의 왜곡을 막고 민주주의의 진정한 의미를 살리기 위한 방법이기도 하며, 우리 정치 · 사회에서 '민주화 이후의 민주주의'[14]를 성숙시키기 위한 핵심 과제가 된다.

다른 한편으로 우리는 민주주의 발전이 통일추진의 역량이 되고 통일 이후 사회통합을 위한 기반이 되도록 해야 한다. 통일에 대한 무관심과 냉소주의를 완화하기 위해 통일문제는 이와 유사한 과제를 안고 있다. 그 과제는 통일 현안에 대한 민주시민의 참여를 어떻게 확대하고 얼마나 질적으로 제고할 수 있을지에 관한 것이며, 그 초점은 건강한 통일 가치관을 가진 '통일민주시민'의 교육에 있다. 건강한 통일을 지향하는 민주시민사회를 건설하고 평화적인 통일을 이끌며 통일한국의 사회 · 문화적 정체성을 형성하는 주체는 민주시민이기 때문이다. 통일교육은 생활에서 통일문화 형성과 실천이 중요하다는 점에서 민주시민교육의 필요와 일맥상통한다.

나아가 우리 사회에서 민주주의 가치는 한 · 중 · 일 민족주의 갈등 속에서 동북아 평화와 번영을 향한 이념적 기제가 되며, 세계화와 민족주의가 우리 사회에 건강하게 자리할 수 있도록 견제하는 이념으로서 발전시켜야 할 과제도 지니고 있다. 이러한 내용은 민주시민의 자질과 덕성이나 기본 지식 등을 설정하는 근거가 되어야 한다. 민주시민교육은 사회적 책임성을 기르는 교육이지만, 민주시민 없는 민주주의는 공허하며[15] 민주주의 없는 민주시민은 맹목이 될 가

13_ 김성호, "미덕(美德)과 자질(資質) 그리고 시민교육(市民教育)," pp. 67-69.
14_ 최장집, 『민주화 이후의 민주주의』(서울 : 후마니타스, 2005).
15_ Barber, "Foreword," pp. ix-xi.

능성이 크다는 점에서 민주주의를 성숙시키는 생명선(生命線)과 같다. 민주시민교육은 우리의 미래를 가꾸는 일인 것이다.

3) 상호 보완적 측면

통일교육과 민주시민교육의 상호 보완적 측면을 설정하는 것은 민주주의를 통일 분야와 접목시켜 교육적 과제를 제시하는 데 필요하다. 통일교육은 통일과정과 이후의 사회통합을 목표로 하고 있지만, 통일의 추진력과 미래상이 자유민주주의 체제에 있다는 점에서 민주시민교육을 주된 내용으로 구성한다.[16] 반면 민주시민교육은 민주주의 체제를 유지하고 발전시키는 민주시민을 육성하는 교육이지만 그 시민이 결국 통일 추진의 주체가 된다는 점에서 통일교육을 위한 역할을 할 수 있어야 한다. 이러한 의미에서 통일교육은 민주시민교육의 일환이기도 하지만[17] 동시에 민주시민교육의 요소를 내포해야 한다. 통일교육과 민주시민교육은 서로 보완적 측면을 지니는 것이다.

상호 보완적 측면이 이렇게 설정될 때, 통일교육은 과거처럼 이데올로기나 민족 편향의 관점에서 벗어나 민주적 가치나 민주시민으로서의 신념과 역량을 육성하는 적극적인 의미를 구체화해 갈 수

16_ 이준호, "통일과 민주시민교육," 심익섭 외, 『한국민주시민 교육론』, pp. 243-246.
17_ 김도태, "통일과 민주시민교육," 전득주 외, 『정치문화와 민주시민교육 : 한국, 대만, 독일, 일본, 미국의 비교분석』(서울 : 유풍출판사, 1999), pp. 263-264.

있다. 나아가 남북한 주민이 공동의 평화번영이라는 통일과정을 잘 관리할 필요성과 방향성을 인식하게 할 수 있을 것이다.

독일 통일은 서독의 민주주의와 시장경제체제가 동독의 사회주의와 계획경제체제보다 우월했기 때문에 가능했다. 여기에 민주주의체제의 안정과 발전, 민주화를 위한 지속적인 개혁, 사회변화를 위한 계몽과 참여 중시 등을 추구하는 서독의 정치교육이 적지 않은 역할을 했다.[18] 서독은 자신의 민주주의에 대한 최대의 위협을 독일 역사에서 나타난 반민주주의적인 정치문화의 유산으로 지적하고 이의 청산과 민주주의 정치문화 정착을 교육과제로 설정했다. 서독은 정치교육의 목표를 국민 개개인이 정치 · 사회생활에서 민주주의를 신뢰하고 생활양식으로서 민주주의를 실현할 수 있도록 하는 데 두었다. 정당은 자신의 정치색채를 배제하고 국민에게 민주시민으로서의 신념과 역량을 배양하도록 교육했으며, 그렇게 하는 것이 국내와 국제사회에서 진정한 민주시민 공동체를 실현하는 초석이라고 생각했다. 우리 사회도 통일추진 역량을 강화하고 통일 이후의 사회통합력을 축적한다는 의미에서 민주시민교육의 의미와 역할이 강조되어야 한다.

18_ 황병덕, 『독일의 정치교육 연구』(서울 : 민족통일연구원, 1995), pp. 13-17.

2. 민주적 가치와 통일교육

1) 민주주의의 역사성과 보편성

민주주의라는 말은 고대 그리스의 아테네에서 인민을 의미하는 데모스(demos)와 권력 또는 지배를 의미하는 크레이토스(kratos)의 복합어에서 유래했다. 헤로도투스(Herodotus)는 그의 저서 『역사』(*Historia*)에서 민주주의를 처음 사용했다. 고대 그리스에서 나타났던 민회(Ecclesia)를 중심으로 제도화된 민치(民治)의 형태는 여자와 외국인, 노예 등을 제외하는 참여의 한계가 있었음에도 불구하고 민주주의의 기원을 아테네 민주주의와 연결짓는 근거가 된다. 민회는 만 20세 이상의 남자가 참가해 연 10회의 정기회를 개최하며 1년 임기의 순환제 통치방법을 취했던 지도부였다. 민회는 10개 부족에서 선발된 50명의 인원으로 500명 평의회를 구성했고, 10인 군사위원회와 법정 등을 두었다. 아테네 민주주의는 민회를 통한 직접민주주의를 구현한 것뿐만 아니라 추첨에 의해 공직자를 선출하거나 공직자를 교대하는 원칙, 그리고 공직자의 투명성과 책임성을 확보하려는 절차 등으로 민주주의 운영의 표본이 되었다.

당시 아테네의 위대한 정치가였던 페리클레스(Pericles)는 민주주의 속성들로 국민의 완전하고 직접적인 참여로 이루어지는 정부, 법 앞의 평등, 모든 이상과 의견을 존중하는 다원주의, 개인의 인격완성과 표현을 위한 사적 영역의 존중 등을 지적했다.[19] 이러한 요소는 현대 민주주의에서도 존중해야 할 것이라는 점에서 아테네 민주주의의 의의가 잘 나타난다.

근대 민주주의는 문예부흥과 종교개혁 이후 신흥 상업계층의 성장과 절대군주에 대한 저항운동 등을 배경으로 발전했다. 18세기 후반 서구에서 일어난 시민혁명은 자유민주주의 이상을 실현시키는 결정적인 역사적 계기가 되었다. 근대 민주주의의 의의는 고대 아테네에서 비롯된 협의의 민중 개념을 넓히는 과정에 있으며, 그 성과는 국민주권에 기반한 정치체제를 확립해 가고 인간 존엄성에 바탕한 생활원리로서 민주주의를 부각하기 시작했다는 점이다. 그러나 근대 민주주의는 절대군주에 대항하는 전체 혹은 집단으로서의 인민과 주권에 기반한 것이었다. 반면 현대 민주주의는 개개인이 정치의 주권자가 되고 생활 민주주의로 확대 정착한 의미가 있다. 이러한 역사성에서 나타나는 의미는 민주주의가 인류 생활의 구체적인 실천과정을 기반으로 발전해 왔다는 점이다.

민주주의의 역사성과 함께 주목할 것은 민주주의가 지닌 보편성이다. 보편성이란 특정한 시대와 장소에서의 개별적인 특수생활 지배원리를 초월해 인간으로서의 생활에 보편타당성을 갖는 원리이다. 민주주의가 자칫 통치운영의 원리로 강조되기 십상이지만, 그 이면에는 인간생활과 공동체를 보호하기 위한 궁극적 의도가 담겨 있다. 민주주의의 진정성은 인간주의를 지향한 '안'과 그것을 보장하기 위한 틀로서의 '밖'의 조화에 있는 것이다.

19_ 페리클레스의 연설문은 투키디데스(Thukydides)의 『역사』(*History*, Ⅱ, 35–46)에 수록되어 있다.

보편성의 의미를 확장해 보면, 민주주의는 정부나 국가의 영역에만 속하는 게 아니라 어떠한 단체이든 집단적인 의사결정방식이 이루어지는 곳 모두와 관련된다.[20] 민주주의는 집단적 의사결정에 대한 대중적 통제(popular control)원칙과 동등한 권리(equality of rights)로 그 통제를 행사한다는 원칙을 포괄한다. 어떤 단체의 의사결정방식에서 두 원칙이 준수될 때 우리는 그 단체를 '민주적'이라 부를 수 있게 된다. 이러한 의미에서 민주주의의 보편성은 모든 사람을 동등하게 대우하고, 사회 내부의 다양성과 다원성에 기초한 공개토론과 설득이나 협상 등을 중시하며, 시민적 · 정치적 권리 협약에 있는 기본적 자유를 보장하고, 일상적이고 평화스러운 방법으로 사회적 쇄신과 세대교체를 가능하게 하는 것 등이 전제된다.

민주주의 개념을 여행용 가방에 비유했던 베커(Carl L. Becker)의 지적처럼[21] 민주주의의 의미는 주체와 목적에 따라 편의적으로 사용되기도 한다. 유념할 것은 민주주의가 지닌 역사성과 보편성은 민주주의 가치를 개념화하는 기준이 된다는 점이다.

2) 민주적 가치

가치를 주입하는 것은 권위주의 양식이라는 점에서 민주주

20_ David Beetham and Kevin Boyle, *Democracy : 80 Questions and Answers*(UNESCO, 1995), 이창호 · 윤병순 옮김, 유네스코한국위원회 기획, 『민주주의를 이해하는 여든 가지 물음』(서울 : 오름, 1997), pp. 17-21.

21_ Carl L. Becker, *Modern Democracy*(New Haven : Yale University Press, 1959), p. 4.

의는 가치의 실체에 관한 문제를 중시한다.[22] 기본적인 민주적 가치는 개인에 대한 존엄, 다른 사람의 복지에 대한 존중, 반대할 권리, 의사결정에 참여할 수 있는 권리, 개인에 대한 기회균등 등을 포함한다. 중요한 것은 민주주의가 가치에 대한 분석의 과정과 계속적인 재평가를 중시한다는 점이다. 민주적 가치는 다음과 같다.

첫째, 민주적 가치는 민주주의를 최고라기보다는 최선의 것으로 인식하는 데 있다. 이는 민주주의의 역사성과 보편성에 대한 인식에 기반하기 때문이다. 역사성과 보편성은 민주주의를 살아 있는 최선의 가치로 인식하게 하는 근간이다. 민주주의는 계속적으로 성장해 가는 가치로서 이성의 자각, 행위의 자기 결정과 책임 등을 통해 궁극적으로 주권재민과 권력분립의 원칙을 발전시켜 간다. 민주주의의 그래프는 직선이 아니다. 때로는 지체하면서 다시 치고 올라가고, 또 일시 퇴보하기도 하지만 전체적으로 상승의 곡선 그래프를 그려 가는 것이 민주주의 성장과 발전의 실체이다. 민주주의 가치가 역사성과 보편성을 지닌 최선의 가치라는 점은 민주주의 개념의 자의적 사용에도 불구하고 그것을 초월하는 기본 신념이 있다는 의미이다.

끊이지 않는 전쟁으로 인해 민주국가끼리는 전쟁이 없다는 민주적 평화론이 비난을 받고 다수결의 폐해와 경제 양극화 심화로 현대 민주주의의 유용성에 대한 비판이 제기된다 하더라도 여전히 민주주의는 최선의 가치이자 도구가 된다. 그것은 그러한 문제의 해결책이 전체주의나 권위주의에 있지 않고 민주주의가 추구하는 기본 신념과 제도에 있기 때문이다.

22_ Engle & Ochoa, 鄭世九 譯, 『民主市民敎育』, pp. 92-93.

둘째, 민주적 가치는 인간의 존엄성, 자유와 평등의 기본이념을 추구한다.[23] 민주주의 이념의 특징은 인간존재의 가치를 소중히 여기고 개인의 권리를 존중한다는 점에 있다. 민주주의 사회에서 인간은 그 자체가 목적으로 간주되며, 모든 정치 · 사회적 활동은 인간의 가치를 최대한 고양시켜야 한다. 인간의 존엄성은 개인의 자율성 보장과 자아실현 등과 직결되므로 민주주의 가치가 보장해야 할 주요 이념적 목표가 된다.

자유는 인간의 존엄성에 대한 신념을 구현하는 전제 아래 부당한 구속이나 제재를 받지 않고 자기 의사를 표시하고 행동하면서 개인의 생활가치를 추구하는 정신적 · 사회적 상태를 의미한다. 자유의 개념은 시대에 따라 변화해 왔지만 기본적으로 의사의 자율성, 행위의 자기 결정성, 결과에 대한 자기 책임성 등을 의미하는 사회성을 포함해 왔다.

평등은 사회적 배경이나 인종과 종교 등에 따른 차별 없이 동등한 기회가 주어지고 또한 주어진 기회를 최대한 이용한다는 의미이다. 평등에는 경우에 따라 자유와 상충되는 측면이 있기 때문에 자유와의 균형 인식이 필요하다. 또한 진정한 평등은 법 앞의 평등, 특권의 폐지, 기회균등, 경제적 분배 등을 동반해야 한다.

셋째, 민주적 가치는 인종, 종교, 성, 문화 등의 차이를 차별하지 않으며, 대화를 통한 상호작용의 활성화를 통해 공존의 관계를 발전시켜 간다. 개인의 권리를 존중하는 민주주의 이상은 개인과 집단 간의 차이를 인정하며 타인의 의견과 결정을 존중한다. 차이를 수용

23_ 申正鉉 外, 『統一時代의 民主市民敎育論』(서울 : 探求堂, 1994), pp. 40-44.

한다는 것은 상호관계에서 강요와 억압의 사용을 완화시키며 최선의 결정방법을 위해 함께 고민하고 대화하는 것을 증대하게 한다. 이를 통해 배타적이던 개인과 사회집단 간에 대화를 통한 상호작용이 활성화되고 상대방의 정체성을 이해하고 존중함으로써 다름의 인정과 공존의 관계 발전이 가능하게 된다. 이는 의문제기와 반대에 개방적이고 새로운 상황과 정보에 대한 유연성을 추구하기 때문에 열린 사회를 지향하게 한다. 이러한 의미에서 현대 사회의 민주시민성은 자유주의에 기반하면서도 공동선을 추구하는 공화주의와 공동체로서의 정체성을 중시하는 공동체주의의 가치융합이 필요하게 된다.[24]

넷째, 민주적 가치는 '나'의 범주와 책임성을 지역과 국가에서 세계와 인류에로 확장하는 데 있다. 이는 세계시민주의를 인식시켜 국가에 국한하지 않는 세계시민으로서의 책임성을 갖게 하는 것이며, 동시에 민족적 정체성과 민주적 시민성을 어떻게 조화시킬 것인지의 문제를 포괄한다.[25] 세계시민주의는 "모든 인간의 공통적 특성에 내포된 정의나 선을 지향하고 모든 사람과 국가 형식의 공동체를 포함한 일체의 공동체를 동등하게 존중하는 도덕원리"이다.[26] 세

24_ 이진희, "현대 사회의 민주 시민성에 대한 고찰," 韓國國民倫理學會, 『國民倫理研究』, 第53號(2003.8), pp. 101-124 ; 전상국, "자유주의와 공동체주의 논쟁," 최상용 외, 『인간과 정치사상』(서울 : 인간사랑, 2002), pp. 211-231.

25_ 성경륭, "세계화와 시민의식," 임혁백 · 성경륭 · 마동훈 공저, 『세계화의 문화정치학』(서울 : 집문당, 2004) ; 곽준혁, "민족주의와 세계화, 글로벌 거버넌스 : 이론적 검토와 새로운 기대," 최상용 외, 『인간과 정치사상』, pp. 257-285 ; 허영식, 『지구촌 시대의 시민교육』(서울 : 학문사, 2000), pp. 211-231.

26_ Martha C. Nussbaum & Joshua Cohen. *For Love of Country*(Massachusetts : Beacon Press, 1996), 마사 너스봄 외, 오인영 옮김, 『나라를 사랑하는 것 : 애국주의와 세계시민주의의 한계 논쟁』(서울 : 삼인, 2003), p. 9.

계시민주의에 대한 논란이 없지 않고 현실적으로도 세계시민주의 이상이 국민국가를 매개로 할 수밖에 없지만, 국제사회에서의 상호 연관성이 심화되고 있는 가운데 세계시민주의의 의미는 크다. 중요하게 인식할 것은 9 · 11 테러나 이라크전쟁을 비롯한 국제정치 현실이 배타적 애국주의의 위험성을 적나라하게 보여주고 있으며, 그러한 현실이 인류에게 공동체나 평화와 공존 등과 같은 보편 가치와 세계시민주의 가치의 소중함을 역설하고 있다는 점이다.

3) 통일교육에 주는 의미

우리에게 민주적 가치는 분단된 현실을 살아가면서 통일 미래를 준비하는 그릇으로서의 중요성이 있다. 민주적 가치는 분단을 극복하고 통일국가를 형성하는 데 필요한 기본적인 이념과 제도나 형태의 구성기반으로서 수용해야 할 가치이기 때문이다. 민주적 가치는 통일교육에 다음과 같은 의미를 준다.

첫째, 통일교육은 민주주의를 최선의 가치로 이해하도록 하며 사회 내적으로 건강한 민주주의와 경제력을 키우는 일에 진력해야 한다는 점을 인식시켜야 한다. 이를 위해 통일교육은 남북관계의 평화적 관리가 절실하다는 점을 이해시켜야 한다. 통일교육은 남북한의 화해협력과 국제사회의 협력을 통해 남북관계를 평화적으로 관리해 나가는 것이 분단비용을 줄여가며, 평화통일의 토대가 된다는 점과 자유민주주의와 시장경제력이 통일의 기반이 된다는 점을 주지시켜야 한다.

둘째, 통일교육은 인간의 존엄성과 자유, 평등 간의 균형 인식 아래 개인과 사회의 포용력을 증대시켜야 한다. 법 · 제도적인 통일을 넘어 진정한 사회통합을 위해서는 인간에 대한 이해와 존중을 바탕으로 한 사회의 포용력이 전제되어야 한다. 사회 저변에 퍼주기 논쟁과 우리도 어려운데 우리 주위부터 살피자는 주장이 만연해질수록 통일은 고통분담으로 치부될 가능성이 크게 된다. 조선족 동포나 외국인 노동자에 대해 편견이나 우월의식을 갖는 인식의 틀에서 북한주민들과의 통합은 마음에 와닿기 어려울 것이다. 통일교육은 나와 사회 안의 편견과 아집이나 대립과 증오를 완화해 가는 주제에서부터 출발해야 한다. 문화적 차이가 개인과 사회 내의 다름으로 인정되고 공존의 양식으로 수용된다면 북한주민들에 대한 인식과 통일문제 논의는 한층 균형있게 이루어질 수 있을 것이다.

셋째, 통일교육은 북한체제와 주민을 통일의 상대방으로 인정하며, 남북한의 화해협력과 평화공존이 통일 추진의 현실적인 방안이 된다는 점을 인식시켜야 한다. 한반도와 동북아에서의 공존적이고 협력적인 평화관리와 남북협력의 제도화를 주도해 가는 과정에서 우리 사회에 필요한 것은 북한과의 차이를 차별하지 않으며 통일의 동반자로서 북한을 인식하는 자세이다.

넷째, 통일교육은 민족적 가치와 함께 세계시민주의 이상을 구현해야 한다. 통일교육은 통일을 위해 국가와 민족에 국한하지 않는 새로운 정체성의 형성이 필요하다는 점을 인식시켜야 한다. 한반도 통일은 대한국 건설이나 한민족 중심주의의 배타적 관념을 넘어 인류애적이고 보편적인 가치와 이상을 담아야 한다. 그렇지 않으면 그것은 통일과정에서부터 주변국과의 조화를 깨뜨리고 외교적 갈등과 배척을 야기할 가능성이 크다.

통일교육은 통일과정에서 평화공존과 번영의 중요성을 인식시키고, 나아가 한반도 평화번영이 동북아와 세계평화에 기여할 수 있어야 한다는 점을 이해시켜야 한다. 그리하여 한반도 평화번영은 국가와 민족 중심의 발전을 넘어 사회와 인간 발전의 가치를 국내와 국제사회에서 조화롭게 추진하는 것이 되어야 한다. 통일교육은 열린 민족주의, 민주시민과 세계시민의 의식, 다름의 인정과 존중의 문화, 개인과 사회의 포용력, 평화문화와 분쟁해결 능력 등의 신장을 꾸준히 실천해야 한다. 사회와 인간 가치의 발전 인식과 국내외에서의 실천은 한반도 평화번영 추진의 핵심 과제라는 것을 통일교육은 지적해야 한다. 결국 세계시민주의를 통해 통일교육은 민족을 넘어선 인류에 대한 사랑과 인간다운 세계를 추구하는 노력을 돌아볼 수 있게 해야 한다.

세계는 탈이념적인 정치와 다원적인 사회로 발전하고 있고, 통일환경과 의미도 자연스럽게 바뀌고 있으며, 우리 사회도 개방적이며 다원적인 사회로 변모하고 있다. 통일교육은 성숙한 민주사회에 부합하며, 나아가 그에 걸맞는 민주시민으로서의 자질을 갖출 수 있도록 변화해 가야 한다. 다원주의 사회에 존재하는 다양한 이해 관계와 견해 차이가 효과적인 절충과 타협의 과정을 거쳐 합리적으로 조정 · 조화될 수 있다면 통일 논의는 한층 힘을 얻게 될 것이다.

3. 민주시민의 자질과 통일교육

1) 시민의 역사성과 자질

일반적으로 시민(citizen)이란 합법적으로 인정된 국가의 구성원으로 국정에 참여할 수 있는 국민을 가리킨다. 그러나 시대에 따라 시민의 의미와 존재방식이 달랐기 때문에 구체적인 의미로 사용해야 할 경우가 있다.

고대 그리스 시대 시민은 도시국가(polis)를 구성 · 지배했던 사회계층으로서 노예와 이방인을 제외한 20세 이상의 남자를 의미했다. 시민이 부르주아의 의미로서 자기 이익 실현을 위한 자주적 재산가로 간주된 것은 유럽사회에서 근대적인 사회체제가 출현한 데서 비롯되었다. 여기서 주도적인 역할을 담당했던 신흥 상업계층은 도시를 중심으로 상업활동을 통해 재산을 증식했고, 이를 바탕으로 봉건적인 토지귀족들의 지위와 특권에 도전했으며, 중세 기독교 중심의 보편주의에 대항했다. 이들은 국가 중심의 세속적 권위체제를 형성하고 절대군주체제의 붕괴와 시민혁명을 이끈 중심세력이었다. 인권과 국가주권사상에 바탕을 둔 민주적 정치질서를 확립시키는 데 역사적 계기가 된 시민혁명 이후부터 시민은 주권자로서의 자유, 권리, 자치, 연대 등을 상징하는 주권자를 의미하게 되었다.

이어 보통선거제도가 확립되고 복지국가와 대중사회의 시대가 되면서 시민의 의미는 국가생활 전반의 영역에 걸쳐 대중민주주의의 주체로서 인식되고 있다. 따라서 개인이 타인에게 영향을 주는 행위나 결정은 모두 시민으로서 역할하는 것이 된다. 다른 한편, 시민은 국가의 영역을 넘어서고 있다. 국제사회의 연관성이 증대하면서 개인은 국가의 범위를 초월하는 여러 집단의 구성원이자 세계의 시민이 되고 있다.

시민의 자질과 교육 문제가 어제 오늘의 일은 아니다. 고대 그리스의 민회를 통한 직접 민주주의 운영이 가능했던 것은 기본적으로 시민들간의 시민적 덕성에 대한 원칙이 전제되었기 때문이다. 시민들은 공화정 도시국가에 대한 헌신, 공공업무와 공동선(Common Good)에 대한 개인생활의 복종 등의 원칙을 충실히 준수했다. 아리스토텔레스는 무엇보다 덕성을 갖춘 시민이 존재해야 도시국가의 정의도 실현시킬 수 있다고 보았으며,[27] 이러한 맥락에서 고대 아테네 사상가들은 시민적 자질을 향상시키기 위한 교육에 주목하게 되었다고 할 수 있다.

현대 대중민주주의의 위기가 개인의 주권행사에 대한 무관심과 관객화에 있다고 보면, 현대사회에서 시민의 자질 향상은 시민권의 확립과 신장 못지 않게 중요하다. 현대 민주주의의 가치와 이상 실현은 시민에 달려 있으며, 그것은 곧 시민의 자질을 높이는 문제로 귀결된다.

27_ 아리스토텔레스 지음, 이병길 역, 『정치학』(서울 : 박영사, 2004) 제3편의 제1-5장 "시민, 시민의 덕과 자격" 참조.

2) 민주시민의 교육 과제와 기본 지식

민주시민은 시민과 혼용될 수 있지만, 굳이 민주시민이라 하면 대중민주주의에서의 주체성과 자유민주주의에서의 자치성을 강조하는 의미가 있다. 시민의 자질을 높이는 교육은 기본적으로 자유주의가 보장되지 않은 민주주의가 실패했으며, 민주주의는 궁극적으로 인간 정신활동의 원리를 보장하는 수단으로서의 체계라는 점을 인식시키는 데서 출발해야 한다. 교육방향은 민주주의 자치의 원칙이 개인과 공동체의 자유를 신장시켜 줄 것이며, 평등의 가치가 궁극적으로 개인의 자유주의적 권리를 보장하기 위한 것임을 알게 하는 데 모아져야 한다. 또한 민주시민교육은 지식의 차원을 넘어 민주적 가치에 대한 이성적인 수행이 개인과 사회와 국제사회 등의 생활영역에서 어떤 의미가 있는지를 이해하는 것이어야 한다. 그래야 민주시민교육은 "어느 정도 공유된 가치관이 부재하거나 시민들이 정치적 능력이 어느 수준에 이르지 못할 때 자유민주주의적 정치공동체가 안정적으로 지속될 수 없다"는 전제에서 시작할 수 있게 된다.[28] 이러한 점에 기초해 민주시민의 교육 과제는 다음과 같이 제시할 수 있다.

첫째, 민주시민은 민주적 가치에 대한 믿음과 확신이 있어야 한다. 무엇보다 개인의 가치에 대한 존중과 자유와 평등 간의 상호 연관성에 관한 교육이 필요하다. 민주시민은 타인을 이해심, 관대, 친절, 동정 등의 측면에서 보는 것과 함께 사회의 의사결정과정에서 갖는

28_ 김성호, "미덕(美德)과 자질(資質) 그리고 시민교육(市民教育)," p. 67.

그들의 권리도 인정해야 한다. 민주시민은 민주주의가 개인의 삶을 통제하는 의사결정과정에 동등하게 참여하는 권리에 따라 좌우된다는 점을 아울러 인식해야 한다.

둘째, 민주시민은 사회화(socialization)와 반사회화(countersocialization)의 두 차원을 균형 있게 추구해야 한다.[29] 사회화는 시민들에게 민주주의 문화를 이해시키며 민주주의 작동에 필요한 기본 습관과 합리적인 태도를 전수하는 것이다. 반사회화는 시민들에게 독립된 비판적 사고능력을 개발하고 시민들에게 개인의 책임의식을 조장시키는 것이다. 전체주의 체제에서 시민교육은 일생 동안 사회화에 치중하는 반면, 민주사회 시민들은 사회화 일변도에서 벗어나 성숙하고 균형 있는 모습을 추구한다. 반사회화가 민주시민교육에 활력이 되는 것은 반사회화가 불합리한 사회규범을 비판하려는 의지와 문제제기할 수 있는 능력이 되기 때문이다. 민주시민교육은 타인에 대한 존중을 비롯한 민주생활에 필요한 습관과 가치를 합리적으로 소유하는 시민을 기르며, 동시에 민주사회를 건강하게 비판하고 개선시키기 위해 능동적으로 참여하는 시민을 길러내야 한다. 능동적인 시민은 미래지향적인 공동체를 구성하면서 자신의 정치적 위상을 확립할 수 있는 실체이다.[30] 따라서 시민성 교육을 위해 할 일은 사회화와 반사회화를 균형되도록 하는 일이다.

셋째, 민주시민은 민주적 가치에 기초한 개방적인 안목을 가

29_ Engle & Ochoa, 鄭世九 譯, 『民主市民敎育』, pp. 48-55.

30_ Benjamin R. Barber, *Strong Democracy : Participatory Politics for a New Age*(Berkeley : University of California Press, 1984), 박재주 역, 『강한 민주주의 : 새 시대를 위한 참여정치』(서울 : 인간사랑, 1992), p. 134.

지고 사회의 쟁점을 균형 있게 판단할 수 있어야 한다. 이는 궁극적으로 사회의 민주주의적 토대를 굳건히 하고 변화하는 국내외 환경에 대한 합리적인 적응이 이루어질 수 있도록 하는 원천이 된다. 따라서 민주시민교육은 시민들에게 책임 있는 결정을 스스로 할 수 있도록 도와주는 데 초점을 둔다. 다시 말해 민주시민교육은 선한 시민을 만든다기보다는 다른 사람의 가치와 견해에 건강한 문제의식을 갖도록 돕는 데 1차적 의미를 둔다. 이를 바탕으로 민주시민교육은 사회가 직면하는 문제와 논점에 대한 해결에 시민이 능동적으로 참여하도록 하는 데까지 목표를 두어야 한다.

넷째, 민주시민은 민주적 가치를 생활과 연결지어 실천할 수 있어야 한다. 이는 민주주의를 생활방식으로 발전시켜 가는 것을 중요하게 다루어야 한다는 의미이다. 민주주의는 관념이나 이상으로서뿐만 아니라 사회구성원의 생활방식과 절차로서 실천될 수 있어야 한다. 그래야 민주주의는 삶의 기반으로 정착될 수 있기 때문이다.[31]

이러한 교육과제에 기초하여 민주시민에게 필요한 기본 지식은 다양하게 논의될 수 있다. 우선 해롤드 라스웰(Harold D. Lasswell)은 민주시민이 지녀야 할 속성으로 개방적인 자아와 온전한 개성, 다양화된 가치의 공유, 인간 잠재력에 대한 신뢰성, 불안으로부터의 상대적인 자유 등을 열거했다.[32] 엥글과 오초아(Shirly H. Engle & Anna S.

31_ 예를 들면, 사회자본(social capital)의 관점에서 일상에서의 건강한 교제생활을 강조한다거나 사회학적 상상력(sociological imagination)의 관점에서 개인의 일상적 체험과 인생과정을 사회 전체의 질서와 변화에 체계적으로 관련시켜 해설해 주는 방식 등을 생각해 볼 수 있다.

32_ Harold D. Lasswell, *Power and Personality*(New York : The Viking Press, 1962), pp. 148–

Ochoa)는 민주시민에게 요구되는 기본적인 지식을 여섯 가지로 들었다.[33] 그것은 첫째, 국가와 지역을 물리적이고 사회적인 세계와 우주와의 관계에서 파악할 것, 둘째, 민주사회를 특징짓는 사회적 제도와 이념이 어떻게 발생하는지를 이해할 것, 셋째, 시간과 지역적 경계를 초월해 전세계에 존재하는 문화의 차이를 수용할 것, 넷째, 객관성과 합리성의 규준을 발전시켜 완전하고 확실한 정보와 지식을 얻기 위해 노력하는 인류를 이해할 것, 다섯째, 정의 · 공평 · 평등 · 자유 등의 가치의 중요성을 인식하고, 나아가 자신의 도덕성과 의사결정과정에서의 윤리 · 도덕적 원리들을 발전시켜 갈 것, 여섯째, 당면한 사회문제의 배경과 해결방안 등에 관해 체계적인 사고와 충분한 지식을 가질 것 등이다.

샌더(W. Sander)는 시민의 능력과 자질을 세 영역으로 구분했다.[34] 그것은 첫째, 정치적 판단능력으로서, 정치적 사건이나 논쟁, 경제적 · 사회적 현황과 전개과정 등에 관한 질문을 사실과 가치 측면에서 분석하고 평가할 수 있는 능력, 둘째, 정치적 행위능력으로서, 민주시민으로서의 의견과 이해관계 등을 정식화하고, 다른 사람 앞에서 이를 적합하게 대변하며, 협상과정을 진행시키고 타협할 수 있는 능력, 셋째, 방법적 능력으로서, 시사적인 정치문제와 더불어 경제적 · 법적 · 사회적 질문에 대해 자주적으로 방향을 설정하고, 교과의 전문적인 주제를 여러 방법으로 다루며, 자기 자신의 정치적 학습발달 과

173.

33_ Engle & Ochoa, 鄭世九 譯, 『民主市民教育』, pp. 33–40.

34_ 심익섭, "한국 민주시민교육의 기본논리," p. 21 재인용.

정을 진행해 갈 수 있는 능력 등이다.

이상의 내용에 기반해 볼 때, 민주시민에게 요구되는 가장 기본 지식은 민주주의가 열린 통치체제로서 무엇이 옳고 정당한 것인지에 대한 계속적인 주의를 요구하는 윤리·도덕적 원리에 기반한 것이라는 점을 인식하는 것이다.[35] 다음으로 지적할 수 있는 것은 사회문제 현안에 관한 이해, 능동적인 참여의지나 해결능력 등이다.

3) 통일교육이 추구할 민주시민의 자질과 기본 지식

민주시민교육에서 제기되는 민주시민의 자질에 관한 논의를 바탕으로 통일교육에서 추구할 민주시민의 자질은 다음처럼 지적할 수 있다.

첫째, 통일교육이 추구할 민주시민은 민주적 가치가 통일의 원동력임을 확신할 수 있어야 한다. 민주시민은 개인 존중과 자유·

35_ 이러한 의미에서 지적할 것은 윤리·도덕적 원리로서의 다수결원리이다. 다수결에 의한 결정 자체를 민주주의와 동일시하는 것은 인식의 오류이다. 다수결원리를 중시하는 것은 첫째 그것이 특정 사안을 두고 합의에 도달하지 못했을 때 문제를 해결하는 합리적 절차적 장치이기 때문이다. 둘째는 다수결 결정 이후에 모두가 동등하게 공유하는 정책결정권의 행사가 전제되기 때문이며, 셋째는 소수가 다음에 다수가 될 때 나머지는 과거에 소수가 했던 것처럼 새로운 다수를 존중하는 상호호혜의 규범이 전제되어 있기 때문이다. 열린 통치를 위한 다수결원리를 잘못 인식하게 되면 그것은 결정을 쉽게 이끌어내거나 소수를 방기하기 위한 명분이 되기 쉽다는 점을 인식해야 한다. Beetham and Boyle, 이창호·윤병순 옮김, 『민주주의를 이해하는 여든 가지 물음』, pp. 36-39 ; 김창근, "탄핵정국과 민주주의," 『부산교대신문』, 2004. 4. 7.

평등의 민주적 가치를 통해 궁극적으로 북한 주민을 동등한 인간적인 가치의 대상으로 볼 수 있게 되어야 한다. 나아가 북한주민이 통일 추진의 파트너로서의 권리가 있다는 점이 인식될 수 있어야 한다.

둘째, 통일교육이 추구할 민주시민은 북한 · 통일문제가 지닌 사회화와 반사회화의 의미를 균형 있게 추구해야 한다. 통일교육이 추구할 민주시민은 북한 · 통일문제의 쟁점과 현안을 균형되게 이해하고 건강하게 문제제기하는 능력을 갖추어야 한다. 따라서 통일교육은 시민들에게 특정한 형태의 통일 인식을 강요하거나 상반된 관점을 배제하지 않음으로써 통일 관련 대화를 열어놓는 것이 중요하다. 민주시민은 개방적인 통일 관련 대화에 필요한 지식과 지적 기능을 습득하며 통일과정에 참여할 수 있어야 한다. 또한 통일교육이 추구하는 민주시민은 관련 주장에 대한 진실성을 파악하고 독자적인 판단을 할 수 있어야 한다.

셋째, 통일교육이 추구할 민주시민은 통일 쟁점을 균형 있게 인식할 수 있어야 한다. 이를 위해 민주시민은 통일환경 변화에 합리적으로 적응하며, 그것이 통일추진의 기반이 된다는 점을 믿을 수 있어야 한다. 통일교육이 추구할 민주시민은 통일문제에 관한 건강한 비판자이며, 당면한 통일 현안의 해결과 통일미래를 위해 능동적으로 참여하는 시민인 것이다.

넷째, 통일교육이 추구할 민주시민은 생활에서 통일문화를 실천할 수 있어야 한다.[36] 그것은 통일문제를 자신과 사회와 국제사회

36_ 김창근, "통일문화 형성의 기본 방향과 실천 과제 : 초등학교 교육의 경우," 韓國國民倫理學會.『國民倫理硏究』, 第59號(2005. 8), pp. 327-350.

등과 연관지어 사고하는 의미이기도 하다. 민주시민은 북한 · 통일문제를 관념과 이상이 아닌 구성원의 생활방식과 절차로서 받아들여 생활의 기반이 되도록 해야 한다.

통일교육이 추구할 민주시민의 기본 지식은 앞에서 언급한 엥글과 오초아의 지적을 원용해 다음처럼 제시할 수 있다. 그것은 첫째, 개인과 사회와 국제사회 등의 상호 연관된 체계 속에서 통일문제를 인식, 둘째, 통일 추진과 관련된 제도와 이념이 어떻게 발생하는지를 이해, 셋째, 북한과의 문화 차이를 수용하는 노력, 넷째, 객관성과 합리성의 규준에서 북한 · 통일 관련 정보와 지식 축적, 다섯째, 통일 추진에서 민주적 가치와 윤리 · 도덕적 원리를 중시, 여섯째, 통일문제나 정책의 배경과 해결방안 등에 관한 체계적인 인식 등이다. 그밖에 여러 지식이 언급될 수 있겠지만, 공통적인 것은 북한 · 통일문제의 쟁점과 정책에 지속적인 관심을 기울이며 지식을 축적하고 그에 기반하여 인식하고 평가하는 능력을 키워가려는 노력이다.

4. 통일교육의 실천과제

통일교육에서 민주적 가치와 민주시민의 자질에 관한 이상의 논의는 〈표-2〉로 요약할 수 있다. 다음은 이를 기초로 통일교육의 실천과제를 제시한 것이다.

〈표-2〉 통일교육에서 민주적 가치와 민주시민의 자질

민주적 가치가 통일교육에 주는 의미	사회 내적으로 건강한 민주주의와 경제력 신장
	인간 존엄과 자유, 평등 간의 균형 인식 아래 개인과 사회의 포용력 증대
	북한을 통일의 상대방으로 인정하며 남북한 화해협력과 평화공존이 통일 추진의 현실적 방안이라는 점을 인식
	민족적 가치와 함께 세계시민주의 이상 구현
통일교육이 추구할 민주시민의 자질	민주적 가치가 통일 추진의 원동력임을 확신
	북한 · 통일문제가 지닌 사회화와 반사회화의 의미 균형 추구
	통일 쟁점을 균형 있게 인식
	생활에서 통일문화 실천
통일교육이 추구할 민주시민의 기본 지식	개인과 사회와 국제사회 등의 상호 연관된 체계 속에서 통일문제 인식
	통일 추진과 관련된 제도와 이념이 어떻게 발생하는지를 이해
	북한과의 문화 차이를 수용하는 노력
	객관성과 합리성의 규준에서 북한 · 통일 관련 정보와 지식 축적
	통일 추진에서 민주적 가치와 윤리 · 도덕적 원리를 중시
	통일문제나 정책의 배경과 해결방안 등에 관한 체계적인 인식

첫째, 통일교육은 북한을 바르게 이해하고 통일문제를 합리적으로 판단하는 능력을 제고해야 한다. 북한의 변화와 통일문제에 대한 정확한 정보와 지식은 통일교육의 기초이다. 통일환경의 변화에 따라 통일교육 자체가 다양하고 개방적인 형태로 변화하고 있기 때문에 통일교육은 변화하는 남북관계 상황을 이해시키고 화해협력과 상호 평화번영을 촉진하는 교육을 모색해야 한다. 이를 위해 범교과적인 차원에서 상호 적대적 요소를 규명하고 이를 극복하는 방안을 생각해 볼 수 있어야 한다. 거시적 차원에서는 동북아시대와 평화번영 등의 의미를 이해시켜 국제적 · 역사적 맥락에서의 '21세기 한반

도 구상'[37]을 깨닫게 하는 것이 필요하다.

둘째, 통일교육은 북한주민을 통일 상대로 인식하며 북한과의 문화 차이를 차별하지 않으려는 노력을 필요로 한다. 북한은 정치 군사적으로 대결하고 있는 경계의 대상이면서 동시에 민족공동체를 형성해 나가야 할 동반자이기도 하다. 남북한 화해협력이나 평화번영, 그리고 그것을 통한 상호 통일의식 고양 등은 기본적으로 북한 주민을 통일 상대로 인정하는 바탕 위에서 가능한 것이다. 북한주민을 통일 상대로 인식하며 북한과의 문화 차이를 차별하지 않는 노력이 진전될 때, 남북한 주민과 사회에 대한 상호 이해, 북한 사회발전에 대한 고민, 힘의 우위에 의존한 통일접근 지양, 통일한국에 대한 비전과 기대감 공유 등의 논의가 진일보할 것이다.

셋째, 통일교육은 시민성 교육과 도덕성 교육의 조화를 필요로 한다. 통일교육이 추구할 민주시민은 민주주의 사회와 시장경제체제를 위한 건강한 행위 주체로서의 시민일 뿐만 아니라, 삶의 기본적 조건에서부터 합리적인 방법으로 갈등을 해결하는 품성을 지닌 시민이다. 생활에서부터 추구되는 건강성과 합리성은 통일과정을 이끌어 가는 사회역량이다. 통일은 남북한의 단순 결합이 아닌 새로운 공동체를 만들어내는 과정이며, 그 과정에서 필요한 것은 교실에서부터 배타하지 않으며 소통하는 능력, 일상생활에서의 평화유지와 문제해결 능력, 공동체에서 잘 교제하는 능력, 정치 · 사회적 관계에 대한 건강한 인식, 사회적 포용력 등이다. 이러한 의미에서 시민성 교육과 도덕성 교육의 조화로운 축적은 통일교육의 또다른 핵심이 된다.

37_ 백낙청 외, 『21세기의 한반도 구상』(서울 : 창비, 2004) 참조.

넷째, 통일교육은 민족주의 개념의 유용성과 한계를 정립해 통일의 당위성을 새롭게 설정해야 한다. 현실적으로 남북한의 정체성이 달라 있는데도[38] 같은 민족이라는 명분에 집착해 통일의 당위성을 찾는 것은 배타적 민족주의로 갈 가능성이 크다. 통일과정에서부터 민족 개념은 남북한이 함께 건강한 민주사회를 형성하는 민주시민의 개념을 포괄해야 한다. 민족주의가 민주주의와 결합하지 않으면 통일과정에서부터 주변국과 마찰 가능성이 크며, 남북한 주민 간의 편견이나 차별성을 완화할 이념적 기제가 마땅치 않게 된다.

다섯째, 통일교육은 민족적 가치와 함께 통일한국이 추구해야 할 보편적이며 세계사적 가치가 조화되도록 추진해야 한다. 통일교육은 인류가 보편적으로 지향하고 있는 자유와 평화의 가치, 풍요와 복지의 균형, 다양성 인정, 소수의견 존중 등을 포함해야 한다. 통일교육은 이러한 가치가 인류역사 발전의 산물임을 지적해야 한다.

이상의 실천과제를 통해 볼 때 통일교육은 북한의 실상과 통일정책, 한국사회와 국제환경 변화 등 다양한 정보와 지식을 민주시민에게 습득할 수 있도록 하며, 생활형 · 참여형 민주시민을 육성하는 종합적이면서도 단계적인 교양교육이 될 필요가 어느 것 못지 않게 크다고 할 수 있다.

38_ 서울대학교 행정대학원 통일정책연구팀, 『남과 북 뭉치면 죽는다』(서울 : 랜덤하우스중앙, 2005) pp. 294-304.

참고문헌

고정식 외.『통일지향 교육 패러다임 정립과 추진방안』. 서울 : 통일연구원, 2004.

곽준혁. "민족주의와 세계화, 글로벌 거버넌스 : 이론적 검토와 새로운 기대." 최상용 외.『인간과 정치사상』. 서울 : 인간사랑, 2002.

김도태. "통일과 민주시민교육." 전득주 외.『정치문화와 민주시민교육 : 한국, 대만, 독일, 일본, 미국의 비교분석』. 서울 : 유풍출판사, 1999.

김성호. "미덕(美德)과 자질(資質) 그리고 시민교육(市民教育)." 심익섭 외.『한국민주시민 교육론』. 서울 : 엠-애드, 2004.

김창근. "이라크전쟁과 민주주의, 그리고 한반도 평화공존."『부산교대신문』. 2003.5.12.

______. "탄핵정국과 민주주의."『부산교대신문』. 2004. 4. 7.

______. "통일문화 형성의 기본 방향과 실천 과제 : 초등학교 교육의 경우." 韓國國民倫理學會.『國民倫理硏究』. 第59號 (2005. 8).

백낙청 외.『21세기의 한반도 구상』. 서울 : 창비, 2004.

서울대학교 행정대학원 통일정책연구팀.『남과 북 뭉치면 죽는다』. 서울 : 랜덤하우스중앙, 2005.

성경륭. "세계화와 시민의식." 임혁백 · 성경륭 · 마동훈 공저.『세계화의 문화정치학』. 서울 : 집문당, 2004.

송창석.『새로운 민주시민 교육방법 : Metaplan을 이용한 토론 · 토의 · 회의 진행법』. 서울 : 백산서당, 2001.

신두철.『참여자 중심의 민주시민 교육방법 : 이론과 실제』. 서울 : 중앙선거

관리위원회 선거연수원, 2003.

申正鉉 外.『統一時代의 民主市民敎育論』. 서울 : 探求堂, 1994.

심익섭. "한국 민주시민교육의 기본논리." 심익섭 외.『한국민주시민 교육론』. 서울 : 엠-애드, 2004.

아리스토텔레스 지음, 이병길 역.『정치학』. 서울 : 박영사, 2004.

이준호. "통일과 민주시민교육." 심익섭 외.『한국민주시민 교육론』. 서울 : 엠-애드, 2004.

이진희. "현대 사회의 민주 시민성에 대한 고찰." 韓國國民倫理學會.『國民倫理硏究』. 第53號 (2003. 8).

전득주. "민주화, 국제화 그리고 통일을 위한 민주시민교육의 발전방향 모색." 한국정치학회,『한국정치학회보』. 29집 1호(1995).

전상국. "자유주의와 공동체주의 논쟁." 최상용 외.『인간과 정치사상』. 서울 : 인간사랑, 2002.

최장집.『민주화 이후의 민주주의』. 서울 : 후마니타스, 2005.

『통일교육지원법』(제정 1999. 2. 5 법률 제5752호).

황병덕.『독일의 정치교육 연구』. 서울 : 민족통일연구원, 1995.

허영식.『지구촌 시대의 시민교육』. 서울 : 학문사, 2000.

Arendt, Hannah. *Between Past and Future*. New York : Penguin Book Ltd., 1987.

Barber, Benjamin R. "Foreword." Grant Reeher and Joseph Cammarano. *Education for Citizenship*. Maryland : Rowman & Littlefield, 1997.

______. *Strong Democracy : Participatory Politics for a New Age*. Berkeley : University of California Press, 1984. 박재주 역.『강한 민주주의 : 새 시대를 위한 참여정치』. 서울 : 인간사랑, 1992.

Battistoni, Richard M. and William E. Hudson. "Introduction." Richard M. Battistoni and William E. Hudson. eds. *Experiencing Citizenship*. Washington, D.C. : American Association for Higher Education, 1997.

Becker. Carl L. *Modern Democracy*. New Haven : Yale University Press, 1959.

Beetham, David and Kevin Boyle. *Democracy : 80 Questions and Answers*. UNE-

SCO, 1995. 이창호 · 윤병순 옮김. 유네스코한국위원회 기획. 『민주주의를 이해하는 여든 가지 물음』. 서울 : 오름, 1997.

Dallmayr, Fred D. *Twilight of Subjectivity : Contributions to a Post-Individualists Theory of Politics*. Amherst : The University of Massachusetts Press, 1981.

Dewey, John. *Democracy and Education : an introduction to the philosophy of education*. New York : Macmillan Co., 1916. 李烘雨 註譯. 『民主主義와 敎育 : 敎育哲學 槪論』. 서울 : 교육과학사, 1996.

Engle, Shirley H. & Anna S. Ochoa. *Education for Democratic Citizenship*. N.Y. Teacher's College Press, Columbia University, 1988. 鄭世九 譯. 『民主市民敎育』. 서울 : 敎育科學社, 1989.

Held, David. *Models of Democracy*. Cambridge : Polity Press, 1987. 이정식 역. 『민주주의의 모델』. 서울 : 인간사랑, 1989.

Lasswell, Harold D. *Power and Personality*. New York : The Viking Press, 1962.

Mouffe, Chantal. *The Return of the Political*. London and New York : Verso, 1993.

______. ed. *Dimensions of Radical Democracy : Pluralism, Citizenship, Community*. London and New York : Verso, 1992.

Nussbaum, Martha C. & Joshua Cohen. *For Love of Country*. Massachusetts : Beacon Press, 1996. 마사 너스봄 외. 오인영 옮김. 『나라를 사랑하는 것 : 애국주의와 세계시민주의의 한계 논쟁』. 서울 : 삼인, 2003.

Schumpeter, Joseph A. *Capitalism, Socialism, and Democracy*. 1942. 이영재 譯. 『자본주의, 사회주의, 민주주의』. 서울 : 한서출판사, 1985.

Thukydides. 『History Ⅱ』.

Chapter 4

통일교육에서 '도덕성 교육'의 역할과 과제

1. 통일교육에서 '도덕성 교육'의 의미

통일교육은 학제적이고 범교과적으로 추진되어야 할 과제를 안고 있지만 1차적으로는 도덕성과 시민성의 조화를 요구한다. 이는 통일교육을 정의하고 있는 『통일교육지원법』(제정 1999. 2. 5 법률 제5752호) 제2조에 적시되어 있다. 통일교육은 "국민으로 하여금 자유민주주의에 대한 신념과 민족공동체 의식 및 건전한 안보관을 바탕으로 통일을 이룩하는 데 필요한 가치관과 태도의 함양을 목적으로 하는 제반 교육을 말한다." 정의에서 보듯이 '자유민주주의에 대한 신념과 민족공동체 의식 및 건전한 안보관' 형성을 위한 시민성의 역할과 그에 필요한 '가치관과 태도의 함양'을 위한 도덕성의 신장이 요구된다.

통일교육 관련 교육과정 개정 논의 때마다 도덕성 신장을 추구하는 도덕과 교육과 시민성 교육을 추구하는 사회과 교육 교과 간에 중심적 역할을 둘러싼 논쟁이 가열되곤 한다. 도덕과는 도덕성의 범주를 사회적 도덕성(social morality)으로 확장하면서 통일교육의 중추역할을 강조한다. 사회과는 통일교육에 가치론적으로 접근하게 되는 도덕교육의 한계를 지적하며 시민성 교육이 통일교육의 핵심이 될 수밖에 없다는 점을 부각한다. 그러한 분위기는 지난 제7차 도덕과 교육과정 수시 개정작업에서도 나타났다. 도덕과에서 통일교육을 어떻게 접근할 것인가는 핵심 쟁점의 하나였다. 개정작업에 참여했던 한 연구자는 이와 관련해 "도덕과에서 정치교육과 통일교육을 다루긴 하되 사회과학적 접근보다는 도덕적 관점에서 접근하자는 방향으로 논의가 진행되고" 있다고 전했다. 그는 연구과제로서 통일교육을 도덕과 교육에서 어떻게 접목시킬 것인가, 통일교육이 학생들의 도덕성 발달과 어떤 연관을 맺고 있는가, 교육내용은 구체적으로 무엇이며 사회과 교육과 어떻게 차별되는가 등을 제시했다.[1] 이러한 내용은 통일교육에서의 도덕과 교육의 정체성을 분명히 해 통일교육의 일정한 역할을 확인하려는 의미를 지닌다.

그동안 도덕과 교육에서 통일교육을 어떻게 담당할 것인지에 관한 논의는 적지 않게 이루어져 왔으나 위 연구자의 지적처럼 통일교육 속에서 차지하는 도덕성 교육의 역할과 과제에 대한 근본적 고민은 상대적으로 취약했다. 시민성 교육과 다른 점이나 그 내용에 관한 논의도 미흡했다.[2] 사회과 교육에서도 통일교육 관련 연구가 상

1_ 조일수, "권두언 : 도덕과 교육과정 수시 개정작업에 참여하면서," 『國民倫理學會報』, 제68호(05-3), 2005. 11. 15.

2_ 김동근, "제7차 교육과정 중등학교 도덕과 통일교육 내용의 문제점 및 개선방안," 대한정치학회, 『대한정치학회보』, 제13권 1호(2005) ; 박문갑, "도덕교육에서 통일교육 방안 모색," 『한국교육논총』, 5(1992. 10) ; 송석재, "통일교육의 관용윤리적

당히 이루어져 왔으나 도덕성 교육과의 조화 혹은 다른 점에 관한 논의 역시 부족했다.[3]

이 장은 통일교육에서 도덕성 교육의 역할과 과제를 설정해 보고자 한다. 이를 위해 이 장은 통일교육의 구조를 재검토해 도식화하고, 그 구조에 기반한 도덕성 교육의 의미, 역할, 내용체계, 과제 등을 도출하며 시민성 교육과의 차별되는 지점을 지적하고자 한다. 이는 통일교육에서 도덕과의 위치를 확인하면서 역으로 도덕성과 시민성의 조화를 위한 실마리를 제공할 수 있을 것이다. 이 장에서 '도덕성 교육'은 도덕성 신장을 위한 교육을 의미한다. 굳이 이 표현을 쓰려는 것은 통일교육에서 필요로 하는 시민성의 역할과 대칭시켜 도덕성의 역할을 부각하려는 의도에서이다. 도덕성 교육의 의미 속에 도덕교육이나 도덕과 교육을 포괄적으로 지칭함으로써 도덕성 교육의 역할범위를 학교와 교과 밖으로까지 확장시켜 생각해 보려는 의도도 있다.

접근 탐색," 『도덕교육학연구』, 제4집(2003) ; 오기성, "도덕과 통일교육에 있어서 사회문화적 접근," 韓國國民倫理學會, 『國民倫理硏究』, 第57號(2004. 12) ; 임현모, "한반도 통일환경 변화와 초등학교 통일교육 : 제7차 초등학교 도덕과 교육과정을 중심으로," 한국동북아학회, 『한국동북아논총』, 제25집(2002) ; 정유성, "통일교육의 철학적 바탕," 서강대학교 사회과학연구소, 『사회과학연구』, Vol. 10(2002).

3_ 길현주, "인지발달론적 가치교육의 한계와 보완적 접근 모색," 한국사회과교육학회, 『시민교육연구』, 제37권 4호(2005. 12) ; 김혜성, "시민교육에서 인지발달론적 가치·도덕교육의 공헌과 한계," 한국사회과교육학회, 『시민교육연구』, 제35권 1호(2003. 3) ; 이진희, "현대 사회의 민주 시민성에 대한 고찰," 韓國國民倫理學會, 『國民倫理硏究』, 第53號(2003. 8) ; 장원순, "한국사회과교육에서 시민의 실천문제와 과제," 한국사회과교육학회, 『시민교육연구』, 제35권 2호(2003. 9) ; 홍영환·김경모, "통일 이후의 시민성 교육을 위한 시론," 한국사회과교육학회, 『시민교육연구』, 제34권 1호(2002. 3).

2. 통일교육 구조의 재검토와 '도덕성 교육'

1) 통일교육 구조의 재검토

통일교육에서 우선 중요한 것은 분명한 목표와 뚜렷한 방향 설정이며, 시대의 변화와 요구를 조화롭게 반영하는 일이다. 그것은 시대를 옹호하기 위한 역할을 뜻하지 않으며, 당면한 시대적 요구와 세계사적 요청에 대한 고민을 기반으로 한다는 의미이다. 교육이 역사적 · 사회적 사명을 위해 시대정신을 바탕으로 사회가 지닌 모순을 극복하며 미래에 대한 비전을 담고 있어야 하듯이 통일교육도 마찬가지이다. 통일교육은 시대정신을 바탕으로 분단사회의 모순을 극복하며 통일 미래에 대한 비전을 담아야 한다.

사회주의권 붕괴 이후 한반도 통일문제는 민족의 과제를 넘어 탈냉전시대를 구축하는 세계사적 의미를 갖게 되었다. 6 · 15 남북공동선언 이후 통일문제는 이념적 · 관념적 차원을 넘어 현실적 · 구체적 실천의 문제가 되었다. 통일은 남북한 결합만을 의미하지 않으며, 분단이 준 사회의식과 구조를 고쳐가면서 탈냉전기의 국제평화에 기여하는 '새로운 통일' 로서의 실천과제를 갖게 되었다.

이런 의미에서 통일교육은 통일을 위한 교육을 넘어 분단사회가 초래한 의식과 구조를 치유하여 삶의 양식까지를 변화시키는 범주가 포함된다. '사건' 으로서의 분단[4]을 극복하는 소극적 차원의 재통일(reunification)이 아니라 새로운 정체성을 만드는 '과정' 에서 적극적 차원의 새로운 통일(new unification)을 추구하는 것이 과제가 된다. 통일교육은 미래를 향한 새로운 역사의 창조작업이라는 점에서 현재를 미래의 상황과 접목시켜 현재의 삶에서 추동력을 갖도록 하는 역할이 절실하다.

『통일교육지원법』과 이를 바탕으로 한 통일교육지침서에는 이러한 문제의식이 어느 정도 반영되어 있다. 통일을 이룩하는 데 필요한 가치관과 태도의 함양을 위한 통일교육의 목표는 ① 자유민주주의와 민족공동체 의식을 바탕으로 바람직한 통일관 정립, ② 통일환경과 남북한 실상에 관한 객관적 이해와 건전한 안보관 확립, ③ 평화통일의 당위성과 통일 실현의지 함양 등으로 제시되어 있다.[5] 통일교육의 필요성은 ① 통일에 대한 부정적 시각 극복, ② 통일의 당위성 인식과 통일의지 확립, ③ 통일시대 대비 역량 강화 등으로 되어 있으며, 과제로는 ① 통일문제에 대한 관심 제고, ② 화해협력과 상호 존중의 자세 확립, ③ 자유민주주의에 대한 확신 및 민주시민의식 함양, ④ 민족공동체 의식 함양 등이 제시되어 있다.[6]

이상의 내용은 통일교육의 구조까지 잘 파악할 수 있게 하고 있다. 하지만 위에서 지적한 분단사회의 모순을 극복하며 통일 미래에 대한 비전 등을 담아야 한다는 관점에서 보면 다음과 같은 문제의

4_ 이우영, "통일문제를 둘러싼 이념논쟁 비판 : 실질적 통일논의를 위하여," 권혁범 외5인, 『한반도와 통일문제 : 한반도 문제의 재조명』(서울 : 大旺社, 2000), pp. 202-206.

5_ 통일부 통일교육원, 『통일교육 일반용지침서』(서울 : 통일부 통일교육원, 2006) ; ______, 『통일교육 학교용지침서』(서울 : 통일부 통일교육원, 2006).

6_ 위의 책.

식이 제기될 수 있다.

첫째는, 통일의 의미가 남북한의 외형적 결합을 넘어 진정한 사회통합의 문제까지를 분명히 포괄해야 한다는 점이다. 이는 통일교육의 범주의 문제로 연결된다. 『통일교육지원법』은 '통일을 이룩하는 데 필요한' 이라는 표현을 쓰고 있다. 통일의 외형에 초점을 둘 경우, 통일교육은 남북통일이 이루어지기까지의 교육을 의미하게 된다. 반면, 통일을 내적 통합의 단계까지로 설정하면 통일교육은 진정한 통합을 이루는 데 필요한 개인과 사회의 의식이나 구조까지를 포함하게 되며, 통일을 앞당기기 위한 노력과 통일 이후의 삶을 준비하고 대비하는 내용을 다루게 된다.[7] 통일에 대비하기 위한 내부적 역량과 통일 이후 사회통합을 위한 준비를 갖추는 문제가 포괄되는 것이다. 통일의 의미를 구체화해 설정한다면 통일교육의 목표와 내용구성에 따른 도덕성 교육의 역할이 명확해질 것이다.

둘째는, 통일교육에서 시간과 주체의 차원이 구분되어야 한다는 점이다. 시간의 차원이란 통일 과정과 이후에 관한 구분이며, 주체의 차원이란 북한에 관한 교육과 우리 사회 내부에 관한 교육을 구별하는 것을 의미한다. 먼저 통일과정과 이후를 구분해 놓고 보면, 통일교육은 통일을 준비하기 위한 내용과 통일 이후 사회통합에 대비한 내용으로 구분된다. 다음으로 북한에 관한 교육과 우리 사회 내부에 관한 교육을 구별해 놓고 보면, 통일교육은 북한 실상과 변화 전망에 관한 문제와 우리 사회 내부의 분단의식과 폐해에 관한 내용으로

7_ 박광기, "통일문제에 대한 이론적 접근 : '통일' 인가 '통합' 인가?" 권혁범 외5인, 『한반도와 통일문제』, pp. 265–277.

구분된다. 이러한 차원의 구분을 명확하게 한다면 도덕성 교육의 범위는 달라질 것이다.

셋째는, 통일교육의 하위영역 설정과 관련한 담론이 계속 확장되어야 한다는 점이다. 이는 목표에서 제시되어 있는 자유민주주의, 민족공동체, 안보관, 평화통일관 등의 담론이 확장되고 상호 연관성이 구체화되는 것을 의미한다.[8] 그렇게 되면 통일교육의 과제는 더욱 세분화될 것이며, 도덕성 교육의 역할에 대한 의미와 과제 역시 그에 걸맞게 제기될 것이다.

이러한 문제제기를 바탕으로 통일교육의 구조를 보완하기 위한 논점은 다음과 같이 제시해 볼 수 있다. 이는 통일교육의 담론을 활성화하는 바탕이 될 것이다.

첫째, 자유민주주의와 민족공동체 의식의 조화이다. 이 두 이념은 통일교육의 중심이다. 자유민주주의는 개인의 자유와 평등을 바탕으로 민족구성원 모두가 인간다운 삶을 영위하며 자아를 실현토록 하는 이념이다. 민족공동체는 혈연, 지연, 언어, 문화, 역사 등과 같은 객관적인 요소에 민족의식이라는 주관적 요소가 추가되어 공고히 결합된 인간공동체를 의미한다. 이 두 이념은 얼핏 상충되어 보이기도

8_ 이러한 의미에서 정유성은 통일교육의 철학적 기반을 제시한다. 그것은 '다름과 함께 사는 연습'으로서의 통일교육, 차이와 다양성의 존중으로서의 통일교육, 다원적 정체성 형성과정으로서의 통일교육 등이며, 이를 위해 ① 평화에 대한 체계적인 이해와 실천을 위한 지침들을 훈련하는 교육과정의 수준, ② 자체적으로 구조적인 이론틀을 마련하여 나름대로의 교육담론을 정립하는 수준, ③ 기존 교육의 비평화성을 비판적으로 성찰할 뿐 아니라 '타자와 함께 삶'과 같은 사회와 교육, 나아가서 인간의 삶에 새로운 전망을 제시하는 수준 등을 제시한다. 정유성, "통일교육의 철학적 바탕," pp. 165-168.

한다. 개인을 중시하다 보면 민족이라는 공동체 의식이 희박해질 수 있으며, 반대의 경우도 있을 수 있다. 두 이념은 조화되어야 한다. 민족공동체를 앞세워 개인의 가치가 훼손되어서도 안 되지만, 동시에 자아 실현을 보장하기 위한 틀로서 민족공동체가 상정되어야 한다. 그래야 자주적인 민족국가, 자유로운 민주국가, 정의로운 복지국가, 수준 높은 문화국가 등의 담론이 제기될 수 있을 것이다.

둘째, 민족주의와 세계시민주의의 조화이다. 민족주의는 통일한국의 당위성과 필요성을 추구하는 데 중요한 이념이다. 동시에 그것은 세계시민주의와의 조화를 필요로 한다. 이는 배타적 민족주의가 아닌 열린 민족주의를 의미한다. 열린 민족주의는 안으로는 남북한과 해외의 모든 민족이 자신의 이익과 발전을 도모하면서도 밖으로는 세계평화와 인류의 공존과 공영을 위해 상호 협력하는 민족주의이다. 이는 통일과정에서 통일한국에 대한 우려를 불식해 나가기 위한 필요에서도 의미가 있다. 세계시민주의에 입각한 보편주의와 인류애적 가치가 전제되어야 하는 것은 자유민주주의와의 연관성이라는 측면에서도 의미가 있으며, 이는 통일 이후 사회통합의 기초가 될 수 있다.

셋째, 평화통일관과 안보관의 조화이다. 평화통일을 위해서는 화해협력을 통한 신뢰구축이나 평화공존의 과정이 필수적인데도 이는 안보의 문제와 쉽게 상충되는 경향이 있다. 이 둘은 양자택일의 것이 아니라 조화되어야 할 가치이다. 평화통일을 위해서는 안보가 전제되어야 하며, 안보는 우리를 지키고 나아가 평화통일을 이루어낼 수 있는 바탕이다. 한반도와 민족 전체의 안전을 보장하고자 하는 건강한 안보의식이 다루어져야 한다. 이러한 관점이 설정되어야 통일교육의 목표는 단기적으로 남북한의 화해협력을 통한 공존과 번영을, 중장기적으로는 평화의식과 정착을 통한 평화통일로 상정될 수 있다. 이러한 의미에서 통일교육은 평화통일을 앞당겨 실현하고 통일국가에서 행복한 삶을 이룩하기 위한 바람직한 가치관과 태도를 심기 위한 교육이며, 동시에 국가의 존립과 국민의 안녕, 통일 성취에 대한 현실적 장애와 위협 요소에 대한 경계심을 가르치는 교육이 된다. 통일교육은 균형 있고 합리적인 통일관을 형성하며 그에 맞도록 행동하는 데 도움을 줄 수 있어야 한다. 화해와 교류의 중요성, 상호 군축의 이익, 공존과 번영의 의미 등의 내용이 구체화될 수 있을 것이다.

넷째, 사실적 이해와 가치판단의 조화이다. 통일교육은 통일할 대상인 북한의 실상과 변화추세와 전망 등을 이해해야 한다는 점에서 사실적 이해를 위한 사회과학적 근거와 정보가 필요하다. 사실적 이해를 기초로 해야 지금의 북한체제가 통합의 기초가 될 수 있을 것인가와 같은 현실적인 문제제기와 판단이 가능하다. 그러나 그것을 전제로 해서 우리는 북한의 어떤 미래를 원하는지, 혹은 북한의 어떤 미래가 모두에게 유익인지 등과 같은 의문을 가져보면 그것은 동시에 가치판단의 문제를 필요로 한다. 아울러 서로의 이질성을 인정하고 동질성의 부분을 확대해 간다거나 하나의 공동체로 살아가는 데 필요한 갈등을 최소화해 나가기 위해 개인과 사회의 포용력을 신장해 가는 일이 필요하다거나 하는 관점에서 보면 가치판단의 역할이 중요하게 된다. 그것은 접촉과 대화와 관용 등의 가치에 입각한 인식이 개입되기 때문이다. 통일교육은 사회과학적 접근에 기초한 사실적 이해와 도덕성 교육에 바탕한 가치판단의 역할을 조화롭게 추구해야 한다.

다섯째, 지식과 일상에서의 실천의 조화이다. 통일교육은 나름의 이론적 틀을 가지고 교육적 노력을 하지만 일상에서 실천과 연관되지 않으면 안 된다. 여느 교육처럼 통일교육 역시 미래 비전을 위한 현재의 실천적 역할이 중요하다. 통일교육은 지식적 노력과 함께 실천 프로그램을 가지고 일상에서 바람직한 삶의 문제와 연관되어야 한다. 이는 '일상에서의 통일문화' 형성과 실천을 의미하기도 하는데,[9] 이러한 점에서 민주시민교육, 평화교육, 문화교육, 다문화교육 등의 접근이 강조된다.

종합하면, 통일교육은 국내차원과 세계차원을 지니며, 국가이익과 인류애적 가치를 갖는 정치문제이자 인간교육의 기초로서 나름의 이론적 틀과 실천 프로그램을 갖는 학제적 · 통합적인 교양교육의 구조를 지닌다. 이상의 내용은 〈그림-1〉로 나타내 볼 수 있다.

〈그림-1〉 통일교육 구조의 재검토

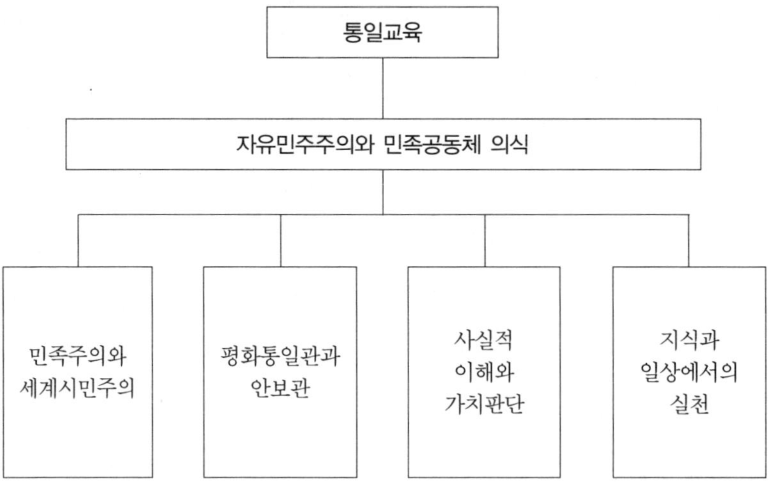

2) 도덕성, '도덕성 교육', 통일교육

(1) 가치판단의 문제

통일교육의 구조에서 지적하고자 한 핵심은 조화의 문제이다. 자유민주주의와 민족공동체 의식, 민족주의와 세계시민주의, 평화통일관과 안보관, 사실적 이해와 가치판단, 지식과 일상에서의 실천 등의 문제를 조화시키는 것이 통일교육에서 중요하다.

이 장의 초점은 통일교육의 구조 속에서 도덕성 교육의 위치를 찾는 일이다. 이는 도덕성 교육에서 그간의 통일교육이 어떠했으며 앞으로 어떠해야 하는지의 접근이 아니라, 거꾸로 통일교육 구조의 재검토에 기초해 도덕성 교육의 역할과 과제를 찾아보려는 것이다. 두 가지 접근이 도덕성 교육의 과제를 찾는다는 점에서는 유사하다. 차이는 전자의 논의가 자칫 도덕교육에서 통일교육의 무용론으로 연결될 수 있지만, 통일교육의 구조에서 출발하는 후자의 논의는 오히려 도덕교육의 역할이 절실하다는 점을 부각할 수 있다는 점이다.

일반적으로 도덕성은 도덕규범을 알고 내면화한 것을 바탕으로 사고 · 판단하고 행동할 수 있는 품성과 능력을 의미한다. 맥락에 따라서 도덕성은 도덕을 도덕이게 하는 궁극적인 내용을 의미하는 말로 사용되기도 한다.[10] 도덕성을 함양하려는 교육이 바로 도덕교

9_ 김창근, "평화를 위한 통일 교육," 이우영 외, 『화해 · 협력과 평화번영, 그리고 통일』(서울 : 한울아카데미, 2005), pp. 141-142.

육이다. 도덕교육이 궁극적으로 추구하는 목표는 도덕성을 구성하고 있는 덕들을 조화롭게 형성 · 발달시켜 사회의 건강한 구성원으로서의 품성과 자질을 지닌 사람을 길러내는 것이다. 도덕과 교육은 도덕적 덕들을 조화롭게 형성 · 발달시켜 인격인으로 자라도록 하기 위한 교과교육이다. 도덕과 교육의 본질은 도덕성 함양에 관련된 도덕적 문제에 대한 논리적 조작을 통해 도덕적 지식과 기술을 익히도록 하는 데 있다.

도덕교육이든 도덕과 교육이든 모두 중시하고 있는 도덕성은 통일교육에서도 중요하다. 일반적으로 보더라도 도덕성이 도덕규범에 대한 사고, 판단, 행위에 관한 자질이나 능력이라는 점은 조화의 문제나 통합 교양교육 등과 직결되기 때문이다. 특히 조화의 문제에서 제기되는 가치판단의 문제는 중요한 의미가 있다.

우리는 일상에서 사실 문제뿐만 아니라 가치판단의 문제를 다루어야 한다.[11] 예컨대, 북한에서 식량난으로 고통받고 있는 어린이들의 비율은 어느 정도 밝혀지고 있다. 그런 상황은 체제 자체의 모순과 핵 · 미사일 개발 등 정책선택의 실패와 연결되어 있다는 결론을 내릴 수 있다. 그러나 가치판단의 문제는 여전히 남는다.

이 문제를 놓고 북한 스스로의 개혁 · 개방이나 국가 지도자의 실패에 주목하는 사람들은 북한에 별다르게 지원해 줄 필요가 없

10_ 남궁 달화, 『사람의 개념에 기초한 도덕성 요소와 도덕교육』(서울 : 학지사, 2003), pp. 9-11.

11_ 이하의 예는 Shirley H. Engle & Anna S. Ochoa, *Education for Democratic Citizenship* (N.Y. ; Teacher's College Press, Columbia University, 1988, 鄭世九 譯, 『民主市民敎育』(서울 : 敎育科學社, 1989), pp. 83-85를 참조해 북한의 경우에 적용한 것임.

다고 생각할 수 있다. 구시대의 이념을 내세워 생존경쟁에서 낙오된 오늘의 북한을 만든 것은 근본적으로 북한 스스로의 선택이 자초한 결과이기 때문이다. 어느 사회 내부에서도 유사한 어려움을 겪는 사람이 있기 마련이기 때문에 더욱 그렇게 생각할 수 있다. 그러나 이 문제를 놓고 반대로 북한 어린이는 통일민족의 주역이자 미래라고 한다든지, 북한 어린이도 인간으로서 동등하게 좋은 생활과 기회를 가져야 한다고 지적하는 사람들은 북한 어린이에게 지원해야 한다고 생각할 수 있다.

이러한 문제를 두고 사실적 자료를 많이 활용할 수 있다. 인도주의자들은 가난한 어린이들도 커서 사회에 공헌하는 사람으로 자라나며, 오히려 부유한 환경의 어린이들이 종종 올바르게 성장치 않았다는 자료를 제시할 수 있다. 반대로 별 다르게 해줄 것이 없다고 생각하는 사람들은 지원은 자칫 의존을 낳거나 실질적 문제해결에 도움을 주지 않는다는 사실자료를 제시할 것이다. 이것이 실제 세계에서의 지식이다.

중요한 것은 실제 세계에서는 가장 좋은 결정이 만들어져야만 한다는 점이다. 실제 세계에서는 우리가 알 수 있는 최선의 사실들을 다루어야 할 뿐만 아니라, 또한 그 문제에 적용할 수 있는 자기 자신의 최선의 가치들도 함께 다루어야만 한다. 이러한 현실은 도덕성 교육에서 다루는 품성이나 도덕적 지식과 기술이 북한 · 통일문제에 관한 가치판단의 근거를 갖는 데 적합한 도움을 줄 수 있다는 점을 보여준다.

도덕성의 요소를 통해 이 문제를 언급해 보자. 도덕성의 요소에 관해서는 관점의 차이가 있다.[12] 프로이드(S. Freud)를 중심으로 하는 정신분석이론은 주로 정서감정적 요소를 중심으로 접근한다. 중요한 개념은 초자아인데, 이의 형성이 도덕성의 함양으로 본다. 초자아는 자녀가 부모의 가치 · 도덕규범을 동일시함으로써 개인에게 내면화된 도덕성의 요소로서 흔히 양심으로 작용한다. 양심은 비도덕적 행동에 대해 죄책감을 갖게 하며 도덕적 행동을 하게 한다. 사회학습이론은 행동주의적 학습이론의 적용에 초점을 두고 도덕성에 접근한다. 사회학습이론은 주로 강화와 벌에 의한 행동통제가 내면화된 상태를 도덕성의 함양으로 본다. 행동통제가 내면화된 사람은 해로운 행동은 억제하고 이로운 행동은 촉진할 수 있는 능력을 갖춘 사람이다.

인지적 발달이론에서는 인지적 요소를 중심으로 도덕성을 파악한다. 콜버그(L. Kohlberg)를 중심으로 하는 학자들은 정의(正義)에 입각한 도덕적 사고나 추론을 통해 도덕성의 발달을 촉진시켜 준다고 본다. 도덕성 발달의 촉진은 도덕적 문제를 토의하는 과정에서 자극을 받아 인지의 갈등을 일으키고 새로운 역할을 인지하게 되면서 도덕성의 발달이 이루어진다고 본다. 한편, 인지적 발달이론에서 중시하는 정의 정향 외에 배려 정향이 길리간(C. Gilligan)의 경험적 연구[13]를 통해 도덕성의 개념적 영역으로 구성되고 있다.

이와 달리 도덕성의 통합적 접근을 시도하고 있는 학자들은 도덕을 한 사회의 도덕적 실재를 반영하는 행위규칙의 체계로 보거

12_ 김태훈, 『도덕성 발달이론과 교육』(서울 : 인간사랑, 2004) 참조.

13_ C. Gilligan, "In a different voice : Women's conceptions of self and morality," *Harvard Educational Review*, Vol. 47, No. 4 (1977), pp. 481–517.

나 도덕성을 도덕적 문제에 대처하는 데 필요한 일련의 절차로 간주한다. 이들은 대체로 정서와 감정의 상호작용을 중시하여 도덕성이 앎과 감정과 행동으로 구성된다고 본다.[14]

이상에서 볼 때, 도덕성은 규범적 신념체계로 보면 "상세하고 구체적인 규범으로 전환될 수 있는 하나의 구체적인 이데올로기나 규범적인 철학을 의미"한다. 반면, 일련의 과정이나 절차의 특징으로 보면 도덕성은 "어떠한 구체적인 결과를 예정하거나 강요 없이 우리가 하나의 도덕적인 문제에 어떻게 직면해야 하는가를 설명해 주는 절차적인 특징"을 의미하기도 한다.[15] 결국 도덕적 문제에 어떻게 직면해야 하는가를 설명해 주는 절차적인 특징으로서의 도덕성은 도덕성 자체가 '사실문제에 어떻게 직면해야 하는지를' 고민하는 것이라는 의미가 있는 것이다.

이렇게 이해하면 도덕성 교육에서 초점을 두고 있는 가치판단의 문제는 통일교육에서 사실적인 것과 가치판단적인 것의 상호작용을 일정 부분 활성화해 준다. 통일교육에서 도덕성 교육을 중요하게 받아들인다면 사실과 가치판단의 문제를 조화롭게 할 수 있을 것이다.

14_ 듀르케임(E. Durkheim), 윌슨(J. Wilson), 레스트(J. Rest), 리코나(T. Lickona) 등이 있다.

15_ B. Chazan, *Contemporary Approaches to Moral Education : Analyzing Alternative Theories* (N.Y. : Teacher's College Press, Columbia University, 1985), 이재구 외 역, 『현대 도덕교육방법론 : 20세기 이론의 분석』(서울 : 법문사, 1990), p. 20.

(2) 일상에서의 실천문제

통일교육에서 지식과 실천의 조화를 위해 도덕성 교육은 또한 중시되어야 한다. 도덕성의 근원이 개인적인가 사회적인가, 또는 개인의 양심인가 집단의 규범인가에 대해서는 논란이 있으며, 철학적 입장에 따라 교육의 목적이나 방향이 다르게 설정될 수 있다.[16] 중요한 쟁점은 도덕성은 단순히 이분화되는 것이 아니어서 지식과 행동이 함께 필요하며, 이성에 의한 인지적 측면과 함께 습관이 중요하다. 도덕성의 형식은 내용으로 표현되지만 도덕성의 내용은 형식의 또다른 표현이기 때문에 양자는 모두 중요하며, 도덕성은 발현되는 그 무엇이기도 하지만 교육을 통해 형성시켜야 할 대상이기도 하다. 아울러 도덕성은 문화상대주의에도 불구하고 원리나 상황을 뛰어넘는 선악의 기준과 차원을 분명히 가지고 있다.[17]

이러한 논의에서 확인할 수 있는 것은 도덕성의 실체가 통합적이고 총체적이라는 점이다. 도덕성이 흔히 인지적 · 정의적 · 행동적 영역으로 구분되어 인지적 영역은 도덕적 이해 · 사고력 · 판단력 등으로, 정의적 영역은 도덕적 감정 · 열정 · 의지 등으로, 행동적 영역은 도덕적 행위능력 · 행위 · 습관 등으로 제시된다. 중요한 것은 도덕성이 총체적 개념인 만큼 인지와 정의와 행동적 영역은 개념상으

16_ 위의 책, pp. 17-18.

17_ 차미란, "도덕교육의 이론적 쟁점과 도덕과교육의 실제," 한국초등도덕교육학회, 『초등도덕교육』, 제15집(2004. 8), pp. 221-253.

로 구분될 뿐, 별도로 분리되어 존재하지 않는 통합적인 실체라는 점이다. 도덕성 교육은 또한 모든 단계에서 전통적 덕목과 규범의 습관화를 중시하면서도 자율적 · 합리적 판단 능력의 함양을 중시하는 데 의미가 있다.

따라서 통일교육이 일상과 연결되기 위해서는 도덕성의 역할이 필요하다. 나아가 이를 위해 도덕규범학적인 차원의 교과교육적 역할이 주효하다.[18] 여기서 통일교육이 도덕과 교과교육에서 다루어져야 할 필요가 제기된다.

주의할 점은 도덕성 교육과 생활영역과의 연관성에 관한 인식의 문제이다. 생활영역이 강조되는 것이 도덕과의 정체성을 약화시킨다는 우려도 있으나[19] 위에서 언급한 것처럼 도덕성 교육에서 생활영역은 동시에 중요하다. 도덕은 단순히 지식에 머물러서는 안 되고 일상 생활에서 행동으로 표현될 수 있는 것을 추구해야 하기 때문이다. 오히려 생활에서의 의미가 "별도의 교과를 설정하여 가르칠 것이 아니라 생활 속에서 자연스럽게 배우도록" 한다거나 "다른 교과를 공부하는 동안 은연 중에 배우도록" 한다는 의미가 아니라는 점을 인식하는 것이 중요하다. 생활과 밀접히 연관지어 상상하도록 하는 교육적 방법과 시각이 절실한 것이다.

18_ 유병열, "초등 도덕과의 정체성과 도덕과 교육과정의 개선 방향," 한국초등도덕교육학회, 『초등도덕교육』, 제18집(2005. 8), pp. 50-55 ; 서강식, "초등 도덕과 교육과정 개선 방향의 모색," 한국초등도덕교육학회, 『초등도덕교육』. 제18집(2005. 8), pp. 203-209.

19_ 임병덕, "초등도덕과교육의 의미 : 교과의 의미로서의 도덕," 한국도덕교육학회, 『도덕교육연구』, 제16권 2호(2005. 2), pp. 22-23.

중요한 것은 도덕성 교육에서 획득한 판단능력을 통해 일상생활에서 당면하는 도덕적 문제를 실제적으로 해결할 수 있도록 하는 것이다. 일상의 도덕생활에서 도덕적 규범을 행동에 옮기거나 도덕적 판단에 의해 행동방침을 결정하는 것은 모두 실제적 문제해결에 해당한다. 따라서 도덕성 교육에서 중점을 둘 것은 학생의 실제적 문제해결에 도움이 될 만한 지식이나 태도를 가르치는 일이라기보다는 교육생으로 하여금 실제적 문제해결 과정에서 따라야 할 기준을 그 심성의 한 부분으로 받아들이도록 이끄는 일이 된다. 그렇게 보면 '생활과의 관련'이라는 의미는 "교과를 통해 도덕을 심성의 한 부분으로 만들도록 하는 것"이며, "심성이 도덕에 합치되도록 이끄는 것"이라는 의미로 이해되어야 한다.[20] 이는 통일교육에서 도덕성 교육이 역할해야 하는 대목이다. 통일교육에서 도덕성 교육이 추구하는 것은 통일의 가치관과 태도를 심성의 한 부분으로 만들고 심성이 그에 합치되도록 이끄는 것이다.

종합하면, 도덕성은 도덕적 가치 · 덕목 등에 대한 이해와 신념화, 도덕적 사고와 판단능력, 자율적 행위를 할 수 있는 품성과 실천능력 등을 의미한다. 도덕성은 자신과 타인을 합리적인 도덕적 행위자로 인식하고 도덕적 원리들을 이해하며, 그에 따라 행동할 수 있는 성향과 능력을 지닌 사회구성원을 추구한다. 도덕성 교육은 도덕성의 함양을 위해 도덕적 추론과 행위능력의 향상을 1차적 목표로 삼아 궁극적으로는 민주적 도덕공동체를 이루는 데 기여하려는 것이다. 이는 곧 통일교육의 필요이기도 하다.

20_ 위의 논문, pp. 27-31.

3. 통일교육에서 '도덕성 교육'의 역할과 내용체계

통일교육에서 도덕성 교육은 무엇보다 도덕적 추론과 행위 능력을 지닌 도덕적 시민을 기르고 민주적인 도덕공동체를 형성하는 데 기여하려는 의미가 있다. 자유민주주의와 민족공동체 의식에 기반해 도덕성 교육은 분단으로 인해 왜곡된 사회구조나 의식을 성찰하도록 하며, 통일과정에서 사실상의 통일(*de facto* unification)을 중시하게 하고 통일 이후 사회문화적 통합을 위한 교육적 기초가 된다.

자연히 통일교육에서 도덕성 교육은 평화적으로 통일을 달성하는 데 필요한 가치와 태도를 함양하고 실천할 수 있는 능력을 배양하는 언어적 자원과 교육적 노력을 추구하게 된다. 구체적으로는 인간존중감, 국가 · 민족 · 세계공동체 의식, 사회평화 창출과 유지 능력, 건강한 안보관 등의 가치와 태도를 추론하고 행위하도록 하는 데 도덕성 교육이 역할할 수 있다.

앞장에서 제시한 통일교육의 구조와 연관지어 도덕성 교육의 내용체계는 다음과 같이 구상해 볼 수 있다.

첫째, 자유민주주의와 민족공동체 의식의 조화와 관련해 우선 강조할 것은 개인의 자유와 인권, 복지의 증진 등에 초점을 두고 인간존중과 보편적 가치를 존중하는 도덕적 시민의 구현이다. 더불어 살아가는 데 필요한 민주적인 생활규범이 내용체계가 된다. 인간존엄성의 신념화, 기본 생활예절, 다양성에 대한 존중, 질서의 습득, 민주적 절차와 과정에 대한 숙달, 합리적 의사결정능력 함양 등이 그것이다. 동시에 사회구성원 간의 갈등을 해결하고 사회내부의 화합과 단결을 추구하는 자질도 중요하다. 자유민주주의가 인류사적 경험을 통해 얻게 된 소중한 가치라는 점도 강조되어야 한다. 민족공동체에 대한 강조를 통해서는 민족국가 간의 갈등과 분쟁을 지양하고 민족공동체 간의 문화를 공감하게 하는 것이 필요하다. 이러한 민족 의식을 추구하기 위해서 중시할 것은 인간존중과 복지 · 이념의 공동체를 구현하는 일이다.

둘째, 민족주의와 세계시민주의의 조화와 관련해 국가에 대한 정체성 교육과 세계시민으로서의 정체성 교육이 함께 필요하다. 국가 정체성이란 국가의 국민을 결속시키는 유대감으로서 애국과 충성의 태도와 행동을 의미하며, 국가에 대한 정체성 교육은 국민으로서의 의무나 권리에 대한 상세한 정보를 제공하고 국가에 대한 애국심과 충성, 정치제도에 대한 적극적 지지 등을 가르치는 것이다. 국가는 개인이 존재하는 기본 틀이며 개인 발전의 조건으로서 필요하다. 평화 없이는 개인의 행복은 물론 사회나 국가의 목표도 달성될 수 없다. 개인과 국가의 상호 연관성에 관한 지적은 세계시민과 국제평화의 상호 연관성의 문제로 확장되어야 한다. 갈수록 인간안보(human security)가 부각되고 있고 세계정치에서의 행위자와 이슈가 다양화되고 있는 흐름에서 세계시민으로서의 인식은 국제평화 추구의 필요조건이 되기 때문이다.

세계시민으로서의 정체성을 심는 교육에서 중요한 것은 나라 밖을 돌아볼 줄 알도록 하는 심성이다. 나라마다 고유의 역사가 있고 문화와 정체성이 있지만, 세상에는 자기 것만 있는 게 아니라 주변 국가들도 있고 국제사회도 있다. 상대를 배려하지 않은 채 자기만의 것을 강조할 때 다툼이 생긴다. 우리가 살아가는 삶은 그런 국경의 테두리에서 벗어나고 있으며, 나라를 넘어선 공동의 가치도 있다. 한 개인은 어느 국가에 소속된 국민이면서 또한 세계인이다.

두 정체성 교육에서 중시되어야 하는 것은 개인과 사회의 포용력이다. 통일교육은 새로운 정체성을 만드는 통일과정에 기여해야 한다. 나와 다르지만 함께 할 수 있는 자세, 다양성을 인정하고 공존할 수 있는 능력, 이질적인 것에 관용할 수 있는 힘 등이 진정한 통일의 역량이며, 통일 이후 사회통합의 자양분이 된다. 이를 위해 인성교육, 민주시민교육, 통일대비교육, 안보교육, 다문화교육, 평화교육 등의 교육내용은 통일교육의 담론 확장에 근간이 된다.

셋째, 평화통일관과 안보관의 조화와 관련해, 먼저 남북한 간의 갈등과 적대감을 해소하고 한국사회에서 평화를 정착시키는 한편 한반도와 주변국의 평화 정착이 중요하다는 인식이 필요하다. 이를 위해 개인과 사회구조와 국가 간 차원에서의 평화문화가 강조되며, 남북한 간에 심화되어 온 적대감과 적개심을 해소하기 위한 교육이 필요하다. 또한 국내외적인 평화저해 요인에 대한 경계심을 심어주고 한반도의 평화정착에 필요한 의식과 태도를 함양하는 것이 필요하다. 이는 평화교육이 추구하는 내용과 유사하다. 평화교육은 갈등해결, 중재, 민주시민교육, 다문화 이해교육 등과 같은 다양한 활동과 연관되어 있다. 적대적 감정을 변화시키거나 비폭력적인 성향의 개선과 갈등 해결 능력을 함양하기 위해 폭력 예방프로그램, 또래 중재프로그램, 갈등 해결프로그램 등이 제시된다. 평화교육은 행해지는 사회정치적 맥락에 따라 상이한 모습을 띨 수 있지만, 기본적으로는 평화문화와 의식, 인권신장 등의 문제와 연관되어 있다는 점에서 도덕성 교육과의 관련성이 크다.

통일교육에서 평화교육의 활동이 중요한 위치를 차지하는 이유는 분단과정에서 초래된 남북한 사회와 의식의 차이를 이해하고 인정하는 바탕 위에서 평화와 신뢰형성의 기반이 만들어지기 때문이다. 그것이 바탕이 되어야 새로운 통일의 정체성을 만들어 갈 수 있다. 그 과정에서 필요한 것은 냉전문화의 상호 개선, 공존과 협력의 문화 창출, 공동의 미래 모색, 바람직한 삶의 조건 성숙 등의 노력을 일상과 사회 차원에서 추구하는 일이다. 때문에 편견의 해소, 다름의 이해와 인정, 차별의식의 해소, 상호 대화와 협력, 타협과 양보의 수용, 상대에 대한 인정과 존중, 상호 관용의 연습과정 등이 제기된다.

안보교육은 국가 존속의 조건 인식, 애국심, 안보의식 등으로 구성된다. 개인의 국가에 대한 정체성 확립, 공동체 의식, 애국심과 안보의식 등은 국가공동체를 보존하려는 기본 의식이다. 국가안보에 대한 기본적인 의미와 중요성은 물론 정치 · 경제 · 사회 · 문화 등 여러 측면에서의 국가안보에 대한 인식이 있어야 한다. 이는 평화를 지키기 위한 수단으로서의 안보 개념을 넘어 새로운 형태의 테러리즘과 정보전, 인간안보 등을 아우르는 포괄적 안보 개념으로 확장되어야 한다.

넷째, 사실적 이해와 가치판단의 조화와 관련해 개인, 사회, 민족, 국가, 세계 등 각 생활공동체에서 요구되는 덕목들의 상호 연관성에 대한 인식이 강화되어야 한다. 이를 통해 이들 생활공동체가 추구하는 가치들이 조화되고 균형을 이루도록 해야 한다. 한반도 통일문제는 다양한 관점과 입장이 공존하는 복잡한 관계이다. 통일과정에서도 국제적인 입장과 민족적인 입장이 공존하고, 화해협력의 차원과 안보의 차원이 공존한다. 북한 관련한 교육의 관점도 실상을 비판하면서도 북한의 부정적 측면과 우리의 우월적 측면만이 부각되지 않고 미래를 추구할 수 있도록 하는 조화의 노력이 중요하다. 이를 위해 중요한 전제는 더불어 살려는 공동의 가치관이다. 상호 의존성 증대에 대한 인식 아래 갈등을 합리적이고 평화적인 방법으로 처리하도록 이끄는 공동의 가치관 창출이 중요하다. 이는 통일 이후에도 국가 사회발전과 바람직한 삶을 영위할 수 있게 하는 기반이 된다.

가치판단의 문제와 관련해 염두에 두어야 할 것은 이데올로기 교육에 대한 인식의 전환이다. 도덕과가 특정 이데올로기에 봉사해 왔다는 부정적 인식과 그에 따른 거부감이 있는 것이 사실이다. 도덕교육은 도덕과의 설정 이전부터 이데올로기 대립이라는 시대적·사회적 상황과 무관할 수 없었으며, 그 이후에도 상당한 영향을 받았다. 때문에 도덕과의 정체성이 논란될 때마다 이데올로기의 탈피가 주장되기도 한다.[21] 그러나 21세기도 이데올로기의 대립이 끝난 것은 아니며 그 담론은 여전하다. 문제는 이데올로기 자체에 있는 것이 아니라 이데올로기를 부정적으로 인식하고 활용해 왔던 데 있다. 이데올로기는 긍정과 부정의 요소를 모두 지니고 있다. 21세기에 오히려 강조되어할 것은 이데올로기의 탈피가 아니라 개인, 사회, 국가 등과 자신 간에 건강한 관계형성이라는 점에서 이데올로기의 긍정적인 인식을 찾아볼 필요가 있다. 나아가 이데올로기의 역할은 일상에서 무엇인가에 매이는 모든 요인을 지징하는 것이며, 이데올로기적 갈등의

21_ 정보주, "초등 도덕과 교육과정 개선에 관한 연구," 한국초등도덕교육학회, 『초등도덕교육』, 제18집(2005. 8), pp. 12-16.

기원은 결국 인간을 바라보는 '관점의 차이'[22]라는 것을 지적할 수 있다. 그것은 이데올로기가 관찰과 해석 사이에서 장막의 역할을 하기 때문이다. 또한 이데올로기 교육이 부정적이었다 해서 그 자리를 평화교육이나 탈분단교육 등으로 보완하려는 차원을 넘어 대안이나 대체되는 것으로 인식되어서는 안 된다.[23] 그것은 평화교육이나 탈분단교육 자체가 이데올로기 문제를 해결한다기보다는 오히려 또다른 이데올로기로 기능할 수 있기 때문이다.

다섯째, 지식과 일상에서의 실천의 조화와 관련해, 평화통일과 연관되어 있는 평화, 존중, 관용, 차이에 대한 이해 등에 관한 일상적 가치가 부각되어야 하며, 평화를 만들고 유지해 갈 수 있는 실질적 능력이 일상에서 길러지도록 주력해야 한다. 지식의 습득 못지 않게 생활 속에서 자기와 다른 주변 사람들과 더불어 살아가도록 하는 교육이 필요하다.

일상에서 겪는 차별, 차이, 갈등 등은 대체로 환경 · 지역 · 종교 · 민족 · 국가 · 이념 등 간의 차별, 차이, 갈등 등의 것과 직간접적으로 연관되어 있다. 통일문제도 남북 간에 오랜 갈등과 긴장, 남북 간의 차이와 대립, 남북한 내부의 이념갈등, 한반도 주변의 복잡한 이해관계와 갈등이 복잡하게 얽혀 있다. 통일교육도 이러한 관점에서 차이 · 갈등 해소와 공존을 추구해야 한다. 북한에 대한 이해와 통일의 중요성을 막연히 강조하기보다는 우리 사회 내외에 존재하는 여러

22_ Thomas Sowell, *A Conflict of Visions*, 채계병 옮김, 『비전의 충돌』(서울 : 이카루스미디어, 2006) 참조.

23_ 정상돈, "이데올로기문제와 통일교육의 다원화," 통일교육협의회 부설 통일교육연구소 편, 『통일교육의 다원화와 제도개선 방안』(서울 : 오름, 2002), pp. 19–71.

차이와 갈등의 모습들을 인정하고 해결하고자 연습하는 과정으로서 통일교육이 이루어져야 한다.[24] 이러한 의미에서 일상에서의 통일문화 형성과 실천을 위한 도덕성 교육의 역할이 중요한 것이다.

종합하면, 통일교육에서 도덕성 교육은 도덕적 시민으로서의 가치와 규범을 습득시키고 민주적 도덕공동체 건설을 통해 통일 과정과 이후의 진정한 통합에 기여하도록 하는 의미를 지닌다. 도덕성 교육은 자유민주주의와 민족공동체 의식의 두 근간을 축으로 국가에 대한 정체성, 세계시민으로서의 정체성, 평화통일교육, 안보교육, 상호 연관성 교육, 통일문화 형성과 실천, 이데올로기 교육의 재인식 등을 통해 통일교육 활성화에 기여할 수 있다. 이상의 내용은 〈그림-2〉와 같이 나타내 볼 수 있다.

4. 통일교육에서 '도덕성 교육'의 과제

1) 통일의 당위성 교육

이상의 내용체계를 바탕으로 통일교육에서 도덕성 교육의 과제는 다음과 같이 제시할 수 있다.

우선 통일의 당위성 인식에 대한 문제는 통일교육에서 도덕

24_ 박광기 외 7인, 『신패러다임 통일교육 구현방안』(서울 : 통일연구원, 2005), p. 116.

〈그림-2〉 통일교육에서 도덕성 교육의 내용체계

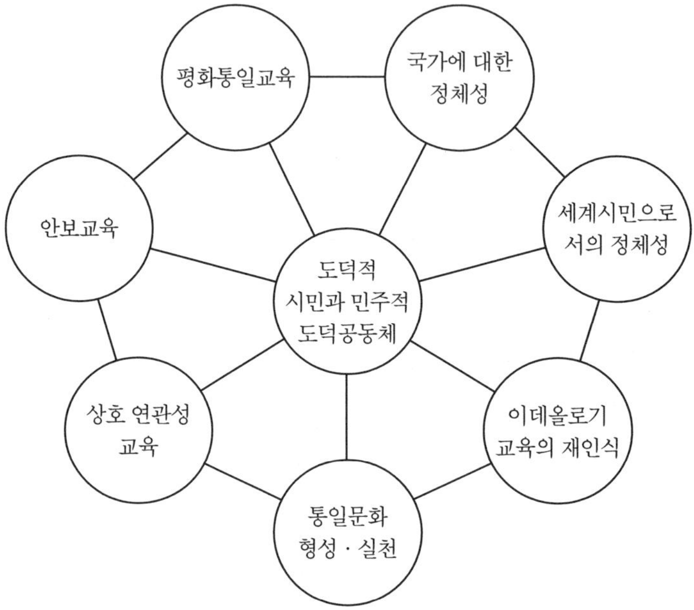

성 교육이 감당해야 할 핵심이다. 통일의 당위성은 민족적 측면에서의 강조를 넘어 현실적인 여러 분야와 연관지어 해설되어야 한다. 무엇보다 민족의 생존과 번영을 위해 통일이 필요하다는 점을 강조할 수 있다. 분단 자체가 주변국들에게 이해상충의 역할을 하기 때문에 궁극적으로는 남북한이 함께 잘 살고 민족이 번영하기 위해서 화해협력과 평화번영을 통한 통일 실현이 필요하다는 점을 지적할 수 있다. 통일은 민족자주권을 실현하고 역사적인 전통을 확립하기 위해서도 필요하다. 통일은 분단으로 인한 개인과 사회의 고통을 줄이며, 분단비용을 평화와 통일비용으로 사용할 수 있을 것이라는 점도 언급할 수 있다. 통일은 국제사회에 영향력 있는 국가로 부상해 국제평화와 번영을 위한 일정 역할을 담당하기 위해서도 필요할 것이다. 이산가족의 상처를 치유하며 북한주민의 인권신장을 위해서도 통일은 필요하다고 지적할 수 있다.

통일의 당위성은 분단으로 인한 남북한의 구조적인 왜곡의 상태를 극복해야 한다는 차원으로도 강조될 수 있다. 남북한 분단과 대립으로 인해 한반도 주민들의 복지, 행복, 자유, 평화, 인권, 환경 등의 가치가 훼손되고 있기 때문에 통일이 필요하다는 설명도 가능하다. 통일의 당위성 문제를 분단구조 인식의 문제와 연관지어 해설할 때, 통일은 이념과 체제가 다른 두 개의 국가로 분리된 상태에서 통일이념을 갖는 국가와 사회체제로의 단순한 성립이 아니다. 그것은 궁극적으로 '이념과 제도의 통일, 사회체제의 통합, 문화체제의 공존'을 추구해 가는 과정으로서의 의미를 갖고 있다.[25] 통일의 당위성은 분단구조가 가져올 폐해를 치유해가는 현실적 필요와 맞닿아 있기 때문이다.

통일의 당위성 교육은 자신의 문제와 연관되도록 해서 통일의지를 함양할 수 있도록 해야 한다. 통일은 자신에게 어떤 의미가 있는지, 분단으로 자신은 어떤 제약을 받고 있는지 등을 생각해 보도록 해 통일은 나와 상관 없는 일이 아니라 우리 민족 누구에게나 절실한 문제임을 자각할 수 있도록 해야 한다.

주의할 것은 통일의 당위성에 대한 질문을 차단하지 않아야 한다는 점이다.[26] 통일은 반드시 좋은 것이라는 일방적 교육을 강요하

25_ 이우영, "통일문제를 둘러싼 이념논쟁 비판," pp. 202-206.

26_ 권혁범, "통일론의 비판적 이해 : 남북한간의 '차이'를 어떻게 이해할 것인가?" 권혁범 외 5인, 『한반도와 통일문제』, pp. 172-175.

게 된다면 그것은 이데올로기가 부정적으로 인식된 과거 교육의 잘못을 재현하는 셈이다. 통일이 필요하다는 주장의 근거와 그 반대의 논리를 함께 제시하는 방식으로 진행하는 편이 바람직할 수 있다.

통일의 당위성 교육에서 통일은 궁극적으로 개인과 민족과 세계의 보편적 가치를 위한 것으로 인식될 수 있어야 한다. 통일 자체가 목적이 되지 않고 바람직한 삶과 평화공동체를 형성해 가기 위한 수단이라는 점이 강조되어야 한다. 부정적인 이데올로기 교육이나 배타적인 민족주의 인식의 틀은 넘어서야 한다.

2) 평화공존의 능력 신장

평화공존의 능력 신장은 통일 '자체'를 가르치는 교육에서 통일을 '위한' 교육으로 전환하는 핵심적인 요소이다. 먼저 지적할 것은 남북한의 차이를 인정하고 평화적 공존의 중요성을 강조하는 자세이다. 어느 쪽이 더 우월하거나 열등하다는 가치의 접근을 버리고 각각의 특수성을 인식해야 한다. 북한을 비하하거나 문제점을 비판하기에 앞서 서로의 차이를 받아들여 차별하지 않을 때 평화공존의 가치의식이 가능하게 된다. 통일은 나와 다른 북한을 수용하는 과정이며, 분단역사에서 만들어진 북한 체제와 사회문화의 차이를 인정하고 다름을 변모시켜 가는 문화적 노력과 연결되어 있다.

이러한 관점은 문화적 상대주의와 일맥상통한다. 문화적 상대주의가 자칫 윤리적 상대주의로 호도되어서는 안 된다.[27] 문화적 상대주의의 그릇된 인식은 자칫 도덕에 관한 극단적 상대주의로 흐를 위험이 있다. 이는 문화적 상대주의가 옳고 그른 절대적 기준이 없다는 의미가 아니며, 문화적 상대주의를 넘는 보편적 가치는 분명히 존재한다. 북한에 대한 문화적 상대주의라고 해서 북한에 존재하는 억압적인 반다원적 문화를 북한의 특수성으로 인정하면 안 된다. 자칫 자유민주주의가 유보되는 가치체계를 합리화할 수 있기 때문이다. 가치지향적 판단이 유보되는 상황이 되면 몰가치적 특수론에 빠질 수도 있게 된다.

평화공존의 문제가 통일교육에서 도덕성 교육의 문제로 중시되어야 하는 이유는 분단체제의 모순이 삶의 양식의 문제로까지 심화되었기 때문이다. 평화공존의 능력을 신장하는 교육은 분단체제의 모순을 극복하는 주제와도 관련되어야 한다. 이를 위해 평화통일을 위한 교육(for peace unification)이 추구되어야 한다. 평화통일을 위한 교육이란 평화를 실현할 수 있는 인간의 능력과 자질을 길러주는데 필요한 지식, 태도, 사고, 가치관, 행위규범, 논의능력 등을 습득케 하는 교육을 의미한다.

이것이 통일교육에서 유용한 것은 평화체제 구축을 위한 인식적 기반을 조성해야 하기 때문이다. 평화는 인간다운 생활을 하는데 필요한 조건이다. 우리는 아직 정전협정을 평화협정으로 대치하지 못하고 있다는 점을 인식해야 하며, 분단 이후 상호 분단체제의 모순으로 인해 평화체제 구축을 저해하는 구조와 환경을 심화시켰다는 반성이 필요하다. 그동안 민족의 생존을 위해 평화가 강조되었지만

27_ J. Hospers, *Human Conduct : Problems of Ethics*(Harcourt Brace Jovanovich Inc., 1982), 최용철 역, 『도덕행위론 : 현대 윤리학의 문제들』(서울 : 지성의 샘, 1994), pp. 29-40.

그 의미와 구현방법에 있어 평화와 상반되는 경우가 있었으며, 결과적으로 평화에 대한 논의 자체가 반평화적 요인을 제공하는 모순이 초래되기도 했다. 평화가 필요하다는 명분으로 군사강화와 적대감 고취 등의 논리가 정당화되기도 했다. 결과적으로 반평화교육이 된 셈이다. 분단체제 속에서 통일교육은 평화를 위한 화해협력보다는 대결과 경계의 논리가 중심을 이루면서 실질적인 평화통일을 위한 교육이 되지 못했다.

평화공존의 교육내용은 인류 복지의 증대를 위한 전쟁의 억지, 개인이 평화로운 사회에서 자유롭고 행복하게 살 수 있도록 하는 조건 등을 강조하는 것이 되어야 한다. 이를 위해 인간 가치의 존엄과 기본 인권의 옹호, 물질적 · 정신적 · 사회적 욕구충족 등의 기본권의 보장 방안이 다루어질 수 있다. 아울러 이데올로기나 제도의 차이를 넘어 문명론적 · 인류애적 차원에서 평화공존의 문제가 지적될 수 있다. 평화는 삶의 목적과 결부되는 철학적 · 도덕적 의미를 가지며, 인간으로서의 자존의 문제와 직결된다. 타인과 자연의 희생을 전제로 한 평화나 대립을 통한 평화구축 등은 평화의 진정한 의미에서 벗어나는 것이라는 점과 함께 평화가 인간과 인간의 유대관계 및 인간과 자연의 조화에 있다는 점이 중시되어야 한다.

3) 안보와 화해협력의 상호 보완적 인식

평화공존의 능력 신장과 함께 안보에 대한 인식이 강조되어야 한다. 안보의 개념은 북한을 포함하는 한반도 전체의 안전과 평화라는 좀더 넓은 개념으로 확장되어야 한다. 안보중심적 접근은 자칫 냉전기 속의 부정적 이데올로기의 재주입과 관련되기 십상이다. 국가안보를 강조하면서 북한의 군사적 위협과 우리의 군사적 역량이나 대응 자세 등을 거론하지 않을 수 없으며, 자유 · 평등 · 인권과 같은 인간의 기본적 가치 위에 있는 국가주의적 가치를 의식하지 않을 수 없기 때문이다. 이러한 의미에서 안보의 개념이 한반도 전체의 안정과 평화로 확장되며, 안보에 대한 인식은 국가안보를 넘어 인간안보의 관점으로까지 포괄되어야 한다. 마약, 에이즈, 환경문제, 황사, 테러 등 여러 분야에서의 인간안보의 관점이 제시될 수 있다.

주의할 것은 안보와 화해협력은 상호 보완적이라는 점이다. 안보의 문제가 평화통일과의 관련 속에서 인식되도록 하는 접근이 중요하다. 안보의 문제가 통일을 추구하는 원동력으로만 강조된다거나 통일과정에서 제기될 쟁점들에 대한 이해가 생략된 채 통일이라는 결과만을 추구하는 상황으로 이어지지 않도록 해야 한다. 안보만으로 통일되기 어렵고, 화해협력만으로는 돌발변수가 많다. 화해협력을 잘 추진하기 위해서라도 안보 개념은 필요하고, 안보 개념을 발전시키면서도 통일과정을 추진해야 한다는 점에서 화해협력은 불가피하다. 안보가 평화와 맞닿아 있다는 점과 남북한 화해협력이나 공존공영 역시 한반도 평화를 위한 안보적 방법론의 하나라는 점을 지적해야 한다.

4) 북한과 북한주민에 대한 인식

북한에 대한 인식 제고를 위해 북한과의 차이를 인식하고 공존의 양식을 수용하는 것이 우선 필요하다. 차이를 강조하다 보면 만남과 통합의 기반이 위축될 수 있다는 점은 주의해야 한다. 남북한 사회나 주민 간의 차이를 분명하게 제시하면서도 그 차이를 통합의 차원에서 어떻게 인식할 것인가에 대한 문제의식이 있어야 한다. 이를 위해 동질화의 기준이 무엇인가 하는 점이 제기된다. 그것은 자유민주주의와 민족문화의 창조적 계승과 인류보편적 가치에 기반한 접근이어야 한다.

이런 차원에서 보면, 통일교육에서 사회문화적 동질화와 통합의 중요성을 지적하면서 이질화의 주체가 북한으로만 상정되는 점은 주의해야 한다.[28] 이는 자칫 북한에 대한 부정적 인식을 확산시키며, 통일에 대한 회의를 불러오기 쉽고, 차이의 극복을 통한 동질성 회복의 논리가 모호해질 가능성이 크기 때문이다.[29]

동질성에 관한 문제에 이어 통일이 되면 우리가 국제사회의 강대국으로 부상할 수 있다는 식의 주장도 자칫 우리민족의 번영만을 최고로 삼는 과거의 부국강병주의적 세계관을 답습할 가능성이 있다. 인류공동체, 전 지구적 시민사회, 국가공동체, 사회공동체 등 다

28_ 권혁범, "통일론의 비판적 이해," pp. 177-185.

29_ 또하나의 문화 · 통일 소모임, "문화적 동질화론에 딴죽 걸기," 『통일을 준비하는 사람들』(서울 : 또 하나의 문화, 1999), pp. 279-292.

양한 차원의 공동체가 생기고 다차원적 관계가 형성되고 있는 시대 흐름에서 분단된 국토의 통합만을 염두에 두는 통일지상주의는 위험하다. 북한의 잘못된 문화나 관습을 모두 우리의 자유민주주의적 가치에 따라서 바꿔나가야 한다는 식이나 동정론적인 시각에서 북한을 도와주어야 한다는 식으로 논리가 전개되는 것도 주의해야 한다. 그것은 이미 우월의 논리를 깔고 있기 때문이다. 통일교육에서 필요한 것은 동정심에 있기보다는 현실에 대한 이해, 상호 문화에 대한 이해, 상호 이질감에 대한 극복 노력이다. 동정이나 우월의 논리는 잘못된 근대화론적 사고의 연장이거나 오리엔탈리즘의 또다른 모습이 될 수 있다. 그것은 의도치 않게 통합의 기반을 해칠 수 있으며, 통일교육에도 역효과를 줄 수 있다.

이러한 관점에서 북한주민에 대한 인식도 바뀌어야 한다.[30] 인간은 평등하며 같은 권리를 갖는 존재라는 인식에서 출발해야 한다. 인종, 성, 신분, 계급, 계층, 종교, 언어, 신체장애, 출신, 거주지역 등이 다르다는 이유로 인간이 차별되어서는 안 된다는 점이 전제되어야 북한주민에 대한 인식도 달라질 수 있다. 북한주민에 대한 차별적 인식은 근본적으로는 남한사회 전반에 깔려 있는 사회적 약자에 대한 차별이나 무관심의 경향과 무관하지 않다. 북한주민도 통일한국에서는 외국인 불법노동자, 중국의 조선족 등과 같은 우리 사회의 또다른 사회적 약자일 가능성이 크다. 이러한 문제는 북한의 실상에 대한 이해를 통해 개선될 것이라기보다는 도덕성 교육을 통해 고쳐 나가야 할 과제이다. 그것은 기본적으로 사람과 사회를 보는 인식틀을 교

30_ 권혁범, "통일론의 비판적 이해," pp. 187-190.

정해야 하며, 인권의식을 바탕으로 개인과 사회의 포용력을 키울 수 있는 주제에서 출발해야 하기 때문이다. 인권의식의 신장을 통해 차이를 차별하지 않으면서도 차이 속의 공존과 극복의 논점을 동시에 모색할 수 있는 도덕적 지침이 생겨난다. 보편적 잣대를 근거로 해야 우리 사회의 인권 억압적인 차별적 문화나 관행에 대해서도 비판적인 성찰을 할 수 있게 된다.

북한주민에 대한 인식의 문제는 북한의 인권문제와도 연관된다. 인권문제는 일정 부분 국내외적으로 정치화되어 있는 측면이 있으며, '조용한 외교'의 필요성도 있다. 그러나 북한의 인권문제는 엄연히 존재하는 사실인데, 공론화를 피하는 것으로는 한계가 있다. 세계사적 흐름과 보편적 가치에 기반해 분명하게 인권의 기조를 언급해야 한다. 동시에 인권문제가 북한 정권에 대한 적대적 감정을 유발하는 도구가 되어서는 안 된다는 점이 강조되어야 한다. 인권문제를 근거로 나쁜 북한을 증거하기 위한 구실이 되는 것은 경계되어야 한다. 인권문제 제기가 남한우월론이나 반북주의로 가는 것을 막아나가야, 동시에 보편적 인권의 눈에서 우리 사회의 문제도 볼 수 있게 된다.

5) 우리 사회에 대한 냉소주의적 인식 경계

북한의 실상과 우리 사회의 모순을 지적하면서 북한과 별반 다르지 않다는 식의 냉소주의적 인식은 경계되어야 한다. 한국의 자유민주주의 발전은 역사적으로 북한보다 앞섰으며, 보편적 가치관에 비추어 보더라도 북한보다 우위에 있다. 이러한 차이를 폄하한다면 통일교육이 기초해야 할 자유민주주의라는 이념적 · 역사적 의미를 허무는 결과를 가져올 수 있다. 북한의 의식이나 가치관에 대한 비판적 접근이 무조건 한국우월주의나 반북주의적 태도와 동일시되어서는 안 되겠지만, 우리 사회에 대한 비판이 북한이 취하는 반자본주의적 혹은 반제국주의적 비판과 동일화되어서도 안 된다. 이러한 이유에서 통일교육은 인류의 보편적 기준을 강조할 수 있어야 한다. 보편적 가치체계에 대한 인식을 토대로 남북한의 실상이 함께 조명되어야 하며, 이를 바탕으로 해야 통일한국의 발전방향은 인류의 보편적 가치의 구현에 둘 수 있게 된다.

물론 통일에 관한 법, 제도, 정책 등과 함께 분단구조 속에서 초래된 우리 사회의 의식과 정서를 성찰적으로 바라보는 일은 중요하다. 분단이 가져온 왜곡과 병리적 특징은 일상적 사고와 행동에 깊게 스며 있다. 사상적 획일성, 군사동원주의적 심리, 배타적 사회의식 등의 상당 부분은 분단구조와 연관되어 있다. 이러한 경향은 북한에 대한 적대적 태도를 키우는 동시에 우리 사회 내부에서 재생산되고 있다. 도덕성 교육에서 중시해야 할 것은 우리 사회에 내면화되어 있는 비민주적 권력이나 일상을 개선하기 위한 가치기준을 갖는 일이다.

한반도 통일환경 자체가 난맥상이기 때문에 통일교육은 근본적으로 어렵다. 우리 사회에 분단으로 인한 현실적 한계와 통일 추구에 따른 정책 간의 괴리가 크며, 상황 자체도 이중적이며 복합적이다. 적과 동포, 민족자주와 동맹, 안보와 협력 등 통일문제에 관한 국내요인과 국제요인이 얽혀 있고, 법적으로도 혼란스러운 부분이 있다. 관련 쟁점에 대한 근거를 통일교육이 명확히 대기 어려운 경우도 많다. 이런 구조적인 문제를 놓고 통일교육이 정답의 잣대를 제시한다기보다는 평화통일이라는 공통의 길을 가는 방법과 관점의 차이라는 가치의 측면으로 이해하도록 하는 것이 필요하다.

6) 시민성 교육과의 조화

도덕성 교육에서 주의할 것은 시민성 교육과의 조화를 필요로 한다는 인식과 역할분담이다. 통일교육은 도덕과의 전유물이 아니다. 중요한 것은 통일교육에서 도덕성 교육의 정체성을 확고히 하고 그 방안을 찾아가는 일이다. 실제로 사회과에서 시민교육의 중요 영역으로서 통일교육이 인정되고 있으며, 『학교통일교육지침서』에서도 사회과의 역할이 명시되어 있다. 학교 현장에서는 사회과 외에 국어과, 음악과, 미술과 등에서도 통일교육을 위한 역할을 하고 있다. 통일교육의 내용은 각 교과의 성격을 살려 상호 보완적으로 조직될 필요가 있다.

사회과는 북한을 체계적으로 이해하는 데 유용한 교과이다. 역사, 지리, 일반사회 영역을 통합적으로 아우르는 특징으로 인해 북한에 대한 다양한 정보와 자료를 제공할 수 있다. 실제로 도덕성 교육을 통해 평화통일에 대한 가치관과 태도를 함양하는 것만이 통일교육의 전부는 아니다. 사회변동에 관한 체계적인 시각, 탈냉전의 세계사적 의의, 국제사회의 정치 · 경제적 의의 등에 기초한 통일시대의 장기적인 비전 제시가 필요하다. 사회과에서는 남북한의 정세 변화,

통일정책에 대한 이해, 통일기반 조성을 위한 실천적 능력을 기르기 위한 인식과 행동의 특성을 강조할 수 있다.

반면, 도덕과에서는 도덕성 교육을 통해 적극적 의미에서의 통일교육을 추구할 수 있다. 통일을 준비하고 통일 이후의 삶을 대비하게 할 수 있으며, 정의적 특성에 초점을 두고 평화통일에 필요한 바람직한 가치관과 태도 신장에 주력할 수 있다.

이러한 역할의 조화를 위해 통일교육을 위한 사회문화적 접근과 정치이념적 접근의 상호 보완적 관점이 필요하다.[31] 과거 통일교육은 정치이념적 접근이 주류를 이루면서 체제, 이념, 법, 제도, 군사 등에 초점이 맞추어졌다. 그러다 보니 정작 사회에서 살아가는 인간과 일상생활, 진정한 사회통합 등의 관심이 결여되었다는 비판이 있었다. 이로 인해 통일교육에서 사회문화적 접근의 문제를 제기하는 연구가 많이 이루어졌다.[32] 이러한 연구들은 동서독 통일에 나타나는 후유증에 주목할 것을 제기하거나 사회문화적 통합의 문제를 최소화하는 준비와 훈련이 필요하다는 지적을 한다. 이러한 문제제기와 교육적 노력을 통해 일상생활에 관련된 통일교육의 내용이 지적되고 통일교육이 흥미로워졌으며, 관념에 관한 논의를 넘어 통일이 현실의 구체적인 수준에서 체감되는 효과가 있었다. 그러나 사회문화적 접근

31_ 권혁범, "통일론의 비판적 이해," pp. 177–179 ; 정상돈, "이데올로기문제와 통일교육의 다원화," pp. 38–43.

32_ 김도태 · 이경화, "통일교육 개선방향 : 사회문화적 측면을 중심으로," 민족통일연구원, 『통일연구논총』, 제6권 제1호(1997), pp. 1–22 ; 한만길, 『통일교육의 이론과 실천 : 평화와 통일을 위한 교육』(서울 : 교육과학사, 2001) ; 오기성, "도덕과 통일교육에 있어서 사회문화적 접근," pp. 143–164.

과 정치이념적 접근은 상호 보완적이어야 하며 양자택일되어서는 안 된다. 정치이념이 본질이고 사회문화는 부수적이라는 정치우월적인 시각도 문제지만, 분단과 통일에 관련된 문제를 사회문화와 주민통합이라는 차원에서만 보거나 풀어나가려는 것도 분단 현실과 통일 미래의 다면성을 간과하는 위험이 있기는 마찬가지이다. 통일교육은 성격상 정치교육과 밀접하다. 도덕성 교육에서도 국가의 통일정책이나 북한에 대한 정치변화 등 새로운 지식과 정보를 잘 파악할 때, 그 역할에 대한 인식은 더욱 뚜렷해질 것이다.

지금까지의 논의는 다음과 같이 정리해 볼 수 있다. 통일교육에서 도덕성 교육은 도덕적 추론과 행위능력을 지닌 도덕적 시민을 기르고 민주적인 도덕공동체를 형성하는 데 기여하려는 의미가 있다. 도덕성 교육은 인간존중감, 국가 · 민족 · 세계공동체 의식, 사회평화 창출과 유지 능력, 건강한 안보관 등의 가치와 태도를 추론하고 행위하도록 하는 데 역할할 수 있다. 이를 위해 국가에 대한 정체성, 세계시민으로서의 정체성, 평화통일교육, 안보교육, 상호 연관성 교육, 통일문화 형성과 실천, 이데올로기 교육의 재인식 등의 내용체계가 설정될 수 있다. 과제로는 통일의 당위성 교육, 평화공존의 능력 신장, 안보와 화해협력과의 균형 인식, 북한과 북한 주민에 대한 인식, 우리 사회에 대한 냉소주의적 인식 경계, 시민성 교육과의 조화 등이 제기되었다.

통일교육에서 도덕성 교육이 갖는 힘은 학교와 일상 생활에서부터 평화와 통일의 가치를 인식 · 실천하도록 할 수 있다는 점이다. 이웃과의 평화유지와 문제해결 능력, 사회 · 국가 · 민족 · 북한 등과 '나' 사이의 성숙된 관계성 인식, 건강한 교제생활, 교실에서부터 배타하지 않으며 소통하는 능력, 사회적 포용력 등을 키워주려는 도덕성 교육의 노력은 통일교육의 기초이자 통일역량의 기반이다.

참고문헌

권혁범. “통일론의 비판적 이해 : 남북한간의 ‘차이’를 어떻게 이해할 것인가?” 권혁범 외5인. 『한반도와 통일문제 : 한반도 문제의 재조명』. 서울 : 大旺社, 2000.

길현주. “인지발달론적 가치교육의 한계와 보완적 접근 모색.” 한국사회과교육학회. 『시민교육연구』. 제37권 4호(2005. 12).

김도태 · 이경화. “통일교육 개선방향 : 사회문화적 측면을 중심으로.” 민족통일연구원. 『통일연구논총』. 제6권 제1호(1997).

김동근. “제7차 교육과정 중등학교 도덕과 통일교육 내용의 문제점 및 개선방안.” 대한정치학회. 『대한정치학회보』. 제13권 1호(2005).

김창근. “평화를 위한 통일 교육.” 이우영 외. 『화해 · 협력과 평화번영, 그리고 통일』. 서울 : 한울아카데미, 2005.

김태훈. 『도덕성 발달이론과 교육』. 서울 : 인간사랑, 2004.

김혜성. “시민교육에서 인지발달론적 가치 · 도덕교육의 공헌과 한계.” 한국사회과교육학회. 『시민교육연구』. 제35권 1호(2003. 3).

남궁 달화. 『사람의 개념에 기초한 도덕성 요소와 도덕교육』. 서울 : 학지사, 2003.

또하나의 문화 · 통일 소모임. “문화적 동질화론에 딴죽 걸기.” 『통일을 준비하는 사람들』. 서울 : 또 하나의 문화, 1999.

박광기 외7인. 『신패러다임 통일교육 구현방안』. 서울 : 통일연구원, 2005.

박광기. “통일문제에 대한 이론적 접근 : ‘통일’ 인가 ‘통합’ 인가?” 권혁범 외5인. 『한반도와 통일문제 : 한반도 문제의 재조명』. 서울 : 大旺社, 2000.

박문갑. "도덕교육에서 통일교육 방안 모색."『한국교육논총』. 5(1992. 10).
서강식. "초등 도덕과 교육과정 개선 방향의 모색." 한국초등도덕교육학회.『초등도덕교육』. 제18집(2005. 8).
송석재. "통일교육의 관용윤리적 접근 탐색."『도덕교육학연구』. 제4집(2003).
오기성. "도덕과 통일교육에서 사회문화적 접근." 韓國國民倫理學會.『國民倫理研究』. 第57號(2004. 12).
유병열. "초등 도덕과의 정체성과 도덕과 교육과정의 개선 방향." 한국초등도덕교육학회.『초등도덕교육』. 제18집(2005. 8).
이우영. "통일문제를 둘러싼 이념논쟁 비판 : 실질적 통일논의를 위하여." 권혁범 외5인.『한반도와 통일문제 : 한반도 문제의 재조명』. 서울 : 大旺社, 2000.
이진희. "현대 사회의 민주 시민성에 대한 고찰." 韓國國民倫理學會.『國民倫理研究』. 第53號(2003. 8).
임병덕. "초등도덕과 교육의 의미 : 교과의 의미로서의 도덕." 한국도덕교육학회.『도덕교육연구』. 제16권 2호(2005. 2).
임현모. "한반도 통일환경 변화와 초등학교 통일교육 : 제7차 초등학교 도덕과 교육과정을 중심으로." 한국동북아학회.『한국동북아논총』. 제25집(2002).
장원순. "한국사회과 교육에서 시민의 실천문제와 과제." 한국사회과교육학회.『시민교육연구』. 제35권 2호(2003. 9).
정보주. "초등 도덕과 교육과정 개선에 관한 연구." 한국초등도덕교육학회.『초등도덕교육』. 제18집(2005. 8).
정상돈. "이데올로기문제와 통일교육의 다원화." 통일교육협의회 부설 통일교육연구소 편.『통일교육의 다원화와 제도개선 방안』. 서울 : 오름, 2002.
정유성. "통일교육의 철학적 바탕." 서강대학교 사회과학연구소.『사회과학연구』. Vol. 10(2002).
조일수. "권두언 : 도덕과 교육과정 수시 개정작업에 참여하면서."『國民倫理學會報』. 제68호(05-3). 2005. 11. 15.
차미란. "도덕교육의 이론적 쟁점과 도덕과 교육의 실제." 한국초등도덕교육학회. 『초등도덕교육』. 제15집(2004. 8).

통일부 통일교육원. 『통일교육 일반용지침서』. 서울 : 통일부 통일교육원, 2006.

______. 『통일교육 학교용지침서』. 서울 : 통일부 통일교육원, 2006.

한만길. 『통일교육의 이론과 실천 : 평화와 통일을 위한 교육』. 서울 : 교육과학사, 2001.

홍영환 · 김경모. "통일 이후의 시민성 교육을 위한 시론." 한국사회과 교육학회. 『시민교육연구』. 제34권 1호(2002. 3).

Chazan, B. *Contemporary Approaches to Moral Education : Analyzing Alternative Theories.* N.Y. : Teacher's College Press, Columbia University, 1985. 이재구 외 역. 『현대 도덕교육방법론 : 20세기 이론의 분석』. 서울 : 법문사, 1990.

Engle, Shirley H. & Anna S. Ochoa. *Education for Democratic Citizenship.* N.Y. : Teacher's College Press, Columbia University. 1988. 鄭世九 譯. 『民主市民敎育』. 서울 : 敎育科學社, 1989.

Gilligan, C. "In a different voice : Women's conceptions of self and morality." *Harvard Educational Review.* Vol. 47, No. 4(1977).

Hospers, J. *Human Conduct : Problems of Ethics.* Harcourt Brace Jovanovich Inc., 1982. 최용철 역. 『도덕행위론 : 현대 윤리학의 문제들』. 서울 : 지성의 샘, 1994.

Sowell, Thomas. *A Conflict of Visions.* 채계병 옮김. 『비전의 충돌』. 서울 : 이카루스미디어, 2006.

Chapter 5

평화를 위한 통일교육 : 통일문화적 접근

1. 통일교육과 평화

통일교육이 평화를 올바르게 담아내는 일은 가장 기본적이며 현실적인 과제이다. 그것은 무력통일이 가져올 살상이나 파괴를 우려하기 때문이며, 또한 평화적인 공존의 과정 없이 평화통일을 이루기 어렵기 때문이다. 이는 『통일교육지원법』에도 명시되어 있다. 제3조는 통일교육이 "자유민주주의적 기본질서를 수호하고 평화적 통일을 지향하는 방향으로 실시되어야 한다"고 규정하고 있다.

일반적으로 평화의 의미와 범주는 적극적이고 포괄적으로 확대되어 왔다. 분석수준은 개인 · 국내 · 세계 수준에서의 사회적 관계로 확장되고 있으며, 분석의 초점은 개인적 책임, 경제적 불평등, 남성 · 여성의 관계, 문화적 차이, 기타 사회구조적 관계 등의 측면과 결합되고 있다. 중요한 것은 평화에 관한 논의가 의식, 구조, 관계 등에서의 변화를 염두에 둔 사회운동으로서의 실천성을 강조하고 있으며, 문화로서의 정착을 위해 교육, 운동, 정책 등과 연계되고 있다는 점이다.

이러한 의미에서 통일교육이 지향하는 평화는 적극적이고 포괄적인 의미에서의 실천성이 중요하며, 이를 위해 문화적 접근이 중시되어야 한다. 문화적 접근이란 현대 문화 연구의 경향에서 나타나는 사회 · 문화적 제도들의 실천양상이라는 측면에서 평화적 통일문화 실천의 의미와 역할을 모색하는 것을 말한다. 평화를 위한 통일교육을 문화적으로 정착하는 과제는 평화적 통일을 추진하는 데 있어 중요한 기반이 된다.

일반적으로 통일문화 연구는 통일문제에 대한 정치 · 군사적 접근을 지양하고 사회 · 문화적 제도들의 실천양상이라는 관점에서 통일문화 실천의 의미와 기능을 분석하는 것을 말한다. 연구범위는 남북한 사회 · 문화체계의 실태와 문화통합에 관한 측면에서부터 통일과정에서 제기할 수 있는 실천과제를 내향적 성찰(introspective reflection)의 관점에서 모색하는 측면까지를 포괄하고 있다. 이러한 관심은 개인과 사회로 하여금 통일문제를 현재와 미래의 문제와 연관지어 인식하도록 함으로써 통일에 대한 건강한 사회적 의식과 기반을 형성해가는 의미를 갖는다. 이러한 점들은 통일문화에 관한 그동안의 연구경향에 잘 나타난다.

통일문화에 대한 관심은 1980년대 중반 이후 문화예술을 비롯한 비정치적 영역에서 남북관계 개선이 추진되면서 주목되기 시작했고, 1988년 7 · 7 선언 이후 통일논의가 사회 전반으로 확산되면서부터는 민족공동체 형성을 위한 매개로서 중시되었다. 그러나 통일문화에서 내향적 성찰의 실천적 의미와 기능이 본격적으로 거론된 것은 1990년대 초반부터이다. 1980년대까지의 통일문화 연구의 주된 초점은 남북한의 체제 차원에서 문화가 갖는 통합적 기능과 방안에 관한 것이었다.[1] 내용은 민족사적 정통성의 차원에서 북한문화의 이질화를 규명하거나 남북한 문화예술 교류를 통한 문화통합 방안과 대북제안 등이 주류를 이루었다. 1990년대 통일문화 연구는 통일연구원(舊 민족통일연구원)과 문화정책개발원(舊 문화발전연구소) 등을 중심으로 사회주의권 붕괴 이후의 통일환경 변화 속에 사회 내부에서부터의 통일문화 형성과 실천을 위한 방법과 과정론이 부각되었다.[2] 남북 화해협력정책과 한반도 냉전구조 해체 논의 등은 그러한 관심을 증대시켰다. 1990년대 중반부터는 통일교육, 평화교육 등의 논의가 활성화되면서 통일문화 연구의 영역과 방안이 세분화되고 있다.[3]

1_ 안계춘, 『북한 사회의 이질화 실태조사 분석』(서울 : 국토통일원, 1980) ; 국토통일원, 『북한의 문화예술』(서울 : 국토통일원, 1981) ; 황성모, "민족화합과 통일문화 창조를 위한 접근," (국토통일원 주최 통일문제학술회의, 민족화합 민주통일방안 발표 2주년 기념, 1984. 1) ; 국토통일원, 『통일문화 지향과 문화예술』(국토통일원 주최 학술회의, 1985. 5) ; 정신문화연구원, 『통일문화 창조를 위한 연구』(정신문화연구원 주최 학술회의, 1985. 6) 등 참조.

2_ 문화발전연구소, 『북한의 문화정책과 남북 문화교류의 방향』(서울 : 문화발전연구소, 1993. 9) ; 조민, "통일문화와 민족공동체," 民族統一硏究院, 『統一硏究論叢』, 第2卷 2號(1993), pp. 231-252 ; 民族統一硏究院, 『統一文化硏究』 上, 下(서울 : 民族統一硏究院, 1994) ; 문화정책개발원, 『북한 주민의 문화향수 실태 연구』(서울 : 문화정책개발원, 1996) ; 윤덕희, "통일문화 형성의 방향과 실천과제," 한국정치학회, 『한국정치학회보』, 31집 1호(1997) ; 조민, 『한국사회 냉전문화 극복방안 연구』(서울 : 통일연구원, 1999) ; 문화정책개발원, 『남북 문화협정 및 그 후속과제에 관한 연구』(서울 : 문화정책개발원, 2001) ; ______. 『북한문화예술 교육현황 및 발전방안 연구』(서울 : 문화정책개발원, 2001) 등 참조.

3_ 강순원, 『평화 · 인권 · 교육』(서울 : 한울, 2000) ; 한만길, 『통일교육의 이론과 실천 : 평화와 통일을 위한 교육』(서울 : 교육과학사, 2001) ; 정현백 외, 『통일교육과 평화교육의 만남』(서울 : 통일부 통일교육원, 2002) ; 한국교원대학교 교육연구원, 『통일교육의 내용학적 기초 : 북한의 인문 · 사회과학 교육을 중심으로』(통일교육학술세

이러한 검토를 통해 지적할 것은 통일문화 논의가 꾸준히 발전해 왔으며, 대북정책을 둘러싼 최근의 남남갈등 해소와 국민적 공감대 형성을 위해 여전히 유용하다는 점이다. 오히려 남북한 평화번영 추구에 걸맞는 통일 미래상에 대한 인식을 정립하고 우리 사회부터 통일을 향한 의식과 사회문화를 형성해 나가기 위해 통일문화에 대한 관심은 증대되어야 한다.

이 장은 평화를 위한 통일교육을 통일문화적으로 접근해 그 기본 방향과 실천과제를 제시하고자 한다. 이 장은 두 가지 점에 주목하고 있다. 첫째, 분석수단으로서의 문화가 지닌 실천적 · 교육적 기능이다. 사회 저변에서부터 통일에 대한 사고방식을 보편화하고 생활양식으로서의 통일문화 실천을 모색하기 위해서 통일문화 연구는 문화교육, 문화정책, 문화변동 등의 시각과 접목되어야 한다. 둘째, 문화와 결합하는 대상으로서의 통일에 대한 의미이다. 이는 통일문화의 형성과 실천과제를 찾는 인식적 범주가 된다는 점에서 먼저 검토되어야 한다.

이 장은 통일과정에서 법 · 제도적 통일과 같은 외형보다는 사회문화의 내적인 측면에 주목해 생활 속의 통일논의를 추구하도록 하는 데 기여할 수 있을 것이다.

미나 발표자료, 2004. 1. 15) 등 참조.

2. 문화, 통일, 통일문화

1) 분석수단으로서의 문화

문화에 관한 가장 일반적인 정의는 인류학자 타일러(E. Taylor)가 1871년 『원시문화』(*Primitive Culture*)라는 저서에서 제시했다. 그에 의하면 문화는 "한 사회 내의 집단이 공유하는 생활양식의 총체로서 지식, 신앙, 예술, 도덕, 법, 관습 그리고 한 사회의 구성원으로서의 인간에 의하여 획득된 능력과 습성을 포함하는 복합적인 전체"였다.[4]

타일러의 정의는 인문 · 사회과학의 다양한 분야에서 문화를 분석하는 개념적 기반이 되고 있다.[5] 이에 기초한 문화 연구는 현대로 넘어오면서 인간행위를 규제하는 독자적인 영역으로서 사회구조나 제도와의 연관성 속에서 실천되는 양상의 의미로 발전했다.[6] 레드클리프-브라운(A. R. Radcliffe-Brown)이나 말리놉스키(B. Malinowski) 등에 의해 기틀이 마련된 현대 문화인류학에서는 문화적 규범이나 법칙이 개인의 행위를 결정한다고 보았다. 이후 구조주의, 인지인류학, 상징체계론 등에서는 문화가 인간의 머리 속에 있는 사고체계나 방

4_ 김광억, "현대 사회에서 문화의 정치 : 인류학적 논의," 『문화의 다학문적 접근』(서울 : 서울대학교출판부, 1998), p. 185 재인용.

5_ 이는 문화 논의에 관한 학제적 분석을 시도한 연구결과에서 잘 드러난다. 위의 책, 참조.

6_ 위의 책, pp. 6-8.

식으로 설명되었다. 문화를 기호학적으로 접근한 현상학적 혹은 해석학적 문화인류학에서는 개인이 인식되는 방식을 통해 기호들을 조작하고 사용함으로써 문화적 의미가 실천된다고 보았다. 이러한 변화를 거쳐 이제 문화란 일상 생활의 조건에 나타나는 주요 변화들에 대한 반응으로서 정치, 경제, 종교 등의 활동 속에 스며 있는 것으로 이해되고 있다. 사회 · 문화적인 제도들이 어떻게 실천되고 있는가의 측면이 중시되고 있는 것이다.

그동안 통일문제 연구는 문화 연구를 상대적으로 소홀히 간주했다. 그것은 통일문제 자체가 정치 · 권력화되면서 이상주의나 현실주의로 양분되고 경험적 과학방법론을 추구하게 되는 현대 정치학의 경향으로 인해 문화를 제대로 볼 수 없었던 때문이다.[7] 이러한 점에서 통일문화 접근은 정치 · 권력론을 기반으로 하는 정치학적 인식이나 접근과는 달리 사회구조나 제도와의 연관성 속에서 실천적으로 접근해야 한다.

통일문화 접근을 위해 우리는 몇 가지 점에 주목해야 한다.[8] 첫째, 문화는 공유하는 가치와 믿음, 생활의 일과로 조직된 활동, 감정적인 의미 등을 지니고 있는 상호작용이나 경험 등의 혼합체이다. 문화적 믿음과 관습은 적응을 위한 도구이기는 하지만 단순히 제도를 결정하는 고정된 형식은 아니다. 둘째, 문화적 가치와 인류 진보는 상관관계에 있다. 문화적 상대주의(cultural relativism)는 한 사회의 문화

7_ 최정운, "정치학에서의 문화의 의미," 위의 책, pp. 65-86.

8_ 새뮤얼 P. 헌팅턴 · 로렌스 E. 해리슨 공편, 이종인 옮김, 『문화가 중요하다』(서울 : 김영사, 2001), pp. 27-37.

적 가치와 실천이 다른 사회의 그것보다 우월하다는 견해를 거부하기 때문에 발전이라는 개념과 연관되는 것을 우려하지만 문화는 발전을 위한 필요조건으로서 중요하다. 셋째, 생명, 건강, 자유, 번영, 교육, 정의 등과 같이 지리적 경계를 넘어 통용되는 문화의 보편적 가치 패턴이 존재하며, 동시에 지역적 차이와 상관 없는 현지 문화적 요인도 중요하다. 넷째, 단기적인 관점에서 보면 정치에 의해 촉진된 제도적 변화가 문화에 영향을 미칠 수 있지만, 장기적인 관점에서 보면 교육, 정치, 경제, 사회생활 등에서의 문화적 조정 프로그램의 실천이 효율적이고 공정한 제도를 만들어낸다.[9] 다섯째, 문화와 개인들의 마음 속에 있는 신념체계는 서로 영향을 주고 받으면서 발전해 간다.[10] 이러한 관점은 문화를 변화시키기 위해 개인 수준에서 마음의 모델(mental models)을 바꾸는 것이 필요하다고 주장하며, 이를 위한 지역과 국가의 주도적 역할을 강조한다.

이러한 내용은 통일문화적 접근을 추구하는 데 동적인 발전의 시각을 가지고 현지 문화적 요인과 보편적 가치를 중시하면서 개인 · 지역 · 국가 · 세계 단위에서의 문화적 조정 프로그램을 실천하는 것이 중요하다는 점을 시사한다.

문화적 조정 프로그램의 실천과 관련해 주목할 것은 문화교육의 시각이다.[11] 그것은 첫째, 교육현장은 문화적 단순재생산을 위한

9_ 대니얼 에퉁가-망겔, "아프리카는 문화적 조정 프로그램을 필요로 하는가?," 위의 책, p. 140.

10_ 위의 책, 제7부에 소개되어 있는 마이클 페어뱅크스, "국가의 '마음'을 바꾸기 : 번영을 창조하는 제반 요소" ; 스테이스 린지, "문화, 마음의 모델, 국가의 번영" ; 로렌스 E. 해리슨, "문화적 변화의 추진" 등 참조.

장소에 머물지 않고 학생의 성장이 전체로서의 문화를 발전할 수 있게 만드는 장소여야 하기 때문이다. 문화란 단번에 획득된 무엇이 아니라 개인의 공동체 생활 속에서 의식적 · 무의식적 노력에 의해 부단히 새로워지는 것이며, 문화의 생명력은 지식, 생각, 가치 등에서 일어나는 당대의 변화를 어떻게 고려하느냐에 달려 있다. 둘째, 문화교육은 지배적인 이데올로기의 경제적 · 기술적 폐해를 견제할 수 있기 때문이다. 지나친 경제 이윤 중심주의와 성장 · 개발 우선주의의 폐해에 대한 각성을 문화교육이 촉구할 수 있다. 셋째, 문화교육은 국가들 간의 상호 이해와 평화에 기여할 수 있기 때문이다. 문화적 보편성과 다원성을 전제로 하는 문화교육은 학생들에게 개인과 문화 간의 차이점을 깨닫고 동시에 상호 간에 보편적인 가치나 열망이 있다는 점을 이해하게 한다. 이를 통해 문화교육은 다른 사람과 문화에 대한 공존의 정신을 발전시켜 이를 사회적 · 국제적 평화를 향한 첫 걸음이 되도록 한다.

2) 결합대상으로서의 통일

문화와 결합할 대상으로서의 통일에 대한 인식적 전제를 검토하는 것은 통일문화 형성의 방향설정과 실천적 과제를 찾는 출발이다.

첫째, 사실상의 통일(*de facto* unification)에 대한 인식이다. 이는

11_ 김문환, 『문화교육론』(서울 : 서울대학교출판부, 1999), pp. 101-104.

분단지역 간의 자유왕래, 이산가족 방문, 전화 · 서신교환, TV · 라디오 시청, 무관세 교역, 언론인 취재 · 보도 자유 등을 우선 달성해 통일된 것과 다름 없는 효과를 가져오려는 것을 의미한다.

사실상의 통일이 강조되는 이유는 이념과 체제가 다른 남북한이 당장 합의에 의한 법 · 제도적인 통일(*de jure* unification)을 달성하기란 현실적으로 불가능하며, 무력에 의한 통일을 배제하면 대화와 협력을 통한 신뢰구축과 공존공영이 통일 추진의 유일한 방법이기 때문이다. 이는 통일 이전에 통일과정이 중요하다는 동서독 통합의 경험에서도 찾아볼 수 있다. 이러한 점에서 한반도 평화의 문제는 분단상황의 안정적 관리와도 직결된다.

둘째, 평화적 통일은 과정이다. 통일은 한반도에 서로 다른 두 체제가 존재한다는 현실을 인정하고 그것을 전제로 교류 · 협력하면서 자유민주주의에 기반한 새로운 민족공동체를 형성하는 것을 의미한다. 남과 북의 민족 정체성을 새롭게 형성하는 이행과정이 통일이라는 인식이 필요하다. 남북한이 서로 상대방 체제를 인정하고 여러 분야와 차원에서의 대화와 교류협력을 확대해 가는 것은 평화유지와 통일을 추구하는 데 필수적이다. 이는 상호 연관성이 심화되고 있는 지구화 시대에 남북한 모두에게 부과된 역사적 선택의 문제에 해당한다. 유념할 것은 북한체제의 존재를 인정한다는 것은 남북대화와 교류협력의 조건으로서의 의미이지 북한 정권의 정치적 정당성을 인정하는 것과는 다르다는 점이다.

이러한 의미에서 통일은 우리가 발전하기 위한 것이라는 인식의 환기가 필요하며, 통일의 편익을 여러 차원에서 구체화해야 한다. 통일의 미래는 경제와 비용의 차원에서 뿐만 아니라 윤리적 · 환경적 · 문화적 차원에서 함께 해설되어야 한다.

셋째, 평화적 통일은 민족 내부의 문제이지만 동시에 국제환경의 영향을 받는 국제적 문제이다. 통일은 남북한의 문제이지만 동북아의 정치적 역학관계에 종속되어 있다는 현실적 인식이 필요하다. 한민족 중심주의나 폐쇄적 민족주의에 매여 타민족이나 인종에 대한 올바른 이해를 하지 못하거나 세계화의 정치경제적 변화에 제대로 대응하지 못한다면 평화체제의 실현이나 통일의 전망은 어두울 것이다. 또한 주변국의 협조 없이 통일을 달성하는 것은 쉽지 않다. 통일추진은 한반도 주변국과의 우호관계를 중시하면서 통일한국이 동북아와 세계의 평화와 공동번영에 도움이 된다는 확신과 비전을 심어줄 수 있어야 한다.

이러한 의미에서 동아시아론, 동아시아 평화론, 동북아시대론 등의 화두에 주목할 필요가 있다.[12] 동아시아론은 한반도가 자리잡은 동아시아라는 지역을 분석단위로 삼아 한반도의 분단을 평화적으로 극복하는 과정을 통해 국가주의와 민족주의를 넘는 세계질서 형성의 새로운 원리를 모색하자는 주장이다. 이를 통해 한 · 중 · 일 중심의 동아시아 연대가 반북동맹으로 빠지는 것을 막으면서 동시에 동아시아 지역주의로 한정되는 것을 방지할 수 있다는 것이다. 동아시아 평화론은 한반도의 평화롭고 대등한 통일만이 동아시아에서 강대국들의 대립을 완화함으로써 평화로운 지역공동체를 형성하는 데

12_ 최원식, 『생산적 대화를 위하여』(서울 : 창작과 비평사, 1997) ; 강만길, 『우리 통일, 어떻게 할까요』(서울 : 당대, 2003) ; 이수훈, 『세계체제, 동북아, 한반도』(서울 : 아르케, 2004) 참조.

기여할 수 있다는 주장이다. 동북아시대론은 남북한관계를 동북아 질서의 틀에서 풀어내고, 동북아 질서의 구축을 통해 남북한관계를 진전시켜 나가자는 복합적 사고를 의미한다. 이러한 시각은 공통적으로 통일문제를 우리의 생존과 평화번영이라는 관념에서 동북아와 세계 속의 과제로 확장해 볼 수 있는 인식의 틀을 제공한다.

넷째, 평화적 통일은 인류애적 · 보편적 가치로 승화해야 한다.[13] 통일은 단순히 한반도에서의 민족과 국경 등의 지리적 통합을 의미하는 차원을 넘어 남북한주민이 공유할 수 있는 가치 · 정서 · 현실인식 등을 상징해야 한다. 통일의 의미에는 평화와 나눔, 타인에 대한 관용, 물질적 이해관계와 편견을 넘어 세계가 공감하는 영역이 담겨야 한다.

우리가 지향하는 통일은 비폭력적이고 생태지향적이며, 개인의 존엄성과 인권 실현의 보편적 가치의 기반 위에서 자리하고 실천되어야 한다. 한반도 민족주의는 폐쇄적이고 배타적인 것이 아니라 인류사회의 공존과 공영을 추구하는 열린 민족주의여야 한다. 20세기의 민족주의가 대립과 갈등을 초래한 것이었다면, 21세기의 민족주의는 국가 간의 상호 의존과 보편적 가치를 추구하는 새로운 것으로 변모해야 한다. 우리 것만이 민족적이고 반외세는 곧 민족주의라는 단순논리에 매인 민족주의는 변화하는 시대에 걸맞지 않다.

13_ 라종일, "통일을 보편가치로 승화하자," 『문화일보』, 2004. 3. 11.

3) 통일문화와 교육

이상의 내용에 기초하면 통일문화는 통일과정에서부터 통일에 대한 인식과 비전을 정립하고 통일한국의 민족문화 창조를 위한 문화규범과 신념, 가치체계, 행동양식 등의 실천체계를 의미한다. 그러면 통일문화를 교육 현장에서 형성하고 실천해 가는 데 유의할 사항은 무엇이 있을까?

첫째, 통일문화 의식은 통일에 대한 사고와 문제해결을 촉진시킴으로써 질적인 단계를 거쳐 고양되는 것이며, 이를 위해 고정된 통일의 규칙을 가르치기보다는 통일문화의 품성이나 심리학적 · 철학적 개념구성에 초점을 두어야 한다.[14]

둘째, 통일문화 의식의 발달을 단계적으로 인식하기 위해 각 단계와 다음 단계와의 연관성을 유념해야 한다. 이를 위해 인지적 갈등을 유발하도록 하는 것이 필요하다. 이는 학생들에게 더 높은 사고단계를 제시함으로써 현 단계에서 다음 단계로 나아갈 수 있도록 촉진하는 것을 의미한다. 처벌을 피하기 위해 규칙을 준수하거나 상을 얻기 위해 규칙에 순응하는 인습 이전 수준[15]에 있는 학생들에게 있

14_ 이러한 내용은 로렌스 콜버그(Lawrence Kohlberg)의 인지적 도덕 발달이론에 잘 나타난다. 존 마틴 리치, 조셉 드비티스 지음, 추병완 옮김, 『도덕 발달 이론』(서울 : 백의, 1999), pp. 127–128.

15_ 콜버그는 도덕 발달 단계를 인습 이전 수준, 인습수준, 인습 이후 수준으로 구분한다. 로널드 더스, 마릴린 휠런 공저, 『삐아제–콜벅 道德發達入門』(서울 : 정경서, 1984) 참조.

어서 통일 관련 가치가 상벌의 규칙으로 제시된다면 학생들은 통일의 의미와 가치에 관계없이 단지 순종하게 되고 자칫 통일의식이 고착될 우려가 있게 된다. 다음 단계와의 연관성이라는 측면에서 중시해야 할 것은 학생들에게 통일 관련 가치가 자기 중심적인 이기주의적 시각으로부터 인간적 · 보편적인 시각으로 확장되어 인지되도록 하는 것이다.

셋째, 통일문화 의식의 발달은 인지구조의 기본적 변형을 필요로 하기 때문에 점진적 과정이며, 그것은 통일문제에 대한 학생들의 관점을 변화시키려는 것이 아니라는 점을 상기해야 한다. 통일문화에서 추구할 것은 통일문제에 대한 추론방식을 변형시켜 학생들로 하여금 판단의 시각과 근거가 확대되도록 하는 것이다. 이러한 방식은 문화적 문해교육[16]과 일맥상통한다. 이를 위해 통일의 관점이 단순히 목록이 아니라 맥락화(contextualism)되어 전달되어야 하며, 학생들로 하여금 사회 전반의 상황변수들에 대한 사회적 상황인식과 평가능력을 키워나갈 수 있도록 하는 노력이 필요하다.

16_ 김문환, 『문화교육론』, pp. 51-52, 54.

3. 통일문화 형성의 기본 방향

1) 다름의 인정과 공존의 가치 추구

통일문화 형성을 위한 첫째 기본 방향은 북한과의 다름을 인정하고 공존할 수 있는 정서와 가치를 추구하는 것이다. 이는 북한의 정치적 정당성을 인정하는 것과는 다르다. 먼저 흔히 강조되는 남북한 동질성 확대나 이질성 극복의 실체에 대한 검토가 필요하다. 자칫 동질성이란 5천 년의 역사나 단군의 자손 등을 지칭할 수 있으며 실제, 남북한 사회가 공유한 요소들로 전통 · 혈연 · 지연 등에 기반한 가족주의나 집단주의, 개인 · 가족 · 지역 중심의 성향, 분단 이후 강화된 상호 불신과 적대, 권위주의 · 민족주의 성향 등이 나타나기 십상이다.[17] 주의할 것은 이러한 동질성에 대한 피상적 강조가 자칫 갈등과 대립을 유발할 수 있으며, 북한주민을 약자로 보거나 전근대적 대상으로 치부할 수 있다는 점이다.

통일은 남북한의 다양한 이질성이 드러나고 혼재되는 과정일 수밖에 없다. 통일과정에서는 사회구성원들이 문화적 다양성을 포용할 수 있어야 하고, 긍정적인 상호 의존의 관계를 찾아내는 것이 중요하다. 이질화된 사회 · 문화구조를 인정하고 서로 다른 문화융합이

17_ 또 하나의 문화, 『통일된 땅에서 더불어 사는 연습』(서울 : 또 하나의 문화, 1996), p. 46.

가져오는 역동성을 활용하면서 갈등을 점진적으로 해소시켜 나가는 것이 현실적이다.

다름(difference)이 틀림(wrong)으로 인식되어서는 안 된다. '다름=틀림' 등식이 내면화되면 사회구성원에게 옳은 내 편과 틀린 네 편을 편가르게 하고 다름의 관계를 우 · 열의 관계와 선 · 악, 정상 · 비정상의 적대적 대칭관계로 인식하는 이분법적 의식구조를 갖게 한다. 이러한 등식은 자신을 돌아보기 어렵게 하며, 획일적 정서와 의식을 잣대화하여 소수자에 대한 반인권적 토양을 굳게 한다. 이를 탈피하기 위해서는 다른 사람이 생각하고 행동하는 방식과 견해에 대한 존중을 뜻하는 똘레랑스(tolerance) 문화가 필요하다.[18] 나와 다른 남을 '다른 그대로' 존중한다는 것은 성과 성징, 사상과 이념, 신앙과 피부색, 문화와 언어 등의 차이가 다른 사람과의 관계에서 차별이나 억압의 구실로 삼아서는 안 된다는 의미이다. 똘레랑스에 대한 인식을 사회적 가치로 정착 · 실천한다면 이는 지역주의를 완화하고 분단을 극복할 수 있는 자양분이 될 것이다.

2) 열린 민족주의와 발전 개념의 전환

둘째 기본 방향은 열린 민족주의와 발전 개념의 전환을 추구하는 것이다. 민족주의가 사회갈등을 해소하면서 통합원리의 기반으

18_ 홍세화, "한국사회의 보편적 인권과 소수자의 인권," 백낙청 외, 『21세기의 한반도 구상』(서울 : 창비, 2004), pp. 165-166.

로 작용하려면 민족주의는 폐쇄적이고 배타적인 것이 아니라 국제사회에서의 공존공영을 추구하는 민주적이고 상호 협력적인 가치가 되어야 한다. 열린 민족주의는 한반도를 넘어 동북아와 세계체제의 문맥 속에서 평화와 번영의 문제를 인식할 수 있는 기초이다. 과거의 민족주의가 국가중심적 가치를 중시했다면 열린 민족주의는 사회중심적 가치를 중시해야 한다.

우리는 열린 민족주의에 근거해 발전의 개념을 전환해야 한다. 그동안 종속적 안보나 근대화론적 경제발전에 익숙해 있던 발전의 개념을 국가차원에서의 국가경쟁력이나 정치군사력의 문제로 여전히 강조한다면 발전이란 자연스럽게 부국강병론적 발전주의로 고착될 가능성이 크게 된다.[19] 21세기 발전의 주된 목표는 체제 자체의 건강한 변화를 바탕으로 새로운 관계와 질서를 만들어내는 능력을 배양해 가는 것이어야 하며, 단일국가나 지역 · 혈연 중심에서 벗어나 사회와 인간중심적 발전을 중시해야 한다. 우리는 국가의 경제나 국력강화를 국가발전의 기준으로 삼는 대신에 사회와 인간중심적 발전을 국내에서 뿐만 아니라 전 지구적 차원에서 추구할 수 있는 역량을 구축해야 한다. 평화창출과 유지, 분쟁의 해결, 이질적인 것들과의 공존, 환경 보존 · 유지 등의 능력 신장이 국가발전의 중요한 근거가 되어야 한다. 아울러 일상 생활에서부터 평화를 만들고 유지하는 능력을 증대시키며 인간적 가치를 중시할 수 있도록 하는 역량을 기르는 것이 중요하다. 이러한 관점에서 보면 남북경협은 단순히 우리의 발전을 위한 시장을 확대하거나 노동력을 보완하는 수단이 아니다. 그

19_ 박명규, "소국주의와 대국주의를 넘어서," 위의 책, pp. 76-77.

것은 남북한 간의 경제적 선순환(先循環)구조를 구축하고 이를 바탕으로 동북아와 세계의 평화 · 공존의 인프라를 구축하는 데까지 나아가야 하는 대상이 된다.

3) 민주시민 의식 신장

셋째 기본 방향은 민주시민 의식의 신장이다. 민주시민 의식은 타인의 견해에 대해 관용하고 조화할 줄 알며, 민주주의의 주체로서 자각하고 자발적인 참여의식을 갖는 것을 의미한다. 민주시민 의식의 신장은 합리주의와 다원주의적 문화의식, 연대의식과 공동체 의식, 사회참여 의식 등과 연관되어 있다. 민주시민 의식은 또한 권위주의적이거나 배타적이고 독선적인 가치를 배제하며 다원적인 가치를 인정하고 공존할 줄 아는 사회적 관용과 포용력을 증대하는 과제와 직결되어 있기 때문에 통일교육의 기반이 된다.

민주시민 의식의 범주는 사회 내부에서만 국한되어서는 안되며 세계시민주의로 확장되어야 한다. 세계시민주의는 "모든 인간의 공통적 특성에 내포된 정의나 선을 지향하고 모든 사람들과 국가 형식의 공동체를 포함한 일체의 공동체를 동등하게 존중하는 도덕 원리"[20]이다. 물론 세계시민주의에 대한 논란은 많다.[21] 세계시민주의

20_ Martha C. Nussbaum & Joshua Cohen. *For Love of Country*(Massachusetts : Beacon Press, 1996), 마사 너스봄 외, 오인영 옮김, 『나라를 사랑한다는 것 : 애국주의와 세계시민주의의 한계 논쟁』(서울 : 삼인, 2003), p. 9.

21_ 위의 책.

는 실체 없는 비현실적인 추상이거나 보증할 수 없는 낙관주의를 주장하는 환상일 수 있다. 현실적으로도 세계시민주의의 이상은 국민국가를 매개로 할 수밖에 없으며, 국가가 과연 도덕적 실체인지도 의문이다.

그러나 중요한 것은 이라크전쟁에서 나타나듯이 국제정치가 배타적 애국주의의 위험성을 적나라하게 보여주고 있으며, 그러한 현실이 인류에게 평화의 정의와 선과 같은 보편적 가치의 소중함을 역설하고 있다는 점이다. 통일교육에서 세계시민주의는 오히려 적극 고양되어야 하며, 민족을 넘어선 인류 사랑과 인간다운 세계를 추구할 수 있도록 강조되어야 한다.

민주시민의 가치는 국제평화를 유지해 가는 필요조건으로서 유효하다. 대화, 차이의 수용, 국가에 국한되지 않은 책임성 등은 국제평화 구축을 위해 필수불가결하게 지적되는 가치이다. 배타적이었던 개인과 사회집단들이 대화로써 상호작용을 활성화하고 상대방의 정체성을 이해 · 존중함으로써 다름을 인정하고 공존의 관계를 발전시켜 나가는 것은 민주시민 의식이 추구하는 생활의 기본 원리이다. 민주시민 의식의 또다른 가치는 '나'의 범주가 지역과 국가에서 세계와 인류에로 확장하는 데 있다. 현실주의적인 국제정치를 보면서 민주시민의 가치는 국제평화 유지를 위해 역시 필요했노라고 강조되어야 하며, 평화를 위한 통일교육의 기초로서 중시되어야 한다.

4) 평화문화 · 교육의 확산

넷째 기본 방향은 평화문화 · 교육의 확산이다. 평화문화 · 교육은 통일을 건강하게 논의하는 데 기여할 수 있다. 교육 현장에서는 통일 1세대를 기르는 것 못지않게 평화 1세대를 양육하는 것이 절실하다는 인식이 필요하다. 통일의 평화문화적 기초를 다지는 것이 중요하다는 점에서 통일이라는 표현이 들어가지 않더라도 이는 궁극적으로 통일교육과 관련된다. 물론 평화문화 · 교육 그 자체가 통일교육은 아니다. 그러나 통일과정에서 사회 · 문화적으로 평화를 만들고 유지하는 의지와 능력도 중요하다는 점에서 평화문화 · 교육이 가지고 있는 언어적 자원과 교육적 노력은 통일교육과 밀접하게 연관된다.

평화문화는 냉전문화의 극복과 연관되어 있다. 이를 위해서는 내향적 성찰이 전제되어야 한다. 냉전문화 · 구조의 이면에는 남북한이 적대적으로 상호 의존한 측면이 있다. 상대를 증오하고 있는 거울 속에 비친 자신의 이미지(mirror image)를 보면서 남북한은 서로의 대립과 갈등을 증폭시켜 온 것이다. 냉전문화는 표면적으로는 자유민주주의와 인민민주주의를 앞세우면서도 권위주의와 독재체제를 강화하고 정당화하는 데 기여했다. 냉전문화는 서로를 동포 아니면 적, 선 아니면 악이라는 이분법적 의식을 강화했다. 그 속에서 남한은 다원주의와 다양성이 미미할 수밖에 없었고, 북한은 획일성 · 배타성의 집단주의 등이 공고화될 수밖에 없었다. 남북한에서 모두 권위주의적이고 전체주의적인 군사문화가 확대되었으며, 민족주의는 왜곡되어 분단국가주의로 작용했다. 내향적 성찰에 대한 인식은 그동안 분단으로 왜곡된 남북한 사회를 정상화시키기 위한 필수적인 전제조건이며, 통일을 위해서는 남북한 각 체제 내부의 변혁과 직결되어 있다는 점을 일깨워 준다.

평화교육은 국가적 · 세계적 차원에서 지역적 · 개인적 차원에 이르기까지 갈등과 폭력의 문제에 대한 대응을 사회적 관계와 구조의 측면에서 추구하는 것으로 정의롭고 살 만한 미래를 만들 수 있는 방법을 교육하는 것이다.[22] 평화교육은 인간중심적인 접근방법을 취하며, 학생들에게 자신이 살고 있는 세계를 이해하고 개인, 집단, 국가들이 어떻게 상호 의존하고 있는지를 일깨워 주는 데 초점을 둔다.

평화교육의 내용과 방향은 사회의 정치사회적 조건과 맥락을 반영해 정의 · 실천되는 것이 중요하다.[23] 남북한 모두 지난 역사에서 평화를 강조했지만, 그것은 궁극적으로 각자의 체제유지와 군비경쟁의 논리로 활용되면서 갈등과 대립의 분단체제와 인간적 가치의 억압을 가져왔다는 점을 인식해야 한다. 따라서 평화교육은 남북한 냉전구조의 현실과 원인 및 극복, 그리고 분단체제 아래서 이루어진 제도적 폭력과 반평화문화 구조의 다양한 형태와 상호관계에 대한 인식에서 출발해 내가 속한 공동체에서부터 평화를 만들고 유지해내는 능력을 키워가는 실천의식이 필요하다.

22_ David Hicks, 고병헌 역, 『평화교육의 이론과 실천』(서울 : 서원, 1993), pp. 20-34.
23_ 조민, 『평화통일의 이상과 현실』(서울 : 백산서당, 2004), pp. 458-459.

4. 통일문화 형성을 위한 실천과제

1) 다문화교육

통일문화 형성을 위한 실천과제로서 전제되어야 할 다문화교육(multicultural education)은 지구공동체의 사회와 문화에 대한 다양성과 상대주의에 대한 이해를 통해 다름의 인정과 공존의 문화를 확산시킬 수 있다. 다문화적 교육을 위해 내용면에서 다루어야 할 사항은 세계가 다양한 문화적 사회 속에서 살고 있다는 점과, 동시에 자아실현, 행복추구, 자존심 중시 등과 같은 기본적인 인간조건이 누구에게나 똑같이 존재한다는 점을 인식시키는 것이다.[24] 또한 사회구성원 간에 서로 다른 인종적 · 문화적 배경에도 불구하고 모두가 국가의 시민으로서의 정치적 시민권(political citizenship)을 가지고 있다는 인식을 심어주어야 한다. 아울러 다문화교육은 상대를 존중하는 것이 상대의 가치를 인정하는 것에서 출발한다는 점을 알게 하며, 상대에 대한 존중은 기본적으로 자기의 문화에 먼저 친숙하고 소속될 수 있도록 하는 것이라는 점을 인식시켜야 한다. 이는 타자(Other)를 존중하기 위해 먼저 그의 타자성(otherness)을 고려할 수 있는 기초가 된다.

다음으로 다문화적 교육을 둘러싼 외적 환경의 측면에서 고려할 사항은 다문화교육에 대한 관심이 문화의 민주화(democratization

24_ 김문환, 『문화교육론』, pp. 105−112.

of culture) 또는 문화민주주의(cultural democracy) 등과 긴밀하게 연결되어야 한다는 점이다.[25] 문화의 민주화란 가능한 많은 개인이 엘리트 문화에 접근할 수 있도록 하는 분산정책이며, 문화민주주의는 특정한 하위문화의 자기 표현을 증진시키고 상호 소통 매체를 통해 다른 하위문화와 서로 연관시키는 것을 의미한다. 특히 문화민주주의의 성숙을 위해서는 자율성을 추구하는 민간집단의 성장, 발전의 문화적 차원에 대한 논의의 활성화, 다양한 문화의 공존을 전제로 하는 문화적 정체성(cultural identity) 인식 확산, 행정기능의 이동, 행정관청의 재배치와 지역기지(devolution of authority) 건설, 문화적 주도권의 비집중화 등이 필요하다.

기본적인 인권에 기초한 공존과 상호 존중의 원리에 입각해 다문화사회에서 나타나는 문제에 대처해 나가려는 다문화교육은 통일과정과 이후 나타날 갈등적 요소를 감안해 볼 때 중요한 의미가 있다. 다문화교육은 사실상의 통일이 우선 절실한 상황에서 남북한 체제와 이념의 이질성을 다름의 차원에서 수용하고 새로운 공동체를 추구해 가는 논의의 기초가 되도록 실천되어야 한다. 따라서 사실상의 통일을 위해 화해협력과 신뢰구축, 평화와 인도주의 등의 추구가 부각된다.

25_ 위의 책, pp. 305–329.

2) 체계론적 사고와 상호 의존론적 사고 신장

체계론적 사고는 하나의 체제를 투입, 산출, 환류의 순환구조 속에서 인식하는 것을 의미한다. 어떤 체제이건 엄밀한 의미에서 폐쇄체제는 없다. 북한도 나름대로의 목표를 가지고 대내외적 환경의 변화에 대응하면서 변모하는 하나의 시스템(system)이다. 북한은 나름의 개혁 · 개방을 통해 실리사회주의[26]를 추구하고 있다.

북한을 폐쇄체제로 보게 되면 변화하는 북한의 현실과 의미를 담아내기 어려우며, 북한의 개혁 · 개방에 대한 실체를 오해하게 된다. 체계론적 사고에서 보면 북한의 변화와 개혁 · 개방은 북한의 의지에도 달려 있지만 안정적인 대외환경과 여건의 조성, 그리고 한반도 분단의 평화적 관리 등이라는 외부 환경요인도 중요한 투입요인이 된다. 국제질서 속에서 체제생존에 대한 우려와 외부사조의 여파로 주저하고 있는 북한에게 이러한 외부 환경요인의 투입은 북한의 체계론적 순환을 보다 원활히 작동하게 하는 조건이 될 수 있다는 점을 인식하도록 하는 것이 체계론적 사고의 핵심이다.

상호 의존론적 사고는 현대사회에서 개인, 집단, 국가 등은 상호 연관될 수밖에 없으며, 어떻게 하면 건강하고 바람직한 영향을 주고 받을 것인가를 모색하는 것이 중요한 실천과제라는 점을 인식하는 것을 의미한다. 이를 위해 사회는 구성원의 단순 합계가 아닌 구성

26_ 김근식, "김정일 시대 북한의 新발전전략 : 실리사회주의를 중심으로," 韓國國際政治學會, 『國際政治論叢』, 제43집 4호(2003), pp. 197-218.

원 간의 사회적 관계의 총계를 의미하며, 사회의 특성은 구성원 간의 사회적 관계가 다르다는 데서부터 출발한다는 인식이 필요하다. 또한 사회의 문제해결과 변화는 그 관계 속에서 풀어져야 한다는 교훈을 전제하고, 나아가 개인, 집단, 국가 등은 현대사회의 속성상 고립 · 대립 · 극단 등에 많은 비용을 지출할 수밖에 없다는 인식이 중요하다.

상호 의존론적 사고는 커뮤니케이션이 없는 상황에서 행위자 간에 협동하기란 불가능하며, 자칫 모두에게 극단적인 결과를 초래할 수 있다는 점을 국제사회에서의 안보 딜레마와 남북한의 경우에 적용해 설명할 수 있을 것이다.

3) 개인과 사회의 포용력 증대와 교제생활력 증진

진정한 사회통합을 위해서는 인간에 대한 이해와 존중을 바탕으로 한 개인과 사회의 포용력이 전제되어야 한다. 사회 저변에 퍼주기 논쟁과 우리도 어려운데 우리 주위부터 살피자는 주장이 만연해질수록 통일은 고통분담으로 치부될 가능성이 크게 된다. 조선족 동포나 외국인 노동자에 대해 편견이나 우월의식을 갖는 인식의 틀에서는 북한주민들과의 통합은 마음에 와닿기 어려울 것이다. 따라서 통일문화 형성은 나와 사회 안의 편견과 아집, 대립과 증오를 완화해 가는 주제에서부터 실천되어야 한다. 사회 · 문화 · 경제적 정서와 가치의 차이가 개인과 사회 내에서 완화되고 포용된다면 북한주민에 대한 인식과 통일문제는 보다 건강하게 논의될 수 있을 것이다.

개인과 사회의 포용력 증대를 위해 학생들의 교제생활(association life)에 대한 능력을 키워주는 과제는 중요하다. 한국의 사회조직생활과 신뢰구조의 문제를 연구한 발표에 따르면, 서구의 보편적 시민사회에서는 내부와 외부집단 간의 신뢰도 차이가 극히 미약한 반면 우리의 경우 지연, 학연 등 전근대적인 '끼리끼리' 문화가 지배적인 것으로 나타났다.[27] 한국인은 친근한 내부집단에 대한 신뢰수준은 69.9%로 높았으나 낯선 외부집단에 대한 신뢰도는 겨우 5.9%에 지나지 않아 극명한 이중성을 보인 것이다. 이는 지연과 혈연 등에 따라 관용과 배척이 갈리는 것으로, 내부집단인 가족, 친적, 친구 등에 대해서는 높은 신뢰를 보인 반면 외부집단인 낯선 내국인, 외국인에 대해서는 아주 낮은 신뢰를 보인 것이다. 대인신뢰도가 높은 사회일수록 일반적으로 정치적 반대자나 문화적 이단자에 대한 이해와 관용이 높으며 권력이동이 자유롭다는 점에서 우리는 전근대적인 1차집단에 매몰된 구성원들의 교제생활의 수준과 범위를 넓히는 방안을 모색해야 한다.

상호 간 이익을 위한 구성원들 간의 협력을 기초로 형성되는 자발적이고 수평적인 연결망, 규범, 사회적 신뢰 등이 사회자본(social capital)이라는 점에서[28] 성숙한 교제생활력의 증진은 평화번영과 통일추진을 위한 사회적 응집성과 문화적 · 도덕적 자원이 된다. 이를 위해 사회적 기술향상 프로그램이 적극적으로 활용될 필요가 있다. 프로그램의 목적은 학생들의 자아존중감, 자기 통제, 타인의 권리 존중,

27_『문화일보』, 2003. 10. 17. 구체적인 내용은 한국정치학회, 2003년 추계정기학술회의에서 발표된 장수찬, "한국 사회조직생활의 패턴과 신뢰구조의 이중성" 참조.

28_ 퍼트넘, 안청시 역, 『사회적 자본과 민주주의』(서울 : 박영사, 2000) 참조.

자기 행동에 대한 책임감 등을 기르도록 하는 데 있으며, 학생들이 폭력을 쓰지 않고 의사소통을 통해 불만과 갈등을 해결하도록 가르치는 데 있다.[29] 사회적 기술은 사회문제를 예방하고 시민으로서의 성공적 역할과 적응기술을 이끌어 준다는 점에서 교제생활력의 증진에 기여할 수 있을 것이다.

4) 건강한 '통일학적 상상력'

밀즈(C. Wright Mills)는 현대인이 개인의 일상적 체험과 인생 과정을 사회 전체의 질서와 변화에 체계적으로 관련시켜 해설할 수 있는 사회학적 상상력(sociological imagination)을 가져야 사회적 소외와 굴종에서 벗어날 수 있다고 지적했다.[30] 사회학적 상상력은 통일학적 상상력의 차원으로까지 해설되어야 한다. 이는 북한 · 통일문제에 대

29_ Ruth Weltmann Begun, 응용발달심리연구센터 옮김, 『바로 사용할 수 있는 사회적 기술 향상 프로그램』 초등학교 1-3학년용과 초등학교 4-6학년용(서울 : 시그마프레스, 2002) 참조. 이 책은 초등학생들이 각 발달단계에서 필요한 사회적 기술 영역을 망라하고 있고, 발달 수준에 맞게 구성된 훈련내용들로 이루어져 있다. 1-3학년의 단원내용은 훈육책략/올바른 행동, 행동하기 전에 생각하기, 주의 깊게 듣기, 지시 따르기, 자기 상 개선하기, 결과 받아들이기, 문제 해결하기, 자기-통제, 과제 완수하기, 분노 다루기, 감정 다루기, 변화 받아들이기, 거짓 소문 멈추게 하기, 과제 주목하기, 다른 사람 존중하기, 차이점 받아들이기, 또래 압력 다루기 등으로 이루어져 있다. 4-6학년의 단원내용은 훈육책략, 행동하기 전에 생각하기, 주의 깊게 듣기, 지시 따르기, 자기 상 개선하기, 결과 받아들이기, 자기 통제하기, 목표 세우기, 과제 완수하기, 문제 해결하기, 분노 다루기, 변화 받아들이기, 감정 다루기, 편견 다루기, 또래압력 다루기, 거짓소문 중단시키기 등으로 구성되어 있다.

30_ C. Wright Mills, 강희경 · 이해찬 공역, 『사회학적 상상력』(서울 : 돌베개, 2004) 참조.

해 냉소적이거나 부정적 인식이 확산되고 있는 상황에서 긴요하다. 북한 · 통일문제를 사회 전체의 질서와 변화 속에서 자신과 우리의 삶 전체와 건강하게 연결지어 인식하는 통일학적 상상력을 고취시키는 것은 건강한 통일미래의 비전을 만들어 가는 일이다.

통일학적 상상력을 초등학교 5학년 수학의 「문제 푸는 방법 찾기」라는 단원의 여러 가지 방법으로 문제 풀기의 주제와 4학년 도덕의 「진정한 우정」이라는 단원의 경우에 적용해 해설해 보자.

여러 가지 방법으로 문제 풀기라는 주제의 목적은 수학문제를 푸는 데 여러 방법이 있다는 점을 익히도록 해 학생들의 사고의 폭을 넓히는 데 있다. 이러한 주제를 통일학적 상상력과 연결지어 보면, 교사는 문제해결의 방법이 다양하다는 점과 아울러 그 속에서도 보편적으로 인정하는 규칙성이 있는데 그것이 공식이라는 점을 의미부여한다. 이어 이러한 점은 수학문제 해결에서 뿐만 아니라 학교와 인간관계 속에서도 유사하게 적용된다는 점을 지적한다. 다시 말해 학교생활과 인간관계에서의 문제를 해결하는 방법도 수학문제 해결의 경우처럼 다양한 모습이 있을 수 있지만, 수학문제에서의 공식처럼 문제해결을 위해 우리가 함께 지켜 나가야 할 보편적인 규범이나 원리가 있다는 점을 부연할 수 있을 것이다. 그리고 그것이 바로 공동체에서의 '대화를 통한 문제해결'과 유사하다는 점을 지적하면서 통일문제도 이와 흡사하다는 점을 해설해 줌으로써 학생에게 남북한 갈등의 완화를 위해 대화와 화해협력이 중요하다는 인식을 하게 할 수 있을 것이다.

진정한 우정이라는 단원의 목적은 우정이라는 가치를 실천하도록 지도하는 데 있다. 이를 위해 교사는 마음에 상처를 입은 친구를 돌아보면서 진정한 우정을 소중히하기 위해 노력할 것을 지적한다. 이러한 주제를 통일학적 상상력과 연관지어 보면 교사는 첫째, 친구 간에 갈등과 다툼이 있을 수 있으며, 둘째, 중요한 것은 예전 관계를 회복하려는 노력이라는 점을 지적하고, 셋째, 갈등과 다툼의 해결 과정이나 방법에 관한 자기 사례를 발표하고 함께 적용하며, 넷째, 그러한 자세와 노력이 공동체를 위해 중요한 의미와 가치가 있다는 점을 학습하도록 할 수 있을 것이다. 여기에서 한 걸음 나아가 교사는 남북한 사이에도 전쟁과 분단의 아픈 역사적 상처를 가지고 있지만 이제부터 회복과 치유의 역사도 중요하다는 점을 지적하면서 화해협력과 신뢰구축, 평화정착과 공동번영의 의미를 해설할 수 있을 것이다.

5) 민주시민교육과 세계시민교육

민주시민교육은 내적으로 건강한 자유민주주의와 시장경제력의 성장 및 안보가 통일에 절대적인 기반이 된다는 점을 인식시키는 데 주력해야 한다. 현실적으로 남북한 화해협력과 국제사회와의 협력을 통해 남북관계를 평화적으로 관리해 가는 것은 민주주의와 경제성장의 토대가 된다는 점을 주지시켜야 한다. 안보 역시 남북관계의 평화적 관리를 위한 조건으로서 중요하다는 점이 지적되어야 한다. 유의할 것은 안보를 남북 화해협력의 가치와 대칭적으로 인식하지 않도록 해야 한다는 점이다. 자신감을 바탕으로 일상에서의 문제를 보다 유연하고 적극적으로 해결해 나갈 수 있듯이 안보는 북한과 화해협력을 추구할 수 있는 자신감을 제공해 준다는 측면에서 필수적이다. 따라서 화해협력 때문에 안보의식이 해이해졌다고 인식되지 않도록 해야 한다. 21세기 한반도 미래상 건설을 위해 필수불가결한 의미를 지니는 화해협력 때문에 안보의식이 해이해진다면 그것은 시대적 인식의 오류라는 점을 지적해야 한다. 안보문제는 화해협력 추진과 병행 내지는 전제조건의 의미가 있다는 점을 주지시켜야 한다.

세계시민교육은 나라에 대한 애정이나 지역적 귀속의식의 가치를 무시하지 않으면서 기본적 인권과 보편적 인간애를 기초로 하여 국제사회에서의 정의와 선에 대한 합리적 추론능력을 함양하는 교육이 되어야 한다.[31] 세계시민교육을 위한 방안으로는 타자의 렌즈를 통해 자신을 돌아보게 하는 것, 다른 나라의 지리와 생태 및 주민들에 대한 지식의 축적, 정치 · 경제적 문제에 대한 결정에서 타인의 생활권과 자유 · 행복 추구권 등을 고려하도록 사고의 범주를 넓힐 것, 민족 · 계급 · 성 · 인종의 경계를 넘어 제휴하는 가치를 교육할 것 등이 지적된다.

6) 일상 생활에서의 통일문화 실천

통일문화는 지식이나 정보 전달에 국한되지 않고 기본적으로 생활 속에서 실천되도록 하는 것이 효과적이다. 그것은 통일의식이나 정서를 자연스럽게 불러일으키게 하며 통일과정에서 주인의식

31_ Nussbaum & Cohen, 오인영 옮김, 『나라를 사랑한다는 것』, pp. 34-39.

을 갖도록 유도하기 때문이다.

이를 위해서는 먼저 각자가 속한 공동체에서부터 평화만들기와 유지하기, 갈등 해결하기 등 평화능력을 향상시키는 노력과 함께 일상 생활에서 인간적이고 보편적인 가치가 중시되는 문화를 만들어 가는 것이 중요하다. 이를 위해서는 공존능력, 관용과 화해능력, 문제에 대한 감수성과 비판의식, 대화능력의 향상, 합리적 갈등처리 능력 등과 같은 가치가 중시되어야 한다. 명상, 자기 성찰, 문제와 갈등의 비판의식, 자율적이고 자발적인 참여, 갈등해결을 위한 기술 습득, 비폭력적 의사소통을 위한 훈련, 문제해결을 위한 창조력 개발, 협동과 공동의 문제해결, 타인의 이야기 경청 등과 같은 평화능력의 기술을 향상시키기 위한 교육 프로그램은 주목할 만하다.[32]

생활 속의 통일문화는 다양한 매체를 통한 학생들의 직접 참여나 실천과 직결되어 있다. 예컨대, 「신문을 통한 생활 속의 통일습관운동」은 시민 각자의 다양한 통일관련 항목을 모아 일상 속에서 직접 실천할 수 있도록 홍보하고 있으며, 또한 단체가 할 수 있는 통일습관을 정부 · 언론사 · 통일관련 단체 · 기업 등에 전달해 통일문화를 확산시키는 데 효과를 거두고 있다.[33] 이러한 운동에 소개된 사례를 들어보면, 한 화분에 남과 북의 꽃을 함께 심어서 집에서 가꾸며 마음을 가꾸자, 통일교육 프로그램 박람회를 열자, 신문의 날씨면에 북한의 날씨와 생활을 함께 싣자, 남북한의 통일염원탑이나 평화의

32_ 정현백 외, 『통일교육과 평화교육의 만남』(서울 : 통일부 통일교육원, 2002), p. 124.

33_ 남북나눔, 『남북나눔운동의 찾아가는 통일교육 : 신문을 통한 생활속의 통일습관』(서울 : 평화통일을 위한 남북나눔운동, 2000) 참조.

빌딩 등을 함께 짓자, 700－****를 통해 북한의 뉴스나 생활상 등을 들을 수 있도록 하자, 700 서비스 수익금을 통일사업이나 북한돕기자금으로 사용하자, 탈북자가 생활 속에서 느꼈던 일상의 여러 일을 신문에 싣자 등의 다양한 제안이 모아진 것을 볼 수 있다. 통일문제를 나와 우리의 문제, 나아가 세계평화의 문제로 인식하도록 하기 위해서는 생활 속의 통일문화 형성을 위한 실천적 접근이 중요하다.

5. 건강한 통일 비전을 위해

평화를 위한 통일교육을 문화적으로 정착시켜 나가는 일은 건강한 통일 비전을 만들어 가는 출발점이면서 동시에 분단과 통일문제를 자신의 생활과 미래 및 사회문화와 연관지어 인식 · 실천하도록 하는 의미를 지닌다.

이를 위해 기본 방향은 여러 문화와 사람 사이의 다름을 인정하면서 공존과 상호 존중의 문화를 추구하며, 열린 민족주의에 기반해 국가와 민족중심적 가치와 더불어 사회와 인간의 발전적 가치에 주목하도록 하는 데 초점을 두어야 한다. 또한 민주시민 의식을 신장시키며 평화문화와 교육을 확산하는 데 주안점이 두어져야 한다.

실천과제로는 문화적 상대주의나 다원주의에 입각한 다문화교육이 추구되어야 하며, 체계론적 사고와 상호 의존론적 사고에 기초해 개인과 사회뿐만 아니라 북한 · 통일문제를 쳐다볼 수 있는 능력이 신장되어야 한다. 또한 개인과 사회의 포용력을 키우며 교제생활력을 증진시키는 과제와 함께 학생들에게 건강한 통일학적 상상력으로 통일미래에 대한 비전을 갖도록 하는 것이 중요하다. 아울러 민주시민교육과 세계시민교육을 실천하며, 지식 · 정보 전달에 국한되지 않고 일상 생활에서부터 통일문화를 실천하는 노력이 필요하다.

향후 통일문화의 실천적 역할을 체계화하기 위해 교육 프로그램의 구체적인 개발과 적용이 활성화되어야 할 것이다. 통일문화 형성은 통일미래를 향한 현재의 실천적 비전이라는 점에서 그 의미가 새롭게 부각되어야 한다.

참고문헌

강만길. 『우리 통일, 어떻게 할까요』. 서울 : 당대, 2003.

강순원. 『평화 · 인권 · 교육』. 서울 : 한울, 2000.

국토통일원. 『북한의 문화예술』. 서울 : 국토통일원, 1981.

______. 『통일문화 지향과 문화예술』. 국토통일원 주최 학술회의. 1985. 5.

김광억. "현대 사회에서 문화의 정치 : 인류학적 논의." 김광억 외. 『문화의 다학문적 접근』. 서울 : 서울대학교출판부, 1998.

______. "문화에 대한 인류학적 개념과 연구방법." 김광억 외. 『문화의 다학문적 접근』. 서울 : 서울대학교출판부, 1998.

김근식. "김정일 시대 북한의 新발전전략 : 실리사회주의를 중심으로." 韓國國際政治學會. 『國際政治論叢』. 제43집 4호(2003).

김문환. 『문화교육론』. 서울 : 서울대학교출판부, 1999.

남북나눔. 『남북나눔운동의 찾아가는 통일교육 : 신문을 통한 생활속의 통일습관』. 서울 : 평화통일을 위한 남북나눔운동, 2000.

또 하나의 문화. 『통일된 땅에서 더불어 사는 연습』. 서울 : 또 하나의 문화, 1996.

로널드 더스. 마릴린 휠런 공저. 『삐아제-콜벅 道德發達入門』. 서울 : 정경사, 1984.

문화발전연구소. 『북한의 문화정책과 남북 문화교류의 방향』. 서울 : 문화발전연구소, 1993. 9.

문화정책개발원. 『북한 주민의 문화향수 실태 연구』. 서울 : 문화정책개발원, 1996.

______. 『남북 문화협정 및 그 후속과제에 관한 연구』. 서울 : 문화정책개발원, 2001.

______. 『북한문화예술 교육현황 및 발전방안 연구』. 서울 : 문화정책개발원, 2001.

民族統一硏究院. 『統一文化硏究』 上 · 下. 서울 : 民族統一硏究院, 1994.

박명규. "소국주의와 대국주의를 넘어서." 백낙청 외. 『21세기의 한반도 구상』. 서울 : 창비, 2004.

새뮤얼 P. 헌팅턴 · 로렌스 E. 해리슨 공편. 이종인 옮김. 『문화가 중요하다』. 서울 : 김영사, 2001.

안계춘. 『북한 사회의 이질화 실태조사 분석』. 서울 : 국토통일원, 1980.

윤덕희. "통일문화 형성의 방향과 실천과제." 한국정치학회. 『한국정치학회보』. 31집 1호(1997).

이수훈. 『세계체제, 동북아, 한반도』. 서울 : 아르케, 2004.

정신문화연구원. 『통일문화 창조를 위한 연구』. 정신문화연구원 주최 학술회의. 1985. 6.

정현백 외. 『통일교육과 평화교육의 만남』. 서울 : 통일부 통일교육원, 2002.

조민. "통일문화와 민족공동체." 民族統一硏究院. 『統一硏究論叢』. 第2卷 2號(1993).

______. 『한국사회 냉전문화 극복방안 연구』. 서울 : 통일연구원, 1999.

______. 『평화통일의 이상과 현실』. 서울 : 백산서당, 2004.

존 마틴 리치 · 조셉 드비티스 지음. 추병완 옮김. 『도덕 발달 이론』. 서울 : 백의, 1999.

최원식. 『생산적 대화를 위하여』. 서울 : 창작과 비평사, 1997.

최정운. "정치학에서의 문화의 의미." 김광억 외. 『문화의 다학문적 접근』. 서울 : 서울대학교출판부, 1998.

퍼트넘. 안청시 역. 『사회적 자본과 민주주의』. 서울 : 박영사, 2000.

한국교원대학교 교육연구원. 『통일 교육의 내용학적 기초 : 북한의 인문 · 사회과학 교육을 중심으로』. 통일교육학술세미나 발표자료, 2004. 1. 15.

한만길. 『통일교육의 이론과 실천 : 평화와 통일을 위한 교육』. 서울 : 교육과학사, 2001.

홍세화. "한국사회의 보편적 인권과 소수자의 인권." 백낙청 외. 『21세기의 한반도 구상』. 서울 : 창비, 2004.

황성모. "민족화합과 통일문화 창조를 위한 접근." 국토통일원 주최 통일문제학술회의. 민족화합 민주통일방안 발표 2주년 기념. 1984. 1.

『문화일보』. 2003. 10. 17, 2004. 3. 11.

Begun, Ruth Weltmann. 응용발달심리연구센터 옮김. 『바로 사용할 수 있는 사회적 기술 향상 프로그램』. 초등학교 1–3학년용과 초등학교 4–6학년용. 서울 : 시그마프레스, 2002.

Hicks, David. 고병헌 역. 『평화교육의 이론과 실천』. 서울 : 서원, 1993.

Mills, C. Wright. 강희경 · 이해찬 공역. 『사회학적 상상력』. 서울 : 돌베개, 2004.

Nussbaum, Martha C. & Joshua Cohen. *For Love of Country*. Massachusetts : Beacon Press, 1996. 마사 너스봄 외. 오인영 옮김. 『나라를 사랑하는 것 : 애국주의와 세계시민주의의 한계 논쟁』. 서울 : 삼인, 2003.

Chapter 6

'사실상의 통일' 인식과 평화윤리

1. 통일과정에서의 정체성과 상호성

이 장은 남북관계 변화에 나타나는 사실상의 통일(*de facto* unification)의 의미와 필요를 강조하고 평화윤리의 과제를 제시하고자 한다. 이를 위해 이 장은 기능주의(functionalism)와 신기능주의(neo-functionalism) 등 통합이론의 관점에서 남북관계 변화를 살펴보고, 구성주의(constructivism) 시각에서 인식적 과제를 모색해 보고자 한다. 통합이론과 구성주의 접근 속에서 사실상의 통일 인식에 초점을 두려는 것은 이들 모두가 통일의 결과보다는 과정을 중시하는 공통점이 있으며, 그에 따른 현실적이고 실용적인 접근을 추구하고 있다고 생각되기 때문이다.

통합이론의 관점에서 보면 남북관계 변화의 분수령이 되고 있는 6·15 남북공동선언(이하 공동선언)의 의미가 잘 드러난다. 공동선언은 경제·사회분야와 정치분야 교류의 병행 추진을 통해 협력을 도모한다는 신기능주의 이론과 맞닿아 있다. 경제교류를 통해 정치적 통합을 모색하는 기능주의 입장에서 정경분리정책을 취했던 화해협력정책이 공동선언을 통해 신기능주의 입장으로 발전된 것이다.

구성주의는 아직 하나의 이론이라기보다는 어느 이론과도 통합적 구성이 가능한 인식론에 가깝다는 점에서 한반도 평화를 위한 인식적 과제를 찾기에 적합하다고 본다. 구성주의 시각에서 보면 남북관계는 정상회담 이후 다양한 상호작용이 실천되고 있는데, 동시에 나타나고 있는 상호 정체성의 혼란은 정체성과 상호성 등을 새롭게 구성해 나가야 하는 문제를 제기하고 있다. 이러한 문제의식은 구성주의 논의를 통해 정상회담 이후의 남북관계나 정체성 변화를 둘러싼 움직임 등을 분석하는 데 유용할 것이다.[1] 남북한이 신뢰구축이나 한반도 평화체제 등의 논의를 실천적으로 구상하기 위해서 우선 필요한 것이 서로를 평화적으로 수용할 수 있는 정체성과 상호성의 변화라는 점에서 구성주의 시각은 관련된 문제제기에도 적합하다고 할 수 있다.

1_ 이근, "구성주의 시각에서 본 남북정상회담 : 양면게임을 통한 정체성 변화 모색," 세종연구소, 『국가전략』, 제7권 4호(2001 겨울), pp. 29-53.

2. 통합이론과 '사실상의 통일'

1) '사실상의 통일'과 통합

사실상의 통일은 법 · 제도적인 통일(*de jure* unification)과 대조된다. 사실상의 통일은 분단지역 간의 자유왕래, 이산가족 방문, 전화 · 서신 교환, TV · 라디오 시청, 무관세 교역, 언론인 취재 · 보도 자유 등을 우선 달성하여 통일된 것과 다름 없는 효과를 가져오는 것을 말한다. 반면, 법 · 제도적인 통일은 일정한 정치행위의 결과로 나타나는 법, 제도, 정책 등의 통일을 지칭한다.[2]

사실상의 통일과 법 · 제도적인 통일의 의미구분은 과정에 초점을 두고 통일과 통합을 구분하는 논지와도 유사하다. 통일과 통합의 개념은 물론 차이가 있다. 통일은 민족(nation)을 기본 단위로 하고 통합은 국가(state)를 분석 단위로 하기 때문에 그 역학이 근본적으로 다르다. 감성적인 열정(emotional passion)이 주된 동인이 되는 통일과 달리 통합은 합리적인 이익(rational interest)을 추구하는 행위원칙을 갖는다. 통일은 '특정한 목표지향의 완료상황'으로 인식되는 반면, 통합

2_ 이러한 의미는 대북 화해협력정책의 의의를 설명하면서 자주 거론된 것이다. 이와 유사한 설명 방식은 지역주의의 2가지 경로로서 '사실상의 구조적 지역화'와 '법률상 제도적 경제협력'을 구분해 제시하고 있는 Richard Higgott, "De Facto and De Jure Regionalism : The Double Discourse of Regionalism in the Asia Pacific," *Global Security*, Vol 11, No. 2(1997) 참조.

은 '일단의 과정적 움직임의 총합' 으로 인식되는 점도 차이다.[3] 분단국의 통일문제와 국가 간의 통합문제는 인식과 접근이 다른 것이다.

그러나 1990년대 독일과 예멘의 통일 사례를 보면서 통일과정의 중요성이 부각되었고, 그 결과 통일을 그 자체의 목적보다는 과정을 중시하면서 통일에 따른 부정적 요인들을 차단해 가야 한다는 현실적인 인식이 중시되기 시작했다. 분단국 통일에 통합이론이 적용되기 시작했다. 통일의 당위론적 시각에서 벗어나 과정을 중시하는 실용적인 시각이 부각되면서 이질화된 체제 간의 진정한 통합을 모색하는 것이 결과적으로 통일국가의 궁극적인 평화와 번영을 이룰 수 있다는 문제의식이 보편화되었다.

이러한 의미로 보면 통합이 완성된 상태가 통일이며, 통합은 통일과정에서 이루어지는 결합상태가 된다. 사실상의 통일은 완성된 법 · 제도적 통일 이전에 통일과정에서 이루어지는 결합상태를 추구하는 통합의 문제의식과 일맥상통하는 것이다.

2) 기능주의와 신기능주의

통합이론은 1950년대부터 나타난 서구국가들의 통합을 연구하면서 발전되었다. 통합과정 자체가 복합적이고 여러 단계를 거치기 때문에 통합이론은 다양한 분석수준과 논리를 가진다. 공통적인 관심

3_ 김혁, "한반도 통일을 위한 대안적 이론체계의 모색 : 인식론과 방법론을 중심으로," 『통일경제』, 제27호(1997. 3).

사는 분리되었던 국가가 어떤 조건과 환경에서 어떤 과정을 거쳐 새로운 초국가기구를 만드는가이다. 기본적인 논지는 경제교류의 증대가 국제협력을 이끌어내고 나아가 지역통합을 가져온다는 것이다.

기능주의 통합이론은 자유주의 국제정치의 이론적 전통에 속한다. 국제체제의 평화가 힘의 균형과 전력적 평형에 좌우된다고 보는 현실주의와 달리, 자유주의는 협력을 통해 공통의 이익과 개별적 이익을 달성하여 적극적인 평화를 이루어낼 수 있다고 본다.[4] 특히 상업적 자유주의는 기능주의의 인식적 기반이 된다. 상업적 자유주의는 국가 간 경제적 상호 의존의 확대가 잠재적 이득을 증진시키며, 확대되는 상호 의존의 관리와 안정적 국제관계 유지를 위한 제도형성을 촉진시켜 국가들 간의 평화적 협력관계를 지속시킨다는 논리를 갖는다.

기능주의는 미트라니(David Mitrany)에 의해 제시되었다.[5] 그의 논지는 제2차 세계대전 이후 국제평화 구축에 대한 첫 자유주의적 대안이었다. 그는 과거 국가중심적 국가이익에 바탕을 둔 국제관계와 외교방식을 부정하며, 동시에 이상주의자들의 국제평화 구상도 한계가 있다고 본다. 그가 주장한 평화체계란 국내 정치체제와 같은 수직적 관계설정에서 벗어나 수평적인 국가 대 국가관계 속에서 기능주

4_ 우철구 · 박건영 편, 『현대 국제관계이론과 한국』(서울 : 사회평론, 2004), pp. 398-399.

5_ David Mitrany, *A Working Peace System*(Chicago : Quadrangle Books, 1966) ; A. J. R. Groom and Paul Taylor, *Functionalism : Theory and Practice in International Relations* (London : University of London Press, 1975) ; A. J. R. Groom and Paul Taylor, eds., *Frameworks for International Co-operation*(London : Pinter Publishers, 1990).

의적 접근을 통해 공동체 형성에 주력하는 체계이다. 그는 "우리 시대의 문제점은 국가들이 어떻게 평화적으로 분리되어 지내는가가 아니라 어떻게 적극적으로 함께 하도록 하는가이다"라고 전제하고, 평화는 공존(coexistence)하는 것보다 공동활동(coactivity)에 의해 이루어지는 것이 이상적이라고 주장했다.[6]

기능주의는 갈등과 분쟁을 유발할 수 있는 주권문제나 핵심 국가이익의 사안은 뒤로 미루고 경제나 과학 등 기술적 분야와 같은 쉬운 분야에서의 교류 · 협력을 통해 공통의 이익을 추구하는 원칙을 중시한다. 경제 · 기술 · 복지분야에서의 국가 간 상호 의존이 확대되면 정부 간의 망(enmeshment)이 형성되고, 그렇게 되면 각 정부는 전쟁으로 적대하면서 드는 비용이 망을 형성하는 비용보다 크다는 인식을 하고 전쟁을 피하게 된다.[7] 기능주의는 이데올로기를 배제하면서 비정치적 분야에서의 기능적인 협력이 발전 · 확산되면 정부분야를 포함한 타분야의 협력을 촉진시킨다는 확산(ramification)효과에 주목한다. 기능주의는 정치 · 군사분야보다 덜 예민해 장기간에 걸쳐 추구할 수 있는 분야에서의 축적된 활동이 분기(分岐)효과를 낳고, 이러한 효과들이 누적되었을 때 자연스럽게 정치영역으로 옮아가는 과정을 중시한다.

기능주의의 이러한 기대와 달리 생산, 무역, 분배 등 분야에서의 협력은 실상 해당 분야의 경쟁성 때문에 여전히 어렵고 복합적

6_ Mitrany, *A Working Peace System*, pp. 25, 92.

7_ Paul Taylor, "Functionalism : the approach of David Mitrany," in A. J. R. Groom and Paul Taylor, eds., *Frameworks for International Co-operation*, p. 130.

이다. 경쟁하는 시장경제 상황에서 쉬운 분야의 실체가 과연 무엇이며 기능주의 논리가 어떻게 작동할 것인지를 예상하는 것은 쉽지 않다. 기능주의는 기능만을 중시하면서 이러한 정치현실을 중요하게 고려하지 않은 점에 대해서 비판을 받는다. 국제경제가 국제정치의 중요한 부분으로 등장하고 있고 경제문제도 안보위협의 중요한 요소가 되고 있기 때문에 정치분야와 비정치분야를 구분하는 것 자체도 비현실적이다. 비정치분야에서의 통합경험은 다른 분야의 통합에 역동성을 제공하지 못하며 안보분야와 같은 상위정치(high politics)를 변화시키지 못한다는 지적도 있다. 오히려 비정치적인 분야가 정치적인 영향을 받는 경우도 많은 것이다.

신기능주의는 기능주의의 문제점을 보완하며 하스(E. Haas)에 의해 제시되었다.[8] 신기능주의는 통합에 있어 정치적 요소를 중시해 기능적 협력과 정치적 협력을 분리할 수 없다고 보고 정치분야의 협력에도 강조점을 둔다. 신기능주의는 방법론에서 기능적인 통합행위를 취하고 있지만 기능주의보다 제도화된 통합에 초점을 두고 있다. 신기능주의는 기능적 확산효과에 의해 통합의 진전이 이루어지는 것이 아니라 자기 이익의 추구를 목표로 하는 행위자의 적극적인 개입이 필요하며, 협력의 진전이 자기 이익 실현의 효과적인 방안으로 파악되어야 통합에 대한 욕구를 가져오고 통합의 심화를 촉진할 수 있다고 본다.

8_ Ernest B. Haas, *The Uniting of Europe : Political, Social and Economic Forces, 1950–1957* (Standford : Standford University Press, 1959) ; Leon Lindberg, *The Political Dynamics of European Economic Integration*(London : Oxford Unversity Press, 1963).

신기능주의의 핵심 개념은 통합이 추진되는 분야 간의 상호의존에 의해 한 분야에서 시작된 통합이 다른 분야로 전파되어 가는 과정을 설명하는 파급효과(spill-over)이다. 이는 기능주의에서 비정치적인 분야에서의 점진적인 교류 · 협력이 정치적 통합으로 확산된다는 논지와 달리, 기능적 교류 · 협력과 정치적 통합을 연결시키는 '파급효과의 정치화'를 중시한다. 파급효과는 한 영역에서의 통합이 주변 영역의 통합에 영향을 미친다는 기능적 파급효과와 파급을 이끌어내기 위한 정치적 타결과정을 의미하는 정치적 파급효과의 두 가지 형태를 취한다. 따라서 신기능주의는 국가 간의 협력과정에 숨어있는 정치적 장애를 제거함으로써 향후 정치연합의 회원국이 될 국가들에게 공동으로 이득이 될 수 있는 점을 보여주는 것이 중요하다고 본다. 신기능주의는 정치적 타결이 이루어지지 않을 경우 역류효과(spill-back)나 지체효과(spill-around)의 위험이 있다고 보며, 그 위험을 벗어나기 위해서 관료의 역할, 조직 이데올로기, 정치 · 행정 엘리트의 창조적 창출 등을 중시한다. 신기능주의는 경제분야에서의 통합이 쉽게 진전될 수 있다고 보지만 통합 초기단계에서는 정치단체나 정치엘리트의 참여가 중요하다고 보는 것이다.

신기능주의는 기능주의를 보완하기 위해 정치적 요인을 중시하고 있지만 정치는 갈등이 가장 쉽게 조장될 수 있는 분야라는 점에서 오히려 정치가 신기능주의 통합의 장애요인이 될 가능성이 크다는 비판을 받는다. 1970년대 국제경제 위기 속에 유럽통합이 침체기에 빠지면서 신기능주의가 주장했던 낙관적이고 목적론적 요소까지 오류로 지적되기도 했으며, 이에 하스 스스로가 신기능주의 이론의 한계를 인정하기도 했다.

기능주의와 신기능주의 인식에서 주의할 것은 신기능주의가 정치적 역할과 합의를 중시하고 있지만, 그것은 경제적 수단을 우선시하는 기능주의 전통에 입각해 있다는 점이다. 신기능주의의 수단은 여전히 경제적 결정주의이며, 목표는 국가를 초월하는 초국가적 정치 공동체를 형성하려는 노력이다.

3) 구성주의

구성주의의 문제의식은 행위자의 이익(interest)이나 정체성(identity)은 주어지는 것이 아니라 행위자 간의 다양한 실천적 상호작용의 역사적 과정을 통해 변화하고 만들어낼 수 있다는 것이다.[9] 구성주의 시각은 국가 간의 실천적 행위가 어떠한 국가 간의 사회구조(social structure)를 만들어내고, 그러한 사회구조 속에서 어떠한 국가의 정체성과 이익이 구성되어지는가를 분석하려는 실천(practice) 중심의 접근이다.

구성주의 역시 다양한 접근방법과 논의를 가지고 있다.[10] 그 입장을 잘 정리하고 있는 학자는 웬트(Alexander Wendt)이다. 합리적 선택이론에 기반해 행위자의 정체성과 이익을 주어진 것으로 받아들

9_ Alexander Wendt, "Anarchy is what State Make of It : Social Construction of Power Politics," *International Organization*, Vol. 46, No. 2 (Spring 1992), pp. 391-425 ; _____, *Social Theory of International Politics* (Cambridge : Cambridge University Press, 1999).

10_ 신욱희, "구성주의 국제정치이론의 의미와 한계," 한국정치학회, 『한국정치학회보』, 제32집 2호(1998 여름), pp. 147-168.

이는 신현실주의나 신자유주의자와 달리 그는 정체성과 이익을 주어진 것으로 간주하지 않는다. 그는 행위자들 사이의 간주관적인 관행이 상호작용의 과정에서 어떻게 정체성과 이익을 형성하는지에 관심을 둔다. 정체성과 이익은 상호작용 이전에 형성된 것이 아니라, 어떻게 상호작용하는가에 따라 현재의 우리를 만든다고 보기 때문이다. 웬트는 집단적 의미가 구조를 정의하며, 이 구조는 우리의 행동을 조직하고, 행위자는 이러한 집단적 의미에 참여함으로써 이익과 정체성을 얻게 된다고 본다. 그는 자조(self-help)를 정체성과 이익이 어느 정도 안정적으로 조합되었다는 의미로서의 제도와 같은 것으로 간주하며, 신현실주의에서 처럼 무정부상태에서 나타나는 유일한 방식은 아니라고 본다. 자조 역시 국가들 사이의 상호작용을 통해 나타난다고 보는 것이다. 웬트는 체제가 구성되면 일정한 행태유형이 강화되면서 사회적 실체나 행위자의 자기 정체성의 일부가 될 수도 있으며, 그렇게 되면 간주관적인 이해는 자기 영속적이 될 수도 있다고 주장한다. 그러나 그렇다고 해서 그것이 변할 수 없다는 의미는 아니다. 그는 주권의 관행, 협력의 진전, 비판적인 전략적 관행 등을 국제관계의 자조적 성격의 세 가지 대안으로 제시했으며, 이를 통해 국가행위자들이 어떻게 국제체제와 같은 사회구조를 정의하는지에 주목해야 한다고 주장한다.

구성주의에 대한 비판도 만만치 않다. 우선 정체성은 상호작용을 통해 형성되기도 하지만 부분적으로는 상호작용의 선행물이기도 하다. 웬트가 상정하는 것과 달리 구조 역시 관념으로만 이루어지지는 않는다. 여전히 강한 물질적 이익이 그 기반이 되는 경우가 많다.[11] 구성주의가 여전히 국가중심적인 성격을 벗어나지 못함으로써 국내사회가 국제적 수준에서 부과되는 규범과 규칙을 수용하거나 거부하는 상황이 발생한다든지, 국내의 정치적 결과가 대외정책을 통해 외연화되는 부분 등에 대한 검토가 필요하다는 비판도 받는다. 그외에 작은 나라가 갖는 자율성의 범위와 구조적 제약에 대한 고찰이 먼저 이루어져야 한다는 점, 변화의 가능성 여부와 방향에 관해 구체적이고 분명하게 논점을 제시하지 못하고 있다는 점 등의 한계도 지적된다. 구성주의가 자칫 담론적 수준에서 새로운 갈등을 야기할 소지가 될 수 있으며, 문화적 상징이나 이미지와 같은 정체성을 결정하는 다양한 수준에 대한 이해를 소홀히 하고 있다는 점도 거론된다.[12]

웬트 스스로가 지적한 것처럼 구성주의는 하나의 국제정치 이론이라고 보기는 어렵다.[13] 구성주의는 메타이론으로서 다른 어떤 국제이론과도 접목될 수 있다는 점에서 의미를 둘 수 있다.[14] 여러 비판에도 불구하고 구성주의는 국제정치적 현실을 '바꾸어 나갈 수 있는' 가능성의 대상으로 상정하고 그 범위와 방법에 대한 지속적인 성찰을 하고 있다는 점에서 기여점을 찾을 수 있다.

11_ 스티브 스미스, "성찰주의와 구성주의," 존 베일리스 · 스티브 스미스 편저, 하영선 외 옮김, 『세계정치론』(서울 : 을유문화사, 2004), pp. 262–263.

12_ 신욱희, "구성주의 국제정치이론의 의미와 한계," pp. 158–161.

13_ Wendt, *Social Theory of International Politics*, p. 7.

14_ 신욱희, "구성주의 국제정치이론의 의미와 한계," p. 163.

3. 남북관계 변화와 '사실상의 통일'

1) 남북관계 변화와 통합이론

기능주의나 신기능주의는 다원화된 사회를 바탕으로 한 유럽통합을 대상으로 발전한 이론이지만, 남북한과 같은 분단국이 점진적이고 단계적인 통합을 추진하는 데 있어 시사하는 바를 찾기에 유용하다. 통합이론은 분단상태에서 통합으로 가는 과정에서 교류와 협력을 중시하기 때문에 남북한이 통일환경을 조성하고 통일을 향한 접근을 해나가는 데 있어 특히 의미가 있는 것이다. 그만큼 점진적인 접근이 통합의 후유증을 줄일 수 있는 현실적이자 효율적인 방안이 되기 때문이다.

1970년대 초 남북적십자회담을 시작으로 남북회담에 나선 남북관계는 국제환경과 남북한의 입장에 따라 적지 않은 변화를 보여왔다. 1960년대 후반까지 남북관계는 대화나 협상 없이 극한적인 대립상태에 있었으며, 남한은 1960년대까지 수세적이고 대외의존적인 통일방안의 성격을 나타냈다. 통합이론으로 보면 남한의 대북정책은 기능주의와 신기능주의의 순환이기도 하다.[15] 1970년대 초반부터 시작된 남북적십자회담, 7 · 4 공동성명, 남북조절위원회 등의 대화

15_ 김계동, 『남북한 체제통합론 : 이론 · 역사 · 정책 · 경험』(서울 : 명인문화사, 2006), pp. 40–45 ; 양영식, 『통일정책론』(서울 : 박영사, 1997) 참조.

와 협상의 기조는 기능주의 접근이었다. 남한은 남북한 간의 전쟁과 이후의 적대관계로 인해 단기간 내의 긴장완화와 신뢰회복이 어렵다고 보고, 정치적인 대화보다는 적십자회담 등의 비정치적인 대화부터 점진적이고 단계적으로 접근을 시작했다. 이는 교류와 협력의 초기 단계에서는 경제 · 사회 · 기술적 분야 등 정치적인 성향을 배제한 비정치적 분야에 치중하고, 비정치적인 분야에서의 교류 · 협력은 정치분야로까지 확대되어 정치적 관계개선으로 이어지고 포괄적인 통합의 과정으로 갈 수 있다는 논지를 담고 있는 것이다. 1974년 8월 15일 발표된 박정희 대통령의 평화통일 3대 기본원칙은 선 평화, 후 통일 정책을 명확히 한 것으로서, 평화가 정착되고 신뢰가 회복된 다음에야 총선거를 통해 통일을 이룩할 수 있다는 기조이다. 기능주의 인식이 전제되어 있음을 볼 수 있다.

반면, 당시 북한은 정치 군사회담부터 시작하면 나머지 비정치분야는 자동적으로 해결될 것이라고 주장했다. 기본 구도는 남한과 달리 선 평화체제 구축, 후 신뢰회복이었다. 이 접근은 일단 평화체제가 구축되면 신뢰회복의 문제는 후차적으로 해결될 수 있을 것이라는 인식에 기초하고 있다. 북한은 대립되어 있는 두 체제의 정치 · 군사적인 기본 구조에서 야기되는 문제를 해결하지 않고서는 경제 · 사회 · 문화분야에서의 교류를 위한 논의 자체가 무의미하다고 주장했다. 당시 북한의 통일방안은 남한에 비해 적극적이고 공세적이었는데, 1980년대 이후 남한의 국력이 북한을 압도하게 되자 소극적이고 수세적으로 변화했다. 북한은 1980년 10월 10일 조선로동당 제6차 당대회에서 고려민주연방공화국창립방안을 발표함으로써 그간의 연방제 통일방안을 구체화시켰다. 이는 자주적 평화통일을 위한 선결조건, 연방조직과 구성의 기본원칙, 연방의 조직 및 10대 시정방침으로 구성되어 있는데, 여전히 평화체제 구축을 위한 전제조건에 치중해 있었다.

남한의 기능주의 접근은 1980년대 후반에 정치분야를 포함한 포괄적인 접근으로 발전되어 신기능주의적 면모를 띠게 되었다. 당시 탈냉전과 사회주의권 붕괴는 남한이 대외관계에서 자신감을 갖게 했고, 체제경쟁에서의 우위는 적극적인 대북정책을 모색할 수 있게 했다. 남한은 북방외교를 추진해 동구 사회주의권 국가들과 수교를 맺었고 소련 · 중국과의 수교도 이루었다. 1988년 서울올림픽 개최를 전후해서는 민족자존과 통일번영을 위한 특별선언(7 · 7선언)과 한민족공동체 통일방안이 제시되었다. 7 · 7선언은 당시 국제정세 변화 속에서 북한의 대남자세 변화를 촉구하기 위한 남한 정부의 적극적인 조치였다. 1989년 9월의 한민족공동체 통일방안은 남북한이 최종 통일국가로 가기 위한 과도적 단계부분을 보강한 것이다. 이는 통일방안에서 중간과정의 설정이 미흡하다는 지적을 보완한 것으로, 통일에 이르는 과도체제와 과도기구를 구체적으로 밝히고 있다. 남북연합의 형성이 중간과정의 과도체제로 제시되었는데, 남북연합의 영문표기는 The Korean Commonwealth로서, 이는 남북연합 안에서 남북한이 각각 주권국가로 남게 되지만 국제법상의 관계가 아닌 국내법에 준하는 특수한 법적 유대를 가지게 된다는 의미이다.[16] 남북연합에서

16_ 사전적 의미는 각 주권국가가 공동의 이익이나 이상 추구를 위해 상징적 통일체제로서 정치 · 경제 등 공통의 관심을 갖는 분야에서 국제법의 규율을 받지 않고 국내법 또는 국내법에 준하는 특수한 법적 유대를 갖춘 특별한 결합체이다.

남북한이 잠정적으로 민족 내부의 특수관계에 놓이게 된다는 점에서 남북연합은 국제정치학의 통합이론에서 언급되는 국가연합(Confederation)이나 연방(Federation)과는 다른 개념이다. 남북연합 안에서 남북한은 각자의 외교 · 군사권을 보유한 주권국가로 남게 되지만, 그것은 1민족 2국가를 의미하는 국가연합이 아니며 1민족 내부의 2체제 연합형태가 된다.

1990년 9월부터는 총리를 대표로 하는 남북고위급회담이 개최되었으며, 1991년에는 기본합의서가 체결되었다. 이는 기존의 비정치적인 분야에서의 교류를 넘어 정치적인 분야로까지 협력이 진전된 것을 의미하며, 신기능주의 방식으로 설명될 수 있는 것이다. 특히 남북한 고위급회담은 남북한의 총리가 대표가 되어 정치, 군사, 경제 등 포괄적인 분야에서 대화를 진행한 것이다. 서울에서 개최된 5차 회의에서 채택된 기본합의서는 "화해, 불가침 및 교류 · 협력"을 포함했으며, 1992년 합의서 이행을 위한 정치 및 군사분야의 공동위원회와 분과위원회가 설립되기에 이르렀다. 남한이 주도적으로 진행한 고위급회담과 기본합의서는 신기능주의의 또다른 핵심인 관료 중심의 역할과 제도적 틀을 바탕으로 한 '교류 · 협력의 정치화'를 이룬 것으로 평가할 수 있다.

이러한 접근은 1993년 3월 북한이 핵확산금지조약(NPT)을 탈퇴하고 핵카드를 활용한 '벼랑끝 외교'를 추구하면서 벽에 부딪혔다. 남한은 핵문제가 해결되기 전까지 경제협력을 중단한다고 선언하는 등 북한과의 대화와 협상을 중단했고, 남북관계는 후퇴했다. 미국은 북한의 NPT 탈퇴선언 직후에는 강경책을 구사했으나 북한과 제네바합의를 채택하면서 대북유화책을 구사했다. 북한 역시 미국과의 직접 협상에 주력하면서 남한과의 관계개선을 회피하는 통미봉남(通美封南) 정책을 구사했다. 김영삼 정부 말기까지 남북관계는 적대적인 상태가 지속되었다. 한반도 문제는 남북관계가 아니라 북미관계에 의해 주도되는 경향이 짙었다.

김영삼 대통령이 1994년 8월 15일 광복절 대통령 경축사에서 밝힌 민족공동체 통일방안은 한민족공동체 통일방안의 기본 골격을 살리면서 3단계 통일정책의 내용을 반영한 것이다. 3단계 통일추진 구도는 화해협력단계와 남북연합단계를 거쳐 1민족 1국가의 통일국가를 완성한다는 방안이다.

1998년 출범한 김대중 정부는 남북관계 개선을 목표로 대북 화해협력정책을 추진했다. 김대중 정부는 북한을 실패한 체제로 간주하면서도 쉽게 붕괴하지 않을 것이며, 이미 변화를 시작했고, 또 변화할 수밖에 없을 것이라는 대북인식을 갖고 있었다. 정경분리원칙은 김대중 정부의 대북접근의 근간이었다. 김대중 정부는 남북한 사이의 심각한 갈등 때문에 당분간 추진이 어려운 당국자 중심의 정치적 대화는 배제하고, 당장 실현이 가능한 비정치분야에서의 경제교류와 협력을 전개했다. 이로 인해 민간이 주도하는 금강산관광이 이루어졌고 대북투자가 확대되었다.

정경분리원칙의 접근은 전형적인 기능주의에 해당하지만 김대중 정부의 화해협력정책은 신기능주의 입장에 서 있는 것이다. 그것은 경제적 · 문화적 교류협력과 함께 정치적 차원의 접근을 추진했으며, 그 결실이 남북정상회담으로 이어졌기 때문이다. 정상회담은 정치분야를 포함했고, 최고당국자 간의 회담이라는 점에서 신기능주의의 모든 요건을 갖추고 있다. 대북정책이 기능주의에서 신기능주의로 발전하는 단초는 2000년 3월 베를린을 방문한 김대중 대통령의 대북제의였다. 김대통령은 북한의 경제발전을 위해서는 도로 · 항만 등 기간시설의 현대화와 확충이 필요하다면서 이를 위한 남북한 당국자 간의 협상을 제의했다. 이는 당국자를 배제한 정경분리원칙을 넘어서 당국자가 중심이 되는 대화를 추진한 것이며, 그 결실은 2000년 6월 남북정상회담으로 이어졌다. 정상회담으로 남한의 대북정책은 다시 신기능주의로 발전되었다.

정상회담 이후 공동선언이라는 기본틀을 바탕으로 장관급회담과 군사장관급회담이 개최되는 등 정치를 포함한 모든 분야에서 정부 관료를 중심으로 한 교류 · 협력이 시작되었다. 남북한의 교류 · 협력은 정치적 신뢰구축을 목표로 추진되었다. 부시 행정부의 대북강경정책과 핵 · 미사일문제 등에도 불구하고 남북한의 신기능주의적 교류 · 협력의 기조는 지금까지 지속되고 있다. 노무현 대통령의 평화번영정책은 대북 화해협력정책을 계승 발전시킨 것으로 기본 골격에서는 차이가 없다. 이는 한반도의 평화를 정착시키고 이를 동북아 전체의 번영으로 발전시키자는 것이며, 동시에 동북아의 평화번영을 위해 한반도의 평화정착이 필수적이라는 정책 기조이다.

화해협력정책이나 평화번영정책은 본질적으로 적대적 의존관계를 청산하고 화해적 공존관계를 이루고자 한다는 점에서 통일정책이라기보다는 대북정책이다. 모두 현상유지를 넘어서 통일을 지향하고 있지만 통일보다는 평화공존과 번영을 우선시하고 있다. 그러나 단순히 평화공존을 지향한다기보다는 북한과의 점진적이고 부분적인 교류협력을 통해 남북한의 유기적 통합을 지향한다는 점에서 이는 통합이론의 기조를 유지하고 있는 것이며, 그 과정에서 사실상의 통일을 추구하고 있다고 할 수 있다.

2) 공동선언과 '사실상의 통일'

2000년 6월 13-15일의 남북정상회담과 회담에서 합의된 공동선언은 남북관계 패러다임을 사실상의 통일로 바꾸는 전기가 되고 있다. 특히 공동선언은 사실상의 통일의 의미를 잘 나타내고 있다.

첫째, 공동선언은 남북관계의 정체성을 변화하게 하는 중요한 계기가 되고 있다. 그것은 분단된 국가로서의 정체성을 넘어 정상국가로서의 정체성에 기반한 상호관계를 발전시킬 수 있는 기틀을 마련했다는 점 때문이다. 이는 남북한이 정상국가로서 교류 · 협력하면서 관념의 공유를 통한 새로운 정체성을 만들어가고 그에 기초한 규칙과 제도 등의 건설을 통해 사실상의 통일을 추진해 가는 것이 급선무라는 점을 확인한 의미가 있다.

흡수통일이나 무력통일이 현실적으로 불가능한 과제라는 점을 공유한 것도 정체성 변화의 중요한 대목이다. 여기에는 남북한이 공통적으로 경험한 경제위기에 대한 인식의 공유도 작용했다. 1997년 남한의 IMF 위기와 1990년대 북한의 경제위기 심화는 남북한 모두에게 협력에 대한 인식과 분위기 조성에 기여했던 것이다.

둘째, 공동선언은 한반도 문제의 당사자 해결에 대한 의지를 중시했다. 공동선언은 남북한의 최고지도자가 직접 서명한 선언(declaration)으로서, 한반도 문제의 당사자 해결에 대한 의지를 확인했다. 전쟁의 직접 당사자로서 우리 문제를 풀어가기 위한 남북한 스스로의 화해협력과 신뢰구축의 노력이 우선 필요하고 중요하다는 점을 표명한 것이다.

분단구조는 남북한 간의 적대적 관계와 주변국들과의 냉전적 관계라는 양면적 측면을 갖는다. 하지만 한반도 문제의 자주적 해결에 대한 노력이 필요하다는 인식은 사실상의 통일 추진의 중요성을 보여준 대목이다. 공동선언은 한반도의 긴장완화와 평화공존이 북한체제의 개혁 · 개방과 밀접한 관련을 가질 수밖에 없다는 점과 함께 한반도 평화체제 구축이나 남북관계 정상화는 북한의 대남관계 개선과도 직결되어 있다는 점을 확인한 의미가 있다. 여기에는 그동안 북한이 추구한 통미봉남정책 역시 한반도 문제의 실질적인 당사적인 남한을 배제하고서는 효과를 거둘 수 없다는 점을 북한 스스로가 인식한 결과가 담겨 있다. 실제 공동선언 이후 북한이 외교적으로 실리주의적 입장을 보이며 서방국가와 수교를 맺고 국제기구에 가입했던 것을 볼 수 있다.

셋째, 공동선언은 평화와 협력의 과정없이 평화통일이 불가능하며, 이를 위해 남북관계의 안정적 관리와 개선이 절대적으로 필요하다는 점을 확인해 주었다. 공동선언은 체제인정과 공존공영의 단계를 통해 통일을 추구하는 방식에 합의한 의의가 있다. 상대방을 거부하고 제거하는 것을 목표로 삼던 과거의 방식과는 다른 것이다.

이는 그동안의 통일방안에서 나타나는 교훈이기도 하다. 이념과 체제가 다른 남북한이 당장 합의에 의한 법 · 제도적인 통일을 달성하기란 현실적으로 불가능하며, 무력에 의한 통일을 배제하면 대화와 협력을 통한 신뢰구축과 공존 · 공영이 통일을 추진하는 유일한 방법이라는 점이다. 사실상의 통일을 추구하면서 우리의 외교력, 안보력, 경제력, 민주시민 역량 등을 키우고 북한의 급변사태에 대비하며, 전쟁을 예방하고 안보를 굳건히 하는 가운데 남북한 공동의 번영이 추구되도록 하는 것이 실용적인 대안이자 역사적 과제가 된다.

넷째, 공동선언은 통일과정에서 평화정착과 신뢰구축단계를 우선 추구할 것을 합의했다. 이는 흔히 연합제와 낮은 단계 연방제의 공통성 인정문제로 언급된다.[17] 남한의 연합제는 민족공동체 통일방안을 지칭한다. 연합제는 완성된 통일을 목표로 3단계를 지향하고 있는데, 1단계는 화해협력 단계(상호 신뢰구축 추진), 2단계는 남북연합단계(교류 · 협력의 활성화와 제도화), 3단계는 1민족, 1국가, 1체제, 1정부의 통일국가 완성단계이다.

북한의 통일방안은 고려민주연방공화국창립방안(고려연방제)으로, 1국가, 2체제, 2정부를 통일의 완성단계로 보고 있다. 이는 남과 북의 2체제, 2정부 위에 국호 · 국가 · 국기를 하나로 군사권과 외교권을 통일해서 행사하는 1국가(중앙정부 성격)를 두고, 남과 북의 2정부(지방정부 성격)는 각각 자본주의 체제와 사회주의 체제를 유지하는 내치권만 갖도록 하는 방안이다. 그러나 이념과 체제가 달라 근본적으로 합의가 되지 않는 상황에서 어떻게 통일국가의 중앙정부를 수립하고 군사권과 외교권을 가지게 할 수 있을지 의문이다. 이는 중앙정부라는 또다른 테이블로 이념과 체제의 갈등과 반목을 고스란히 이동시켜 놓은 수사적 개념에 불과하다. 북한의 연방제는 1990년대 사회주의권이 붕괴되고 동독이 서독으로 흡수통일되는 국제환경 변화 앞에 전술적인 변화를 보이기 시작했다. 1991년 김일성은 신년사

17_ 강만길, 『우리 통일, 어떻게 할까요』(서울 : 당대, 2003), pp. 130-197.

를 통해 "1민족, 1국가, 2제도, 2정부에 기초한 연방제"를 제의했으며, "남북에 서로 다른 두 제도가 존재하고 있는 우리 나라의 실정에서 조국통일은 누가 누구를 먹거나 누구에게 먹히우지 않는 원칙에서 실현되어야 한다"고 주장하고, 제도통일은 후대에 맡기며, 지역자치정부의 권한을 강화해 외교권, 군사권, 내치권을 각자가 갖도록 하자고 제안했다. 기존의 2체제에서 2제도로 변화하고, 지역자치정부의 권한을 강화한 김일성의 주장은 독일의 흡수통일방식에 충격을 받은 결과로서, 국제정세 변화 속에 체제보장의 문제를 우려한 것이다. 남북한 각각의 동등한 지역정부론을 주장함으로써 북한체제의 인정과 유지를 확인하려는 의도였다.

낮은 단계 연방제는 이러한 전략적 변화의 내용을 정리한 용어이다. 연방제라는 궁극적인 목표를 철회하지는 않았으나 북한 스스로가 수세적 현실에서 낮은 단계의 연방제를 제기한 것이며, 이는 남한의 연합제에서 추구하고 있는 화해협력과 연합단계의 필요를 우회적으로 인정한 것이다. 이러한 점에서 북한은 남북한 통일방안 간에 공통점이 있다는 인정이 가능했던 것이다.

정상회담 후 북한은 낮은 단계 연방제가 정치 · 군사 · 외교권 등 현존하는 남북 정부의 기능과 권한을 그대로 두고 그 위에 민족통일기구를 내오는 방안임을 공식화했다.[18] 북한은 낮은 단계 연방제를 "잠정적으로 연방공화국의 지역 자치정부에 더 많은 권한을 부여하며 장차로는 중앙정부의 기능을 더욱 더 높여 나가는 방향에서 연

18_ 조국평화통일위원회 안경호 서기장 고려민주연방공화국 창립방안 제시 20돌 기념 평양시 보고회 연설, 『조선중앙방송』, 2000년 10월 6일.

방제 통일을 점차적으로 완성할 데 대한 방안"으로 규정했다. 이는 낮은 단계 연방제를 고려민주연방공화국창립방안과 동일시하면서도 전략적으로 변화할 수밖에 없는 현실을 반영한 것이다.

다섯째, 공동선언은 당시 국내외 정치적 변화에 적응해야 할 필요성에 대해 남북한 모두가 인식을 공유한 결과이다. 이는 사실상의 통일의 중요성에 대해 인식하게 하는 요인이기도 하다. 대외적 요인이란 세계화에 따른 시장통합과 초국가적 연관성 증대, 그리고 미 · 중관계의 양면성 속에 나타나고 있던 동아시아의 안정지향적 협조 흐름을 말한다. 대내적 요인이란 남북한이 겪은 IMF와 경제위기 속에 정치군사적 긴장을 줄이고 경제적 이익효과를 만들어야 할 필요를 말한다.

이렇게 보면 공동선언에는 남북한 모두의 생존전략적 필요가 전제되어 있었다. 특히 북한의 변화라는 측면에서 보면, 세계화에 기초한 신자유주의적 외압이나 힘의 우위에 근거한 현실주의적 접근은 북한 지도부의 선택의 폭을 제한시킴으로써 바람직하지 않은 결과를 가져올 수도 있다는 점을 시사하고 있다.[19]

이상의 내용을 종합하면 공동선언은 점진적 통일과정을 직시하고 있으며, 실사구시적인 현실 인식 속에서 협상과 협력을 중시하게 만드는 전기가 되었다. 공동선언은 또한 통일을 점진적이고 안정적으로 추진해야 통일비용이나 변혁의 폭을 줄일 수 있다는 사실상의 통일 인식을 확인하는 계기도 되었다. 결론적인 교훈은 통일지

19_ 김태환, "신국제질서의 제약요인과 남북 화해협력관계의 지속성 : 탈냉전적 분석틀을 위한 시론," 韓國國際政治學會, 『國際政治論叢』, 제42집 3호(2002), pp. 192-198.

상주의에서 벗어나 통일 보다는 평화를 우위에 두고 점진적이면서도 평화적 과정에 입각해 사실상의 통일을 먼저 추구하는 접근이 중요하다는 점이다.

3) 공동선언 이후의 남북관계와 구성주의

남북정상회담이 신기능주의적 접근으로 발전하는 계기가 되고 공동선언이 추진되면서 변화하고 있는 남북관계는 구성주의적 인식을 통합이론에 결합해야 할 필요를 제기하고 있다. 그것은 정부 간 협력과 민간주도의 경제 · 사회문화교류가 병행되면서 그 파급효과가 의도적으로 추구되고 있고, 그로 인해 남북한 서로에 대한 정체성이 새롭게 규정되도록 만들고 있기 때문이다.[20] 공동선언 이후 남북관계의 모습이 이러한 적극적 전략을 추구하고 있다는 점은 신기능주의에 바탕을 둔 가운데 구성주의적 인식의 중요성을 제기해 준다. 구성주의 접근이 한반도 사례나 통일문제에 적용이 가능한 것은 정체성의 형성과 변화양상을 분석해 볼 수 있다는 점 때문이다. 이는 남북관계에서 나타나는 새로운 규칙이나 관념의 역할이 가져올 수 있는 영향력에 대해서도 고찰할 수 있기 때문이다.[21]

정상회담 이후 남북관계는 상전벽해(桑田碧海)와 같은 변화

20_ 김학노, "평화통합전략으로서의 햇볕정책," 『한국정치학회보』, 제39집 5호(2005 겨울), pp. 238-240.

21_ 신욱희, "구성주의 국제정치이론의 의미와 한계," p. 162.

가 이루어지고 있다. 그간의 변화를 놓고 논란이 많으며, 실제 핵 · 미사일 문제와 같은 난관이 앞에 놓여 있는 것도 사실이다. 중요한 것은 그간의 변화가 남북관계의 패러다임을 사실상의 통일 과정으로 보도록 요구하는 실체들이라는 점이다. 그것은 단순한 실적이라기보다는 전쟁의 당사자가 대화와 협력을 통해 만들어낸 '역사의 축적물'이라는 의미를 가진다. 이러한 변화는 사회적 상호 행위와 공동의 규범이 증가하는 과정으로 보아야 하는 것이다.

공동선언 이후 남북관계의 변화를 몇 가지 통계로 살펴보면 다음과 같다.[22] 당국차원의 대화를 보면, 분단 이후 당국차원의 대화는 1971년 8월 이산가족 상봉사업 추진을 위한 적십자실무접촉으로 시작되었다. 당시부터 2000년 5월까지 총 360여 회 회담이 있었다. 공동선언 이후 2006년 12월까지 176회의 회담(2006년 23회)이 열렸다. 그 중 정치분야 34회, 군사분야 38회, 경제분야 69회, 인도 · 사회분야 35회 등이었다.

남북한 간 합의서 작성을 보면, 1971년 8월부터 2000년 5월까지 50여 건인 데 비해 2000–2006년까지 125건(2006년 8건)이 이루어졌다. 남북대화 개최와 합의서 작성은 남북 간 교류 · 협력의 징표라고 할 수 있다는 점에서 의미가 있다. 그것은 남북한이 우선 만나서 협의하고 그 결과를 공표하는 것이 전제되어야 교류 · 협력이 진행될 수 있기 때문이다.

남북교역을 보면, 교역은 남북한 인적 · 물적 교류협력의 기

22_ 통일부 홈페이지(unikorea.go.kr) 통계자료 : 통일부, 『평화를 향한 질주 4년 : 숫자로 보는 대북정책 성적표–참여정부 4년 대북정책 성과』(2007) 참조.

본적 정책방향을 제시한 1988년의 7 · 7선언 이후부터 시작되었는데, 1989년에는 1,872만 달러에 불과했다. 2000년에 4억 달러로 성장했고, 2005년에는 남북교역 1조 원(10.5억 달러) 시대를 개막했다. 이는 북한의 대외교역 총액 40억 달러의 25%에 육박하는 수준으로 중국에 이어 북한의 두 번째 교역상대국으로 발전했다. 2006년은 13.5억 달러로 나타났다.

남북 인적 왕래를 보면, 1989년에서 1997년까지 2,405명에 불과했는데, 2005년 왕래인원은 금강산관광을 제외하고 88,341명에 달했다. 이는 지난 60년간 왕래인원 85,400명을 상회하는 것으로 나타났다. 2006년은 101,708명으로 10만 명을 돌파했다. 금강산관광의 경우, 2006년이 234,446명으로 1998년 11월 사업 시작 이후 총 1,389,690명으로 집계되었다.

이산가족 상봉사업의 경우, 1985년에는 187명으로 2-3시간의 상봉에 그쳤지만, 2000년 8 · 15를 계기로 시작해 2005년까지 12차례 11,788명이 2박 3일 동안 만남을 가졌다. 2005년에는 광복 60주년을 계기로 이산가족 화상상봉을 방식을 새롭게 도입해 고령 이산가족들의 상봉 기회를 확대했다. 2006년은 화상상봉을 포함해 674명이 상봉 기회를 가졌다. 이산가족 면회소는 2005년 8월에 착공되었으며, 북핵문제로 건설이 중단되었으나 2007년 제20차 남북장관급회담(2. 27-3. 2)과 적십자 실무접촉(3. 9-10)을 통해 건설 재개가 합의되었다.

2007년 2월 13일의 제5차 6자회담 3단계 회의에서의 합의로 북핵문제 해결의 단초가 마련되고 있으며, 제20차 남북장관급회담을 계기로 남북관계가 복원되고 있다. 인도주의 분야의 협력사업 재개,

남북경제협력추진위원회 회의 개최 등이 합의되어 추진중에 있다. 2007년 5월 17일에는 남북철도 시험운행이 이루어졌다. 경의선 철도는 1951년 이후 56년 만이며, 동해선 철도는 1950년 이후 57년 만이다. 이범 시험운행은 2000년 7월 제1차 남북장관급회담에서 경의선 철도 연결을 위해 협의한다고 합의한 이래 7년 만에 거둔 결실이다.

무엇보다 의미 있는 변화는 3대 경협사업이 확대 · 발전되고 남북경협의 제도화 수준과 안정성이 제고된 점이다. 개성공단 건설은 중소기업들에게 인건비 · 분양가 등에서 새로운 활로가 되고 있고, 광복 60년 만에 직통전화 연결, 개발 · 운영과정에서 시장경제방식에 대한 북한의 이해도가 향상되는 등의 효과를 거두고 있다. 개성공단사업은 2004년 12월 첫 제품을 생산한 이후 2007년 2월 기준으로 총 생산액이 1억 1천만 달러를 달성했으며, 총수출액은 2천6백만 달러를 이루었다. 북측 근로자 12,900여 명, 남측 근로자 800여 명 등 20,000여 명의 남북 근로자가 함께 일하고 있으며, 방문인원도 10만 명을 돌파했다. 개성공단사업은 민간의 필요와 기업의 이윤추구라는 경제논리에 입각해 추진될 수 있는 토대가 마련된 셈이다. 한 · 미 FTA에서 개성공단이 역외가공지역(Outward Processing Zone : OPZ)이란 조건부 지위를 얻은 것은 북한에게 일반적인 기준 및 관련 국제규범을 통한 '외교적 침투' 와 같은 영향을 주는 의미가 있다. 북한도 개성공단의 보완점을 두고 고민할 수밖에 없을 것으로 보인다. 남북 철도 · 도로 연결사업은 실제 군사분야의 남북협력을 수반하며, 통일과정과 이후의 기초 인프라 사업이라는 점에서 실질적인 의미가 있다. 금강산관광은 육로관광(2003년)을 계기로 2005년부터 수익성을 확보하는 단계로 발전하고 있다. 「투자보장합의서」 등 13개 경협합의서가 발표되었으며, 남북경제협력협의사무소가 개소(2005. 10. 28, 개성) 되어 운영되고 있다.

안타까운 것은 북한의 핵문제가 남북관계의 발목을 잡고 있는 점이다. 사실상의 통일과정에서 제기되는 것이 북핵문제의 평화적 해결과 남북관계 개선의 조화이지만, 북핵문제의 해결 없이 남북관계 개선에는 분명한 한계가 있다. 여전히 북핵문제의 해법이 미국은 북한체제를 보장하고 북한은 핵을 포기하는 길이라는 점에서 미국의 신축적 접근과 북한의 전략적 결단이 필요하다. 북한과 미국의 상호 불신이 크며, 북핵문제 해결에 북 · 미합의가 이루어진다 해도 그 과정은 단계적 이행이 될 수밖에 없기에 6자회담의 틀은 '보증'이 될 수 있다는 점에서 여전히 중요하다. 6자회담은 역내 다자 간 대화와 협력의 경험을 제고하며, 북핵문제 해결 이후 동북아 안보협력체 구축을 가속화할 수 있다는 점에서도 또한 중요하다.

남북한과 동북아는 안보협력체 구성의 초기단계에서 필요한 다자간 기구나 제도도 창설하지 못하고 있지만, 북핵문제를 중심으로 평화와 안정에 대한 공유된 지식이나 정체성 조성은 이루어지고 있다. 동시에 중시할 대목은 국제환경 변화에 따른 불확실성이 증가하고 상호작용이 증가하면서 공동이익을 모색하기 위한 안보협력의 필요성을 인식해 가고 있다는 점이다. 북핵문제 외에도 영토분쟁, 민족주의 갈등, 포괄적 안보위협 증대 등은 동북아 다자 간 안보협력의 필요성을 고조시키고 있는 환경요인들이다.

4) '사실상의 통일'과 한반도 평화체제 구축

사실상의 통일의 필요에 대해서는 그간의 통일방안에 나타난 역기능적인 모습이나 한반도 평화체제 구축의 과제와 결부해 보더라도 잘 나타난다. 사실상의 통일은 통일방안의 측면에서 보면 화해협력과 남북연합단계를 포함하는 개념이며, 북한의 낮은 단계 연방제에서 설정하고 있는 잠정적인 통일상태도 포괄한다.

여기서 강조하려는 것은 사실상의 통일이 신뢰구축, 공존과 화해협력, 평화정착과 번영 등의 단계를 필요로 한다는 점이다. 남한의 연합제는 교류를 통한 점진적인 기능 통합을 염두에 두고 평화공존의 전제 아래 교류를 심화시켜 사실상의 통일단계를 거쳐 제도적 통일을 이룬다는 것이다. 이를 위해 남북연합의 틀 안에서 정상회의, 국회, 각료회의 등을 통해 교류의 폭을 넓혀 가는 방법을 강조하고 있다. 낮은 단계 연방제는 통일방안이라기보다는 남북한의 분단 상태 유지를 목표로 한 방편이다. 북한은 정치적 결단만 있으면 정치통합이 언제든 가능하다는 주장을 하고 있지만 현실적으로 그것이 과연 가능한가의 문제가 여전히 남아 있다. 또한 현재 남한에 비해 수세인 북한이 먼저 공존과 체제유지를 추구할 수밖에 없는 것이 현실이다.

평화체제 구축의 핵심은 한반도에서 실질적인 평화와 안정을 가져다 줄 수 있는 장치를 구축하는 것이다. 정전체제 아래 남북한 간 군사적인 신뢰구축이 이뤄지지 않았고 북핵문제가 안보현안인 상황에서 평화체제를 실현하겠다는 것은 성급하다. 평화체제 구축에서 인식할 것은 평화체제 자체가 점진적이고 단계적으로 추진해 나가는 과정이라는 점과 국제사회가 이해할 수 있는 상황과 여건이 조성되어야 한다는 점이다. 평화체제의 성급한 추진보다 중요한 것은 근본적이고 여건 조성에 기여할 수 있는 하부구조와 제도 마련이다.

평화체제의 명문화 방안으로 남북기본합의서를 보완해 정전협정을 폐기하거나 전쟁상태의 종결 및 평화상태 회복을 선언하는 방안, 남북군사관계 규율을 마련하는 방안 등이 있을 수 있다. 국제적 보장으로서 2+2, 2+4, 한국전쟁 참여국 간의 다자 간 보장방식 등도 평화체제 명문화 방안으로 구상해 볼 수 있다. 중요한 것은 이 모두가 남북한 신뢰구축을 전제하거나 적어도 병행하는 것이 필요하다는 점이다. 그러한 점에서도 사실상의 통일은 현실적이며 시급한 실천과제이다.

4. '사실상의 통일' 인식과 평화윤리의 과제

사실상의 통일과정에서 필요한 평화윤리의 과제는 구성주의적 관점에서 언급하고자 한다. 구성주의는 한반도 평화과정에서 필요한 대안적 인식의 기반과 과제를 설정하는 데 유용하다. 언급한 바와 같이 한반도의 평화통일을 추구하기 위해서는 새로운 시각과 이론에 기초한 의식적 실천과 개입, 인식의 전환 등이 필요하다. 국제질서를 주어진 것으로 보는 신현실주의에 의거할 때, 한반도 평화는 냉전적 평화 혹은 군사력 균형을 통한 억지와 유사한 의미를 갖게 된다. 결과적으로 분단체제의 현상유지가 되기 십상이다. 탈냉전시대의 평화나 안정은 동북아에서 미국에 대항하는 새로운 패권국가의 등장을 방지하는 현상유지적 질서이기 때문이다.[23] 주변국에 포위된 상태에서 일정한 정책선택의 제약이 있더라도 평화를 위한 인식적 방법이나 실천적 규범에 대해서는 모색해야 한다.

이러한 모색은 한반도 평화윤리의 중요한 부분이다. 우선 평화에 대한 문제가 통일문제와 교육의 기본 주제가 되고 있기 때문이다. 또한 오늘날 평화윤리의 비중이 정치적 지배질서의 조직뿐만 아니라 인간들 사이에서 성공적 공동생활의 조건들에 대한 성찰에 있기 때문이다.[24] 이를 위해서는 합리주의적 접근방법이나 단순한 협력의 차원을 넘어 통일공동체로까지 인식적 · 실천적 구상을 해야 한다. 이는 구성주의를 통해서 일정 부분 가능할 수 있다. 구성주의에서 논의하는 힘과 지식의 재구성과 공유, 상호작용, 정체성, 신뢰, 국제기구와 제도 등의 내용이 시사하는 바는 적지 않다.

1) 남북한 정체성과 상호성 변화

첫째, 남북관계가 추구할 통일에 대한 정체성 변화가 필요하다. 이를 위해 통일이 평화 · 안보 등의 새로운 개념들과 결합되어야

23_ 구갑우, “비판적 국제이론과 한반도의 평화과정 : 대안적 연구의제의 설정,” 통일연구원, 『統一政策硏究』, 제11권 1호(2002), pp. 4-6.

24_ W. 후버 · H. R. 로이터 지음, 김윤옥 · 손규태 옮김, 『평화윤리』(서울 : 대한기독교서회, 1997), pp. 11-13, 385.

한다. 평화는 전쟁 이외의 다양하고 광범위한 사회의 여러 문제를 포괄하는 개념적 변화가 이루어지고 있다. 간접적 폭력이나 구조적 폭력 등을 통해 정치 · 경제 · 사회적으로 고통을 당하고 있는 현상도 불평화로 지칭된다. 갈퉁(J. Galtung)은 사회정의가 구현되고 갈등의 민주적 조정과 국가 간 협력이 이루어지는 상태를 적극적 평화(Positive Peace)라고 한다.[25] 전쟁의 부재를 의미하는 소극적 평화(Negative Peace) 개념에 비해 적극적 평화는 조화롭고 비착취적인 사회구조를 확립하는 것을 포함한다. 갈퉁의 구조적 폭력에는 전쟁뿐만 아니라 핵, 가난과 기아, 생태계 파괴, 성차별, 인종차별 등도 포함된다.

적극적인 교류협력을 바탕으로 한반도의 구조적 평화정착을 위해 적극적 평화를 추구하고 있는 남한과 달리, 북한은 여전히 미국 제국주의 타도를 앞세우며 적극적 평화 개념을 부차적인 것으로 간주하고 있다. 그러나 사실상의 통일과정에서 적극적 평화가 추구되어야 한다. 평화는 비용을 투자해 만들고 관리해야 할 대상이라는 인식도 필요하다.

사실상의 통일과정에서는 우리 사회의 구조적 폭력을 해소하기 위한 노력도 추구되어야 한다. 국민들이 가난, 차별, 소외, 억압 등과 같은 또다른 형태의 폭력에 시달리게 된다면 이는 진정한 평화일 수 없을 뿐만 아니라 통일 추구에도 공감대를 형성해내기 어렵게 된다. 이러한 의미에서 안보 역시 국가의 억압, 가난, 차별, 소외 등 다

25_ 요한 칼퉁, 『평화적 수단에 의한 평화』(서울 : 들녘, 1996) ; Johan Galtung, "Peace Research : Past Experiences and Future Perspectives," *Essays in Peace Research*, 3 (1990) 참조.

양한 구조적 폭력으로부터 개인을 보호하기 위한 인간안보(human security)가 보편화되어야 한다.

이렇게 보면 전쟁 재발 방지와 한반도 평화를 넘어 인간안보의 실현을 위해 적극적 · 구조적 평화를 추구하는 것이 사실상의 통일 과정에서 중요한 과제가 된다. 이를 위해 힘(power)과 발전(growth)의 의미에 대한 재구성도 필요하다. 힘을 물리적인 차원에서만 보지 않고 정체성과 이익의 상호 호혜적 규정, 국가의 관행을 개선해 가는데 필요한 공유된 인식과 결정하는 권위 등으로 받아들일 수 있어야 한다. 규칙을 만들고 다른 행위자들이 이를 따르도록 하는 능력도 필요하다. 발전 역시 힘에 기초한 부국강병적 발전이나 경제중심적 발전이 아니라 협력과 조화 창출 능력, 도덕적 리더십, 인간과 사회발전의 가치 존중 등을 의미하는 것으로 확장되어야 한다.

둘째, 상호성에 대한 인식 변화가 필요하다. 상호성 규범(norm of reciprocity)은 개인뿐만 아니라 국가 간의 관계에서도 존재하며, 우호적인 대우를 받은 국가가 그에 상응하는 우호적인 행동을 하기 마련인데, 그렇게 하지 못할 경우 국제사회에서 소외되는 규범이다.[26] 상호성 규범을 따르지 않는 경우도 있는데, 대체로 인식적 편견, 동기에 대한 편견, 상호적으로 행동할 힘의 부재, 상대적 이득의 추구, 국내정치와 후견국가의 압력 등은 상호성을 방해하는 요인들이다.[27] 상호성을 잘 적용하기 위해 우선 생각할 것은 포괄적 상호성(diffuse recipro-

26_ Deborah W. Larson, "Exchange and Reciprocity in International Negotiations," *Journal of International Negotiations*, 13(1998), p. 17.

27_ 박재민, "김대중 정부 시기 남북한 간 상호성에 관한 연구," 韓國國際政治學會, 『國際政治論叢』 제43집 1호(2003), pp. 320-323.

city)이다.[28] 이는 엄격한 상호성(specific reciprocity)과 구별되는 것으로, 동시성(同時性)과 등가성(等價性)에 덜 민감하고 의무가 부가되지 않거나 즉각적인 의무이행을 강조하지 않는 것을 뜻한다. 하나를 주고 즉시 하나를 요구하지 않고, 상대방으로부터의 우호적인 반응이 당장 없더라도 우호적인 행동을 지속해서 종국에는 상대방으로부터 우호적인 행동을 끌어내며, 결과적으로는 이러한 교환이 대등한 가치의 교환이 되도록 하는 것을 말한다.

포괄적 상호성을 위해서는 오스굿(Charles Osgood)의 주장처럼 오랜 기간 적대관계에 있어온 국가와 협력하기 위한 신뢰구축이 우선되어야 하며, 상대방 국가가 자국에 대해 가지고 있는 과거의 부정적 이미지를 줄이기 위해 반복적인 우호적 행위가 필요하다.[29] 물론 우호적 행위가 자국의 안보를 위협하는 것이 되어서는 안 된다.

상호성을 위해서 상호작용은 중요하다. 상호작용은 행위자 간의 커뮤니케이션의 패턴과 양을 의미한다. 상호작용의 질적 · 양적 성장은 집합적 경험을 구체화하고 사회적 사실을 바꿀 수 있다. 상호작용 과정에서 상호 이해, 현실에 대한 인식, 규범적인 기대 등에 대한 소통을 통해 개인적 · 집합적 이해와 가치에 변화가 일어날 수 있기 때문이다. 상호작용은 규범과 인식의 공유를 촉진하고 관행 형성에 긍정적인 기반을 제공함으로써 집합적 학습과 집단 정체성의 발전에 기여한다. 주의할 것은 상호작용이 집단 정체성을 반드시 좋게 만드

28_ Robert O. Keohane, "Reciprocity in international Relations," *International Organization*, 40(1986), p. 4.

29_ 오스굿은 이를 'GRIT : Graduated Reciprocation in Tension Reduction'이라고 한다. Charles E. Osgood, "The GRIT Strategy," *Bulletin of Atomic Scientists*(1980), pp. 50-60.

는 것만은 아니라는 점이다. 긍정적 상호작용을 통해야 동류의 집단 정체성이 생겨나고, 이는 공동체 형성의 기초가 되며, 그에 따른 집단 이익도 새롭게 정의된다. 공동체는 행위자들이 집단 정체성 속에서 신뢰를 바탕으로 서로를 동일시하게 되면서 결과적으로 평화적 변화라는 집단이익에 대한 신뢰와 기대와 확신을 갖게된 상태이다. 따라서 사실상의 통일과정에서 접촉을 통한 변화를 추구하되 잘 접촉해야 하며, 서로의 자존심을 지켜주기 위한 노력이 중요하다. 추가한다면, 북한이 남한의 대북정책으로 이익을 얻고 있다는 것을 인지하고 있다는 점에서 한반도 긴장완화와 평화정착을 위해 '접촉을 통한 변화' 와 '발전을 통한 변화' 를 병행할 필요가 있다.

종합하면, 사실상의 통일과정에서 중요한 것은 신뢰회복과 건강한 상호작용을 통한 집단 정체성을 형성하는 방향이다. 정책 기조는 화해협력 과정의 진전이 될 수밖에 없으며, 그 과정에서 긍정적인 상호작용이 이루어지도록 해야 한다. 신뢰는 정치경제협정이나 상대방에 대한 확신, 공유된 지식 등을 증진시키는 상징적 계기를 통해 형성될 수 있다는 점에서 정상회담과 공동선언은 의미 있는 기회가 되었다.

기능주의적 접근에 의한 상호작용을 지속하는 데서 고려할 것은 북한으로 하여금 과거로의 회귀를 제어하는 길이다. 그 길은 지속적인 공동이익의 창출과 배분 및 갈등 관리를 위한 제도화이다. 이는 북한의 국내정치에 우회적으로 개입하는 길이기도 하다. 경의선 연결과 개성공단 건설의 경우처럼 남북한 간 윈윈(win-win)적 협력의 망을 확대하고 제도화하는 것이 필요하며, 그 과정에 참여하는 주체를 확대할 수 있다면 남남갈등을 완화하는 데도 효과가 있을 것이다.[30]

2) 균형 인식의 문제

평화윤리의 과제로 몇 가지 통일쟁점에 대한 균형 인식이 제기된다.

첫째, 민족공조에 대한 균형 인식이다. 민족공조는 남북 화해협력의 중요한 상징이 되어 있지만 동시에 염두에 두어야 할 것이 있다. 민족과 민족주의는 통일을 추진하는 데 중요한 이념적 상징이자 원동력이지만 남북한 간의 민족의 개념이 많이 달라 있다.[31] 북한의 민족 개념에는 외형적으로는 언어, 핏줄, 문화가 전제되어 있지만, 내용적으로는 '수령=국가=사회주의체제=개인 운명'이라는 네 가지 차원이 동일시된 개념으로 정립되어 있다.

유념할 것은 남북한이 자주 만나고 교류하되 이질적인 민족의 의미를 인식하면서 만나야 하며, 나아가 북한주민들로 하여금 '수령=국가=체제=개인'을 동일시하는 관념 이외에 보편적 · 인류애적 가치가 있다는 점을 알게 해주는 것이 과제가 되어야 한다는 점이다.

둘째, 화해협력과 평화번영의 균형 인식이 필요하다. 사실상의 통일을 추구하는 데 있어 주변국들의 우려를 어떻게 불식하고 협

30_ 구갑우, "비판적 국제이론과 한반도의 평화과정 : 대안적 연구의제의 설정," 통일연구원, 『統一政策硏究』, 제11권 1호(2002), p. 25.

31_ 김창근, "북한 지도부의 민족 · 민족주의 담론 : 특징과 의미," 북한연구학회, 『北韓硏究學會報』, 제7권 제2호(2003), pp. 33-57 ; ______, "김정일의 민족 인식과 정치적 활용," 韓國國民倫理學會, 『國民倫理硏究』, 第54號(2003), pp. 61-83 ; ______, "북한의 '수령교양'의 가치덕목과 내용," 韓國國民倫理學會, 『國民倫理硏究』, 第58號(2005), pp. 343-364.

조를 얻어낼 것인가에 대한 세계체제차원에서의 문제의식이 필요하다.[32] 그것은 화해협력에서 평화번영으로의 정책적 · 인식적 확대가 제기되는 배경과도 관련된다.

주변국들이 남북한의 통일 추구와 민족공조 문제를 인간적 아픔의 해결과 재결합의 문제로만 볼 것인지를 우리는 자문해 보아야 한다. 주변국들이 한반도의 통일을 동북아에서 커다란 현상변화이자 강대국의 출현으로 받아들일 수 있다는 인식이 필요하다. 우리가 추구하는 민족 개념이 주변국들에게는 배타적 민족주의나 한민족 중심주의, 우월주의로 치부될 가능성이 없지 않다. 가뜩이나 우리 사회는 단군, 백의민족, 순수혈통, 순결한 피 등에 대한 관념이 크고 유교적 영향으로 가족공동체주의 경향이 크다. 자칫 한반도의 통일을 20세기 역사에서 나타났던 파시즘(Fascism)이나 나치즘(Nazism)에 버금가는 '한(韓)이즘'으로 받아들여 우려할 가능성이 적지 않은 것이다. 일부에서는 청색의 한반도 깃발이 한민족 중심적인 사고의 반영이라는 지적도 있다.[33]

우리는 열린 민족주의를 표방하며 사회와 인간중심적 발전을 국내와 전 지구적 차원에서 추구할 수 있는 역량을 구축해야 한다.[34] 한반도 통일의 관념은 한민족을 넘어 동북아와 세계의 평화번영 및 보편적이며 인류애적 가치의 성장에 기여하는 방향으로 확장되도록 하는 노력이 필요하다.

32_ 이수훈, 『세계체제, 동북아, 한반도』(서울 : 아르케, 2004).

33_ 라종일, "통일을 보편가치로 승화하자," 『문화일보』, 2004. 3. 11.

34_ 박명규, "소국주의와 대국주의를 넘어서," 『21세기의 한반도 구상』(서울 : 창비, 2004), pp. 59-81.

셋째, 통일문제가 남북한문제이자 국제문제라는 균형 인식이 필요하다. 그동안 한반도의 평화문제가 냉전적 시각, 동맹적 시각, 국제적 시각에서 많이 언급되다가 공동선언 이후 상대적으로 자주적 인식이 부각되고 있다. 통일문제를 풀어가는 데 있어 자주적 인식은 중요하지만 자주적 인식이 마치 한반도 문제가 남북한 양자적 방식의 문제인 것처럼 이해되도록 해서는 안 된다.

한반도 문제의 지정학적 의미란 현실 국제정치에서 중요한 역할을 담당하는 행위자들의 이해가 다양한 형태로 개입되어 얽혀 있다는 뜻이다. 한반도의 안정이 동북아 평화유지의 핵심적 관건이며, 한반도 평화정착은 이들 주변 강대국들의 이해관계의 조정을 전제로 하고 있다는 의미이다.

핵문제의 경우, 남북관계 개선을 통해 핵문제 해결을 용이하게 할 수 있는 측면도 있지만, 동시에 핵문제가 해결되어야 남북관계 진전이 탄력을 받을 수 있는 측면이 분명히 있다. 북핵문제는 남북한 양자적 방식의 노력과 함께 다자적 방식의 노력이 필요하다. 이는 6자회담을 한반도 주변국 간의 안보대화협의체로 발전시키려는 정책방향이 제기되는 것과 무관치 않다.

넷째, 화해협력과 안보는 균형을 넘어 상생(相生)관계로 인식되어야 한다. 화해협력을 잘 추진하기 위해서라도 안보는 필요하고, 안보 역할을 발전시키면서도 사실상의 통일과정을 지속시켜야 한다는 점에서 화해협력은 불가피한 것이다. 화해협력과 안보의 두 역할을 균형되게 이해하고, 모두가 평화통일 추구라는 같은 방향을 보고 있다는 점을 인식해야 한다. 화해협력과 안보는 통일과정에서 모두 필요한 '역할론'으로 인식하는 것이 바람직하다.

다섯째, 북한의 핵무기 개발 추구가 결과적으로 민족공조에 가장 배치되고 있으며, 북한 스스로도 민족공조를 편의주의적으로 활용하고 있다는 점을 인식해야 한다. 북핵문제가 불거질수록 남북관계는 북미관계로부터 심대한 영향을 받게 되어 있다. 북핵문제는 1차적으로 핵문제를 야기해서 남한의 입장을 어렵게 만들고 있는 북한에 원인이 있다. 북한의 핵보유계획은 결과적으로 동북아의 군비경쟁을 야기할 가능성이 크고 남북 모두를 궁지로 몰아간다는 점에서 정당화될 수 없다.

남북관계는 그 자체만으로는 한계가 있다. 남북관계는 북미관계 · 한미관계와 함수관계에 있다. 북한은 우선 남한의 입장을 곤혹스럽게 만들지 말아야 하며, 북핵문제가 잘 해결되어 가면서 북미관계도 풀려야 남북관계도 발전해 갈 수 있다는 점을 인식해야 한다. 한반도 문제는 동북아 지역의 안정적 질서를 위한 미국의 정치적 · 전략적 현안이라는 점에서 중요한 가치가 있는 것은 분명하다.[35] 북한 스스로도 민족공조냐 한미동맹이냐를 양자택일의 관점에서 보지 말고 경제와 외교실리를 택하는 전략적 결단이 필요하다.

여섯째, 북핵문제 해결을 위한 미국의 신축적 역할과 우리 사회의 초당적 협력이 필요하다. 북핵문제 해결과정에서 중국의 역할론이 부각되고 있지만 미국의 역할이 병행되지 않으면 중국의 역할도 한계가 있는 것이 현실이다. 미국의 신보수주의자들의 시각은 강경하지만 현실적으로 북한의 경제상황이나 내부형편은 여유롭지 않다. 미

35_ Sharif M. Shuja, "Washington's Asia Policy," *Contemporary Review*(April 1999), pp. 173–175.

국은 북한이 기회를 놓치지 않도록 여건을 만들어 줄 필요가 있으며, 이에 관한 우리 사회의 초당적 협력은 절실하다. 한미동맹도 군사적이거나 방어적인 개념의 시각을 넘어서 새로운 동맹 비전 아래 구축되어야 한다. 그것은 적극적 의미의 평화, 인간안보, 선진화 가치, 국제사회의 책무 등에 걸맞아야 한다.

이상에서 제기한 균형 인식의 문제는 크게 보면 조화의 문제와 유사하다. 우리 사회에서 나타나고 있는 자주와 동맹, 화해와 안보, 강경과 온건, 진보와 보수 등의 극단적 인식과 대립 역시 선택의 문제가 아니라 어떻게 조화시킬 것인가의 문제이다. 통일문제에 관한 균형되고 조화로운 인식은 우리 사회에 필요한 덕목의 하나이다.

3) 전략적 · 실용적 사고의 필요

동시에 필요한 것은 전략적 · 실용적 사고이다. 주한미군 문제나 미국의 미사일정책 등은 미국의 대한반도정책의 관점을 넘어 미국의 대동북아정책의 관점에서 이해해야 한다. 남북한은 평화공존 전략을 주도적으로 추구하고 이를 통해 북한체제에 위협이 될 수 있는 주변국의 군사전략을 긍정적 방향으로 변화시켜 나가는 측면까지 고려해야 한다. 남한의 대북정책은 이러한 점에서 전략적이고 실용적인 측면이 있다. 이러한 측면에 대한 사고를 확장하기 위해서 대북정책에 대한 논의 차원을 구분하는 것이 필요하다.

북한과의 화해협력과 평화번영 추구는 민족공동체통일방안의 기조를 유지하고 있는 것이다. 화해협력과 평화번영은 당장 법 ·

제도적인 통일이 불가능한 현실에서 북한과의 사실상의 통일을 추구하면서 한반도를 평화적으로 관리해 나가는 전략적 기조이다. 그것은 통일정책사에서 차지하는 거시적 · 역사적 맥락이 있는 것이며, 역대 정부가 고민한 결론이기도 하다. 문제는 기조가 아니라 정책대응이다. 화해협력과 평화번영의 문제점은 정책대응의 측면에서 보완되어야 할 것이다. 그동안의 대북정책 기조가 한반도 평화에 상당부분 기여했으며, 대북사업에도 일정부분 긍정적 영향을 미친 측면이 있다. 그러나 북한이 핵실험을 한 이후와 같은 새로운 국면에서는 새롭게 대응할 수 있는 전략성도 필요할 것이다. 그래야 남한의 통일정책 기조에 서방세계도 동의할 수 있게 되며, 국민들의 공감대도 형성할 기반을 갖게 된다. 정책대응이 화해협력의 측면만을 지칭하는 것처럼 보이는 경직성은 주의해야 한다. 제제와 보상은 정책대응의 두 축이며, 병행될 수밖에 없는 문제이다. 정책대응으로서 개입(engagement), 억제(deterrence), 확장(enlargement) 등이 유연하면서도 일관성있게 구사되어야 할 것이다.

5. 하나될 미래를 위한 출발

이 장은 남북관계 변화에 나타나는 사실상의 통일의 의미와 필요를 강조하고 한반도 평화윤리의 과제를 제시했다. 남한의 대북정책은 기능주의와 신기능주의의 순환이기도 했는데, 남북정상회담을 계기로 남북관계는 신기능주의적 관점에서 발전하고 있다. 특히 공동선언은 남북관계 패러다임을 사실상의 통일로 바꾸는 전기가 되고 있다. 북한의 핵 · 미사일 문제 등 여러 난관이 앞에 있지만, 공동선언 이후 남북관계 변화에서 주목할 것은 기존의 신기능주의 이행 논리 속에 구성주의적 인식과 실천을 요구하고 있다는 점이다.

한반도 평화를 위한 인식적 과제로는 첫째, 남북관계에서의 새로운 정체성과 상호성의 문제를 들 수 있다. 적극적 평화 추구, 인간안보의 보편화, 힘과 발전의 의미 재구성, 포괄적 상호성 인식, 긍정적 상호작용 추구 등이 제기된다. 둘째, 몇 가지 통일쟁점에 대한 균형 인식의 문제가 있다. 열린 민족주의, 한반도 평화번영의 필요, 한반도 문제의 지정학적 이해, 화해협력과 안보의 균형 인식, 민족문제에 대한 북한의 편의주의적 활용의 의미, 미국의 신축적 대북 역할 필요와 우리의 초당적 협력 등이 그것이다. 셋째, 전략적 · 실용적 사고가 필요하다. 대북정책 기조와 정책대응을 구분해 인식하며, 미국의 동북아 정책과 한반도정책과의 연관성을 이해하는 것이 필요하다.

통일지상주의에 입각한 통일이나 법 · 제도적 통일의 수사(修辭) 보다 우선 평화번영에 기초한 사실상의 통일을 추구하는 것이 현실적이다. 국제환경의 변화 과정에서 주체적인 역량을 발휘한 것이 공동선언과 이후의 남북관계 변화이다. 이제는 사실상의 통일을 위한 일상에서부터의 평화 인식과 실천이 절실하다.[36] 그것은 남북한의 하나될 미래를 위한 출발이기도 하다.

36_ 김창근, "평화를 위한 통일교육," 이우영 외, 『화해 · 협력과 평화번영, 그리고 통일』(서울 : 한울아카데미, 2005), pp. 123-143.

참고문헌

강만길. 『우리 통일, 어떻게 할까요』. 서울 : 당대, 2003.

구갑우. "비판적 국제이론과 한반도의 평화과정 : 대안적 연구의제의 설정." 통일연구원. 『統一政策硏究』. 제11권 1호(2002).

김계동. 『남북한 체제통합론 : 이론 · 역사 · 정책 · 경험』. 서울 : 명인문화사, 2006.

김창근. "김정일의 민족 인식과 정치적 활용." 韓國國民倫理學會, 『國民倫理硏究』. 第54號(2003).

______. "북한 지도부의 민족 · 민족주의 담론 : 특징과 의미." 북한연구학회, 『北韓硏究學會報』. 제7권 제2호(2003).

______. "북한의 '수령교양'의 가치덕목과 내용." 韓國國民倫理學會, 『國民倫理硏究』. 第58號(2005).

______. "평화를 위한 통일교육." 이우영 외. 『화해협력과 평화번영, 그리고 통일』. 서울 : 한울아카데미, 2005.

김태환. "신국제질서의 제약요인과 남북 화해협력관계의 지속성 : 탈냉전적 분석틀을 위한 시론." 韓國國際政治學會. 『國際政治論叢』. 제42집 3호(2002).

김학노. "평화통합전략으로서의 햇볕정책." 『한국정치학회보』. 제39집 5호(2005 겨울).

김혁. "한반도 통일을 위한 대안적 이론체계의 모색 : 인식론과 방법론을 중심으로." 『통일경제』. 제27호(1997. 3).

박명규. "소국주의와 대국주의를 넘어서." 『21세기의 한반도 구상』. 서울 : 창비, 2004.

박재민. "김대중 정부 시기 남북한 간 상호성에 관한 연구." 韓國國際政治學會.『國際政治論叢』. 제43집 1호(2003).

스티브 스미스. "성찰주의와 구성주의." 존 베일리스 · 스티브 스미스 편저. 하영선 외 옮김.『세계정치론』. 서울 : 을유문화사, 2004.

신욱희. "구성주의 국제정치이론의 의미와 한계." 한국정치학회.『한국정치학회보』. 제32집 2호(1998 여름).

양영식.『통일정책론』. 서울 : 박영사, 1997.

요한 칼퉁.『평화적 수단에 의한 평화』. 서울 : 들녘, 1996.

우철구 · 박건영 편.『현대 국제관계이론과 한국』. 서울 : 사회평론, 2004.

이근. "구성주의 시각에서 본 남북정상회담 : 양면게임을 통한 정체성 변화 모색." 세종연구소.『국가전략』. 제7권 4호(2001 겨울).

이수훈.『세계체제, 동북아, 한반도』. 서울 : 아르케, 2004.

통일부.『평화를 향한 질주 4년 : 숫자로 보는 대북정책 성적표–참여정부 4년 대북정책 성과』(2007).

통일부 홈페이지(unikorea.go.kr) 통계자료

『문화일보』. 2004. 3. 11.

『조선중앙방송』. 2000년 10월 6일.

W. 후버 · H. R. 로이터 지음. 김윤옥 · 손규태 옮김.『평화윤리』. 서울 : 대한기독교서회, 1997.

Galtung, Johan "Peace Research : Past Experiences and Future Perspectives." *Essays in Peace Research*. 3(1990).

Groom, A. J. R. and Paul Taylor. *Functionalism : Theory and Practice in International Relations*. London : University of London Press, 1975.

Haas, Ernest B. *The Uniting of Europe : Political, Social and Economic Forces, 1950–1957*. Standford : Standford University Press, 1959.

Higgott, Richard. "De Facto and De Jure Regionalism : The Double Discourse of Regionalism in the Asia Pacific." *Global Security*. Vol 11, No. 2(1997).

Keohane, Robert O. "Reciprocity in international Relations." *International Organi-*

zation. 40(1986).

Larson, Deborah W. "Exchange and Reciprocity in International Negotiations." *Journal of International Negotitions*. 13(1998).

Lindberg, Leon. *The Political Dynamics of European Economic Integration*. London : Oxford Unversity Press, 1963.

Mitrany, David. *A Working Peace System*. Chicago : Quadrangle Books, 1966.

Osgood, Charles E. "The GRIT Strategy." *Bulletin of Atomic Scientists*(1980).

Shuja, Sharif M. "Washington's Asia Policy," *Contemporary Review*(April 1999).

Taylor, Paul. "Functionalism : the approach of David Mitrany." in A. J. R. Groom and Paul Taylor. eds. *Frameworks for International Co-operation*. London : Pinter Publishers, 1990.

Wendt, Alexander. "Anarchy is what State Make of It : Social Construction of Power Politics." *International Organization*. Vol. 46, No. 2(Spring 1992).

______. *Social Theory of International Politics*. Cambridge : Cambridge University Press, 1999.

맺는 글

리하르트 폰 바이츠제커(Richard von Weizsäcker) 전 독일 대통령은 독일의 분단극복을 위한 교육활동을 전개하는 것이 독일의 모든 교육자의 도덕적 의무라고 지적했다. 분단시대를 넘어 평화와 통일시대를 이루기 위해서 교육자의 의식과 교육활동이 그만큼 중요하다는 의미이다. 남북한 적대와 반목의 시대를 평화와 통일의 시대로 탈바꿈시켜 나가기 위해서도 한반도 평화와 통일을 위한 교육 인식과 활동이 기반이 되어야 할 것이다.

동시에 염두에 둘 것은 평화를 위한 통일교육의 구조와 내용이 균형감과 건강함에 기초해 시대와 환경변화에 걸맞게 구성되어야 한다는 점이다. 이 책에서는 '수령교양', 북한의 민족 개념과 민족주의 변화, 민주적 가치와 민주시민의 자질, '도덕성 교육', 일상에서의 평화를 위한 통일문화, '사실상의 통일' (*de facto* unification) 등의 주제가 평화를 위한 통일교육과 어떠한 연관성이 있는지를 지적했다.

첫째, 북한의 '수령교양'에 나타난 가치덕목과 내용은 향후 김정일의 후계수령 교양사업에서는 오히려 부담스러운 잣대가 될 수 있을 것이다. 수령교양을 위해 북한이 중시하고 있는 가치덕목은 '중심, 뿌리, 핵, 위대, 은혜, 영생' 등이다. 그 내용의 초점은 '수령, 민족, 인민, 사회주의 체제, 북한, 개인' 간의 혁명론적 운명공동체 형성에 두어져 있다. 이에 근거해 수령에 대한 충실성이 은혜에 대한 보답이자 공산주의 도덕이며 최고의 애국으로 가치 등식화되어 있고, 이는 수령 영도의 지속성의 논리로 확장되어 있다. 문제는 이러한 가치덕목이 나름의 체제안정과 지속에 중요한 역할을 했지만 김정일의 후계수령 교양문제에서는 부담이 될 수 있다는 점이다. 기존의 수령교양의 논리보다는 체제발전과 도약의 논리가 김정일 후계수령 교양의 덕목이 될 가능성이 크며, 경제와 대외관계 부문에서 김정일 정권의 성과가 후계수령 교양사업에 중요한 변수가 될 것이다. 이러한 추론은 김정일 정권이 경제와 대외관계 부분에서의 성과를 후계구도와 연결짓는다 하더라도 혁명론적 운명공동체의 내용이 일정 부분 변화할 수밖에 없음을 시사한다. 그것은 경제와 대외관계 부문에서 파생되는 외부사조 유입의 축적과 상호 의존성의 진전 때문과도 관련된다. 이러한 점은 북한에게는 체제이념적 변화의 불가피성을 촉구하는 대목이며, 우리에게는 북한이 점진적으로 변화하도록 환경과 여건을 조성할 필요를 제기하는 측면이기도 하다.

둘째, 자주성을 강조하는 북한의 '우리민족끼리'에는 수령 중심의 주체형 사회주의 추구라는 의미가 내포되어 있다. 우리는 북한의 민족 개념과 민족주의 변화에 나타나는 편의주의적 활용의 의미를 염두에 두고 화해협력을 추진해야 한다. 우선 남북한 문화공동체적인 정체성을 추구하는 한편, 공존공영을 매개로 한 운명공동체적 연대성을 확대해 갈 수 있도록 평화번영의 경제공동체적인 민족주의에 대한 논의가 활성화되어야 할 것이다. 통일교육은 북한을 '어떻게' 볼 것이냐의 관점을 넘어 우리가 '어떤' 북한을 원하느냐의 관점에서 북한의 미래를 상정하고 자유민주주의에 입각한 민족공동체 형성의 중요성을 인식시킬 수 있어야 할 것이다.

셋째, 통일교육은 자유민주주의 체제의 발전이 남북통합의 기반이 된다는 점을 인식시킬 수 있어야 한다. 자유민주주의에 대한 가치 인식과 시민적 자질 형성은 통일교육의 근간이 된다. 단, 남북한 평화와 통일시대의 자유민주주의는 세계화와 민족주의 3자 간의 견제와 조화 속에 자리매김되어야 한다. '인간의 얼굴을 한 세계화'와 열린 민족주의를 국내외 차원에서 견인할 수 있는 자유민주주의의 발전이 필요하다. 통일의 당위성도 민족적 가치와 보편적 가치를 조화시켜 새롭게 설정되어야 한다. 통일과정에서부터 민족 개념은 남북한이 함께 건강한 민주사회와 시민을 형성할 수 있는 개념으로 구성되어야 한다. 그렇지 않으면 통일과정에서부터 주변국과의 마찰 가능성이 크며, 남북한 주민 간의 편견이나 차별성을 완화할 이념적 기제가 마땅치 않게 된다.

넷째, 통일교육에서 '도덕성 교육'은 도덕적 추론과 행위 능력을 지닌 도덕적 시민을 기르고 민주적인 도덕공동체를 형성하는 데 기여하려는 의미가 있다. 평화를 위한 통일교육에서 도덕성 교육은 인간존중감, 국가 · 민족 · 세계 공동체 의식, 사회평화 창출과 유지 능력, 건강한 안보관 등의 가치와 태도를 추론하고 행위하도록 하는 데 역할할 수 있다. 통일의 당위성 교육, 평화공존의 능력 신장, 화해와 안보에 대한 균형 인식, 북한과 북한주민에 대한 인식, 우리 사회에 대한 냉소주의적 인식 경계, 시민성 교육과의 조화 등은 도덕성 교육이 추구할 과제로 제기해 볼 수 있다.

다섯째, 평화를 위한 통일교육을 일상에서부터 문화적으로 정착시켜 나가는 일은 건강한 통일 비전을 만들어 가는 시작이다. 기본 방향은 서로 다름을 인정하고 공존과 존중의 문화를 추구하며 사회와 인간의 발전적 가치에 주목하도록 하는 데 있다. 민주시민 의식을 신장시키며 평화문화와 교육을 확산하는 데도 주력해야 할 것이다. 실천과제로는 문화적 상대주의와 다원주의에 입각한 다문화교육과 세계시민교육이 활성화되어야 하며, 체계론적 사고와 상호 의존론적 사고에 기초해 개인과 사회뿐만 아니라 북한 · 통일문제를 쳐다볼 수 있는 능력이 신장되어야 한다. 개인과 사회의 포용력을 키우며 일상에서 교제생활력을 증진시키는 과제와 함께 건강한 '통일학적 상상력' 으로 통일 미래를 볼 수 있는 안목을 갖도록 하는 것이 중요하다.

여섯째, 통일지상주의에 입각한 통일이나 법 · 제도적 통일(*de jure* unification)의 수사(修辭)에서 벗어나 우선 평화번영에 기초한 사실상의 통일을 추구하는 것이 현실적이고 실리적이다. 2000년 6월의 남북정상회담과 6 · 15 남북공동선언은 남북관계 패러다임을 사실상의 통일 우선 추구로 바꾸는 전기가 되고 있다. 정상회담 이후의 남북관계 변화는 한반도 평화를 위한 윤리적 과제를 제기하고 있다. 우선 남북한의 새로운 정체성의 형성과 상호성에 대한 인식 변화가 필요하다. 적극적 평화 추구, 인간안보의 보편화, 힘(power)과 발전(growth)의 의미 재구성, 포괄적 상호성 인식, 긍정적 상호작용 추구 등이 있다. 이어 통일쟁점에 대한 균형 인식의 문제들이 제기된다. 열린 민족주의와 한반도 평화번영의 필요성, 한반도 문제의 지정학적 이해, 화해협력과 안보의 균형 인식, 민족문제에 대한 북한의 편의주의적 활용의 의미, 미국의 신축적 대북 역할 필요와 우리의 초당적 협력 등이 그것이다. 아울러 전략적 · 실용적 사고의 필요성도 지적할 수 있다. 대북정책 기조와 정책대응을 구분해 인식하며, 미국의 동북아정책과 한반도정책과의 연관성을 이해하는 것이 필요하다.

한반도 평화와 통일의 시대를 발전시켜 가기 위해서는 그에 걸맞는 교육 인식과 활동이 병행되어야 할 것이다. 그런 의미에서 이 책의 문제의식은 통일교육의 구조와 내용이 한반도 평화와 통일을 위한 관점에서 되물어져야 한다는 데 있었다. 한반도 평화를 위한 통일교육이 활성화되었으면 하는 바람이다. 평화를 위한 통일교육은 남북한의 하나될 미래를 위한 출발이라고 믿는다.

몇 해 전 경기도 안성에 있는 탈북자조기정착지원사무소인 하나원의 식당 한 쪽 벽에서 본 성경구절이 떠오른다.

"서로 연합하여 하나가 되게 하라 네 손에서 둘이 하나가 되리라"

(에스겔 37 : 17)

찾아보기

지은이

■ 김창근(金彰瑾)

단국대학교 정치외교학과 졸업
단국대학교 대학원 정치학 석사 · 박사
통일연구원 책임연구원
(사)통일교육협의회 부설 통일교육연구소 연구위원

현재 부산교육대학교 윤리교육과 교수
통일부 통일교육위원
부산지역통일교육센터 위원
한국윤리학회 상임이사 · 감사

주요 연구로는
『북한의 새인식, 북한의 정치 2』(2006, 공저)
『화해 · 협력과 평화번영, 그리고 통일』(2005, 공저)
『개정판 북한이해의 길잡이』(2005, 공저)
『김정일연구(Ⅱ) : 분야별 사상과 정책』(2002, 공저)
『김정일연구 : 리더쉽과 사상(Ⅰ)』(2001, 공저)
『북한이해의 길잡이 : 전환기의 북한 사회』(1999, 공저) 등이 있다.

평화를 위한 통일교육 : 하나될 미래를 위한 출발

초판1쇄 / 2007년 6월 20일

지은이 **김창근**
펴낸이 **여국동**
펴낸곳 **도서출판 인간사랑**
인 쇄 **백왕인쇄**
제 본 **은정제책사**

출판등록 1983. 1. 26. / 제일-3호

정가 20,000원

ISBN 978-89-7418-220-5 93340

(411-815) 경기도 고양시 일산구 백석동 1178-1
TEL (031)901-8144, 907-2003
FAX (031)905-5815
e-mail / igsr@yahoo.co.kr
igsr@naver.com